圖像裡的臺灣史

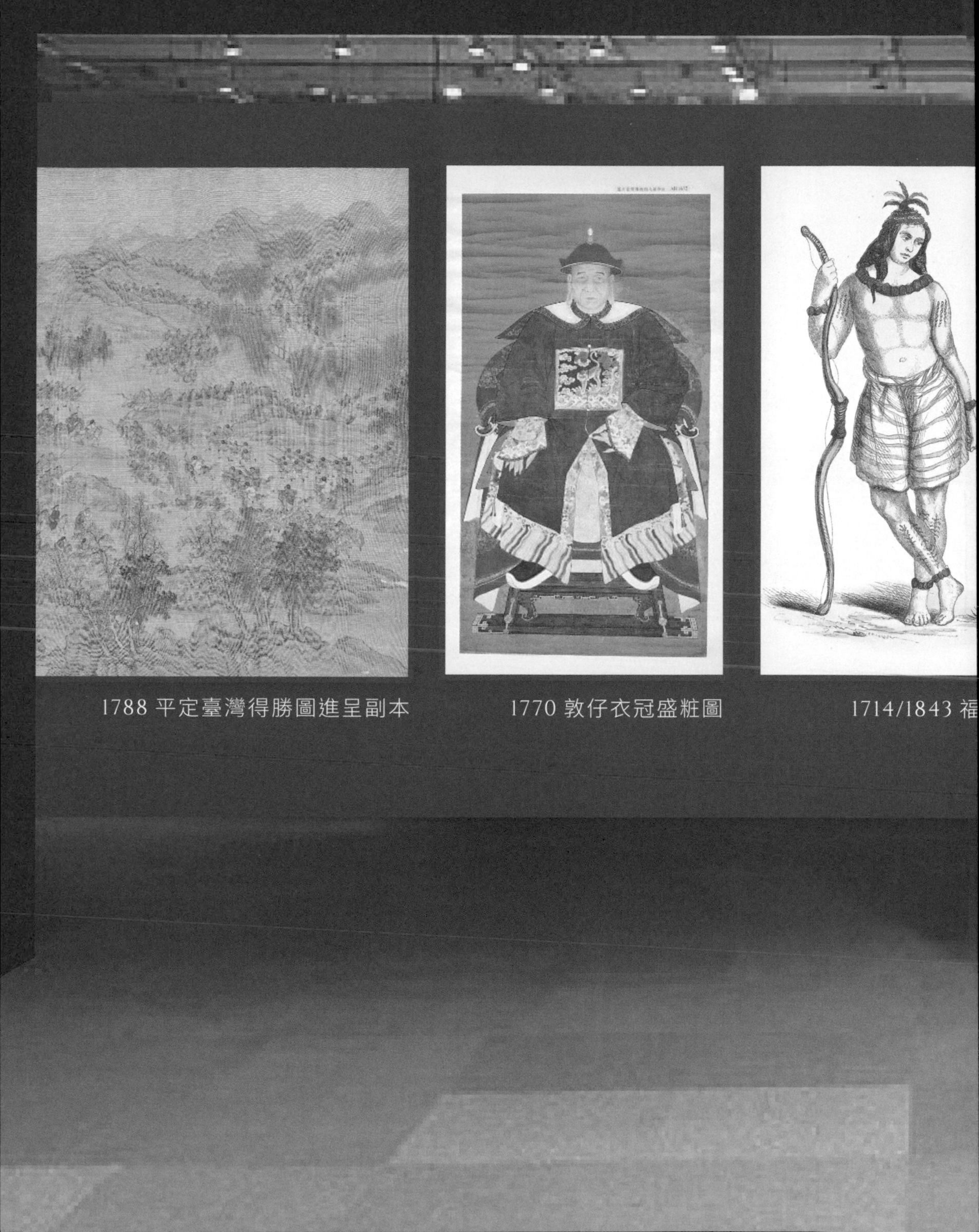
1788 平定臺灣得勝圖進呈副本
1770 敦仔衣冠盛粧圖
1714/1843 福

督最初的蕃人會見
1862 藍腹鷴

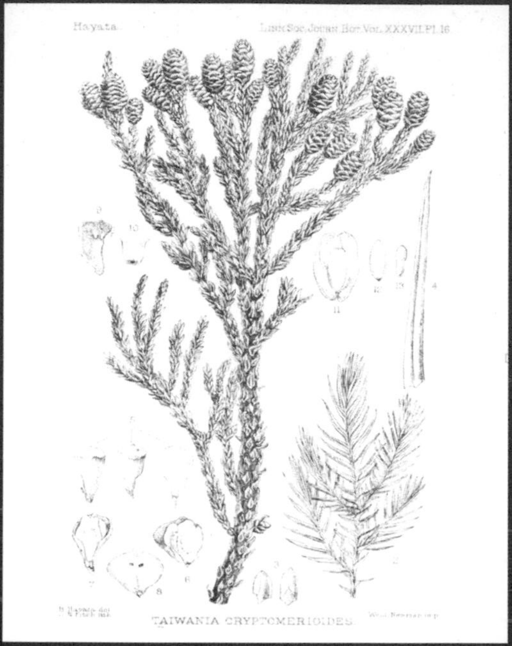

1906 林奈雜誌上的臺灣杉

189

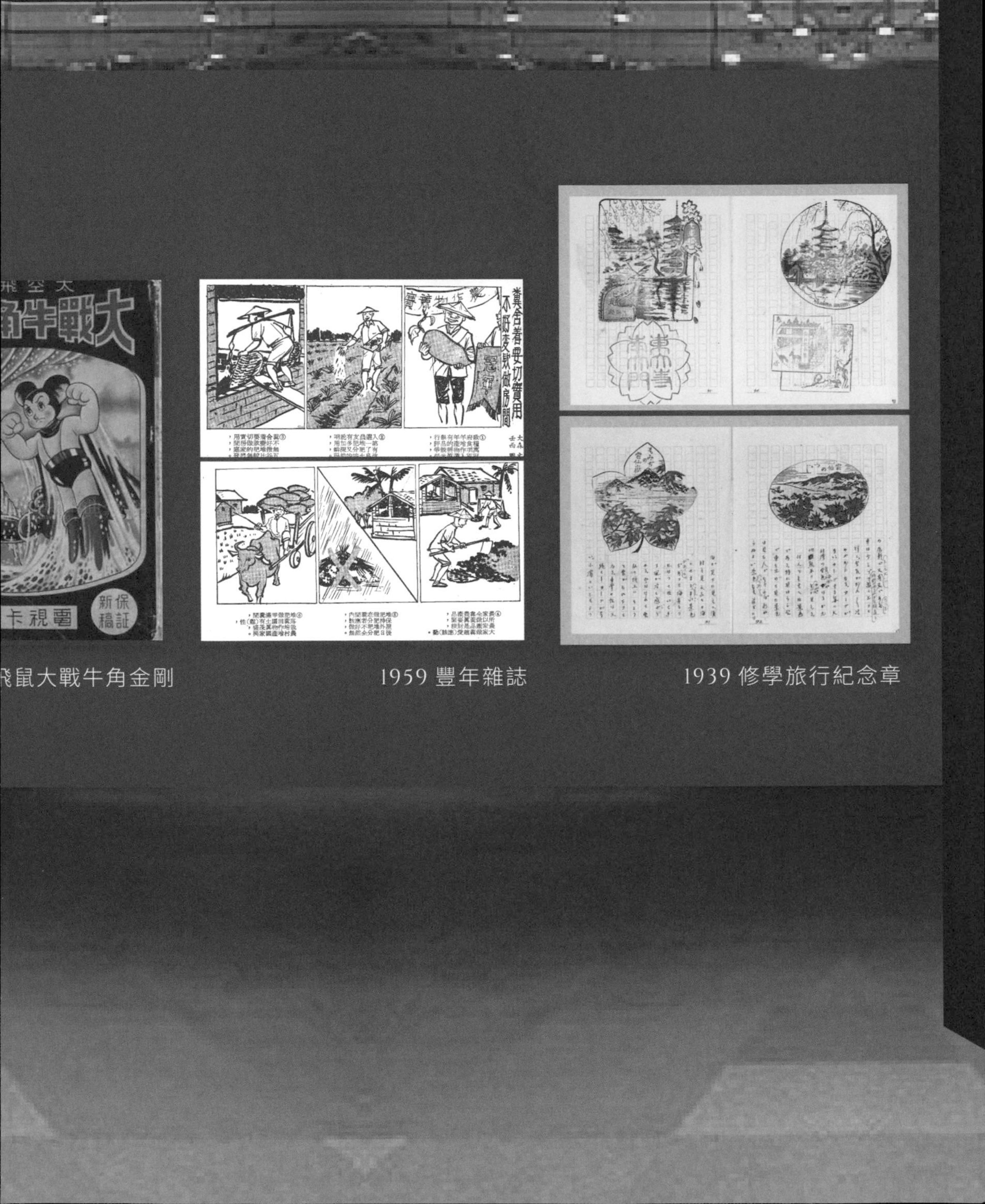
飛鼠大戰牛角金剛
1959 豐年雜誌
1939 修學旅行紀念章

T.Y. CHANG 78.
1978《蘭嶼紀念》 19

圖像裡的臺灣史

十八—二〇世紀

跨越世紀的信號③

島嶼新台誌

[主編] 張隆志

[著] 簡宏逸 鄭螢憶 盧正恒 林紋沛 陳偉智 蔡思薇 莊勝全 曾獻緯 黃悠詩 楊淳嫻

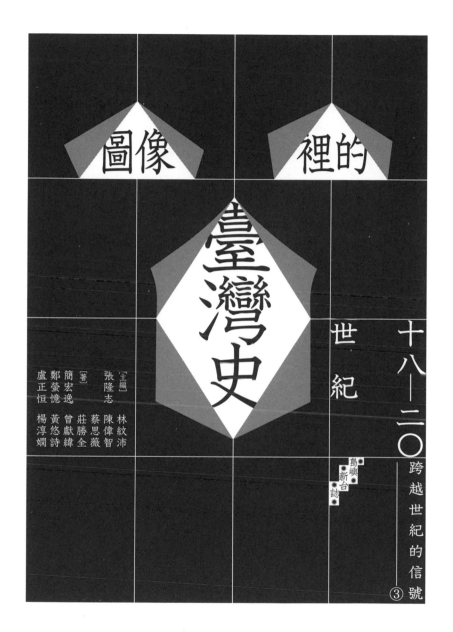

目次

編輯室報告 006
《島嶼新台誌》總序／張隆志 009
推薦序／洪廣冀 014
導　讀／陳宗仁 019
主編序言／張隆志 027

第一章
知識接力與浪漫想像
耶穌會士馮秉正描述的臺灣原住民形象
032

第二章
祖先容顏
岸裡潘家與《敦仔衣冠盛粧圖》
048

第三章
給皇帝看圖說故事
《平定臺灣得勝圖進呈副本》中的林爽文事件
068

第四章
發現藍腹鷴
十九世紀臺灣的博物畫
140

第五章
鏡頭中的臺灣原住民
日治時期理蕃政策與人類學的原住民攝影
156

第六章
走向世界之路
早田文藏與臺灣杉的發現
180

第七章
殖民地少年的朝聖之旅
葉盛吉的修學旅行及其人生
200

第八章
形塑「好」農民
《豐年》雜誌漫畫中的行為規範
228

第九章
太空飛鼠大戰牛角金剛
漫畫裡的臺灣史
248

第十章
視線的角力
日治時期到一九七〇年代畫家眼中的蘭嶼
264

附錄 292
參考書目 372
圖片來源 387
索引 394

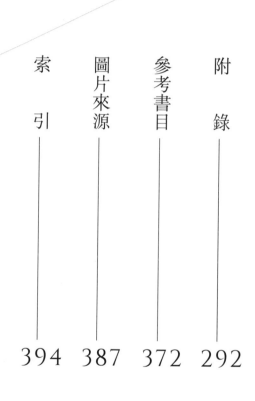

編輯室報告

貓頭鷹自一九九二年創立以來，初次開闢歷史人文書系「島嶼新台誌」。本系列由張隆志老師主編，和新生代歷史研究者，以各類新史料為本，重新向讀者定義屬於這個世代的新臺灣史。本書系著重的面向有：

一、從史料出發的新觀點

史料是歷史研究的根本。近年隨政府檔案公開與史料的數位化，日記、書信、地圖、明信片、各類證書、文件等資料更進入空前的「大數據」時代。讓史料正確說話，並以新史料為底建立新臺灣史觀，是本系列欲達成的目的。系列中每本書會使用一種史料，由多位學者重新詮釋臺灣的歷史。

二、青年史家的新史學

現今網路平臺提供許多機會分享個人研究心得與成果。歷史研究不再是閉門造車、孤獨無趣之事，而是可以立即拿出來與他人檢視討論的內容，學術研究已進入與大眾分享的時代。本書由多位青年歷史學者參與，將以新生代歷史工作者視角，將各自最新研究成果呈現給讀者。

三、給大眾的臺灣民間故事

早年歷史研究與書籍出版以政治史為重，或是帶有民族國家色彩的反思作品，數十年來，則轉向以生活史、文化史等親民、趣味通俗的類型，內容愈來愈與常民生活接軌，也更容易入門。

本系列中每個主題都會以簡單明瞭、深入淺出的文字書寫，搭配珍貴史料、圖片，重說精采的臺灣民間故事。

在這個研究門檻看似降低、史料數量大增、學術與社會互動頻仍，人人似乎都可以變成「專家」而「專業已死」的時代，「歷史學」反而面臨更大的挑戰，更需要重視史料的應用與強大的詮釋智慧與能力。

因此，我們希望在出版精采有趣的新歷史之餘，也能傳遞嚴謹的歷史知識。藉此拋磚引玉，號召更多關心我們腳下這塊土地的歷史同好，一同書寫屬於我們自己的島嶼故事。

《島嶼新台誌》總序

張隆志

經過五年多的發想與討論，和三年來的籌備與努力，《島嶼新台誌》系列專書終於要和讀者們見面了！

《島嶼新台誌》書系有兩項主要特色：一是對於新史料及研究成果的強調；二是對於新通史及敘事觀點的探索。作者們雖有各自的學術專業和關懷，但都認為臺灣史教育應該要跨出教科書式的記憶背誦，不能再是陳舊史實和教條觀點的改裝重述，也不能淪為片段傳聞與零碎掌故的拼貼商品。並進而期待能以植根於新史料的研究，通史脈絡觀點的思考，以及讀者取向的書寫為目標，透過共筆書寫的具體成果，來回應當代臺灣人文社會研究的兩大重要趨勢。

一是學院知識的公共化：以二〇〇九年十一月「芭樂人類學」共筆部落格的開設為契機，各種人文社會學術科網站諸如「巷子口社會學」、「歷史學柑仔店」、「菜市場政治學」、「地理眼」、「白經濟」、「ＳＴＳ多重奏」及「法律白話文運動」等陸續問世，蔚為大觀。在時代脈動及社會變遷的刺激下，青壯世代學者們紛紛走出象牙塔。他們透過網路媒介及公共書寫，將學院知識帶入時代社會脈動及人民日常生活。為讀者開闢了傳統官方媒體與主流商業市場外的嶄新公共論述場域。

二是歷史學的大眾化：二〇一四年由一群年輕歷史工作者分別成立的「故事」與「臺灣吧」等團隊亦廣受矚目。前者結合新媒體的運用，透過有趣創意的方式讓歷史走進日常生活之中，提供適合所有人閱讀且值得信賴的知識。而後者則推出兼具資訊與娛樂性的數位內容，引發網路世代觀眾對於不同知識與議題的興趣。而近年來臺灣學界興起了一股集體共筆寫作的風潮。如戴寶村教授策劃的《小的臺灣史》系列，到蘇碩斌教授師生創作的《終戰的那一天》等文學作品，均頗獲好評。

作為知識公共化與歷史大眾化的史普作品，《島嶼新台誌》書系除了強調民主社會中學院專業知識的轉譯傳播與流通，更希望能作為新媒體時代臺灣公民閱讀素養及文化生活的讀物。本書系將以當代歷史學界對於跨國史與區域史的思考為主軸，從多元和流動的觀點，提供讀者具備時空脈絡和生命溫度的島嶼故事。並以平實生動的敘事書寫搭配簡要清晰的史料解題，分冊陸續介紹臺灣史學界對於書信、日記、圖像、文書、檔案等各類型史料的最新成果及研究發現，作為臺灣史料學與歷史寫作教學的參考教材。

回顧一九八〇年代以來臺灣史學術研究的成果，首推臺灣史料的發掘出土及史料範圍的擴大充實。在官方檔案方面，諸如荷蘭東印度公司檔案、清代故宮及淡新檔案、日本臺灣總督府及專賣局檔案，以及戰後二二八事件及白色恐怖檔案等，均陸續公布及翻譯。在民間資料方面，諸如明清時期臺灣契約古文書、日治時期家族及日記史料、當代回憶錄等，亦分別整理及刊行。而在史料範圍方面，諸如古地圖及圖像史料的重視、口述歷史及影像紀錄的流行、報刊及文學史料的運用，乃至地理資訊系統，數位典藏技術與國家文化記憶庫的重要人文科技計畫，更擴大了臺灣史料研究的學術視野。

在此同時，奠基在新史料研究基礎上所展開的學院臺灣史研究，已經開拓出嶄新的研究課題與視野。在不同時代方面例如十七世紀海洋史、清代臺灣平埔族群史、日治時期臺灣法律史、醫學史、教育史、文學史，以及戰後二二八事件研究與白色恐怖研究等專題。在分析視野方面則從統治官僚和菁英，延伸至婦女史、生活史、區域史、原住民史、人類學史、環境史等多元領域。新生代臺灣史學者更積極與社會科學和文化研究同儕，在文化認同政治、殖民治理性及臺灣民族主義等理論性課題上，進行比較研究及跨領域對話。有鑑於此，如何植根於新史料與新研究的堅實成果，從通史性的整體觀點，以兼具知識性與可讀性的作品來呈現島嶼歷史的新風貌，便成為本團隊同仁的共同願景與挑戰。

總而言之，《島嶼新台誌》系列作品從共同閱讀書寫到設計編排出版的過程，反映了當代公眾史學對於知識權威共享，平臺協作共構，以及人文社會創新的進步理念：青年臺灣史家們努力將其專題研究成果轉化為一篇篇生動的敘事，並在解題中反思其史料運用與書寫策略。而讀者們除了吸收臺灣史的新史實外，更可以鑑賞不同風格的歷史學專業技藝，體驗史料解讀與歷史想像的雙重樂趣。從而建構多元而整體，動態而連結的新史觀，落實「人人都是自己的歷史學家」的口號。

猶記得二〇一四年秋初，我在中研院臺灣史研究所文化史研究群的研討室（八二一室），和來自臺大、政大及師大的幾位博士生展開定期交流。我們除了閱讀討論相關的臺灣史作品，並在臉書開設「新臺灣通史的想像與實踐」群組，一起進行試寫及互評分享。二〇一六年春末，在臺史所翁佳音先生介紹下，我帶著部分初稿前往拜訪貓頭鷹出版社說明本計畫的構想。在謝宜英總編輯的支持下，由該社得獎編輯張瑞芳小姐負責協助，進行後續出版規劃及各項流程。歷經多次修改討論，如今第一份成果終於能夠呈現在大家眼前。而當初的共筆同仁，也陸續完成學位乃至成家就職，展開學術與人生的新頁。作為本計畫的主要催生及推動者，我除了感到無比欣慰，更有著深深的感謝！衷心期待這份集體成果，可以為新時代的臺灣史讀者們，帶來知識的喜悅與閱讀的樂趣，一起想像並開創屬於二十一世紀的嶄新臺灣島史圖像！

推薦序

「好看」的臺灣史

洪廣冀／國立臺灣大學地理環境資源學系副教授

不論是在小說或是現實中，人們總著迷於如下的情節：某人寫了封信，裝入瓶中，拋到海裡，經過數十年的漂流，此瓶中信竟然被人讀取；又或者，人們把想對未來說的話，封存在某個時空膠囊中，埋入地底，此舉竟引發一連串出人意表的蝴蝶效應。在翻開手上這本書前，我想請教各位：對於活在未來或彼端的人，若你有任何想說的話，你會用什麼形式來表達？文字可能是個選項；但你其實也無法確定，未來的人們還能讀懂你寫的字，不用說每個字所嵌合的脈絡。相較於文字，你可能會同意，圖像應該是個比較適合的媒介。

集結了文化史、社會史、科學史、原住民史等領域的新生代研究者，《跨越世紀的信號３：圖像裡的臺灣史》的主軸是，活在當下的我們，該如何解讀來自過去的瓶中信，以及解讀這些信號的過程。

簡宏逸的文章聚焦在十七至十八世紀於歐洲流傳的臺灣原住民畫作；鄭螢憶分析十八世紀岸裡社通事潘敦的肖像；盧正恒帶領讀者進入《平定臺灣得勝圖》呈現的林爽文之亂；林紋沛以藍腹鷴的圖像說明十九世紀博物學探險的縮影；陳偉智揭露攝影與臺灣總督府理蕃政策的關聯；蔡思薇分析臺灣杉的標本、圖示及其傳播；莊勝全探討葉盛吉在修學旅行時收集的旅遊紀念圖章；曾獻緯琢磨《豐年雜誌》漫畫中的農民；黃悠詩分析漫畫《原子小金剛》被引介至臺灣的歷史；楊淳嫻細究日治至戰後藝術家眼中與筆下的蘭嶼。每位作者的文章篇幅都不長，但字裡行間處處可見他們以圖找圖、以圖找文的深厚功力。不僅如此，編者張隆志與貓頭鷹出版社也花了相當工夫設計每章文字與圖像間的關聯。作者群、編者與出版社的通力合作，讓《跨越世紀的信號》成為一本「好看」的臺灣史——此處「好看」便是字面上的意思。

在我比較熟悉的科學史領域，視覺研究（visual studies）已成為最蓬勃發展的分支之一。值得一提的，半世紀以前的科學史家一度是不採用視覺材料的；他們認為，頻繁出現在科學家之筆記、論文與口頭發表中的圖像只是「配圖」，要了解科學家的思維活動，關鍵還是文字與數字。我們現在已經知道，如此「重文輕圖」的態度會造成誤導；地質學出身的科學史名家馬丁・魯維克（Martin J. S. Rudwick）便表示，當他決心往科學史發展時，對於科學史家對待圖像的態度，很是驚訝，因為在其科學訓練中，圖像一直是不可或缺的一環。一九七六年，魯維克發表一篇探討十八至十九世紀之視覺語言（visual language）如何於地質學中浮現的文章。當中，他分析歷史上的地質學者如何以圖像來促進溝通並發展論證，乃至於圖像本身就是種論證；意即，圖像本身即是值得分析的材料，而非文字的附屬品而已。

時至今日，科學史家不僅追問圖像究竟再現（represent）了什麼，乃至於此再現是如何受到社會、政治與文化因素的影響；在科學史家洛林・達斯頓（Lorraine Daston）與彼得・蓋利森（Peter Galison）的名作《客觀性》（*Objectivity*）中，兩位史家更進一步，賦予圖像更核心的地位。他們分析了大量的科學圖鑑，認為與其說科學圖像為外在於某處之自然的再現，倒不如說科學圖像的生產與傳播讓科學社群與大眾以為有個自然外在於某處。舉例來說，十九世紀的博物學者念茲在茲者為「忠於自然」（true to nature）。為了達到此點，博物學者得把自己設定為保持距離的觀察者，認為免除個人價值判斷、不將人物入畫、如實地描繪眼前所見才是所謂的「客觀」。有趣的是，達斯頓與蓋利森提醒讀者，當你翻閱此時期的博物畫，就如林紋沛分析的藍腹鷴博物畫或蔡思薇的臺灣杉圖示，你讚嘆科學家對細節的掌握，讓這些生物栩栩如生，這些圖實際上是科學家縱覽大量標本後，在心目中綜合之該物種的「理想圖像」。換言之，所謂「忠於自然」的客觀並不代表科學家真能免除自己的主觀判斷；正好相反，哪些細節可被納入、哪些得要排除、什麼是某物種的代表特徵，無不涉及科學家的選擇與判斷；這些選擇與判斷才是客觀性得以確立的關鍵，也讓科學成為一種值得追求的知性活動。從達斯頓與蓋利森的分析來看，與其說這些科學圖像是對任何實存之生物個體的如實描繪，倒不如說是如同捷運路線圖般的導覽。我們都可以理解，捷運導覽圖的目的不是要呈現捷運路線確實的分布狀況；它的目的是引導你的視線，讓你確定自己的位置，以及如何找到你想去的地方。追根究柢，科學圖像的重要性不在於呈現科學家看到什麼，反倒是引導你如科學家般地看。

不管你只是想找一本好看的臺灣史，又或者想一窺視覺研究的堂奧，《跨越世紀的信號3：圖像裡的臺灣史》均可滿足你的需求。當你逐頁閱讀本書，吟味著那個既熟悉又陌生的臺灣，應該可以體會，如果說每則故事代表一道跨越時空的信號，這些信號似乎仍餘音繚繞。數世紀以來，人們似乎一直明白「發文不配圖不可取」的道理，也了解必要時開個美肌也不錯；至景點時，人們也想著得打個卡；有事想大聲說時，人們也覺得應該發個梗圖以增加觸及率。當然，如陳偉智、曾獻緯的研究顯示，圖像往往是政府在移風易俗、操弄現實、確保其統治可以直達社會底層時的必要工具。人們常說，一張圖像可以勝過千萬言，誠哉斯言。不過，本書也提醒讀者，正因為人們往往相信圖像可以勝過千萬言，圖像本身要說的往往以一種更幽微、但無疑更為強勢的力道形塑人們看待現實的方式、對現實的理解以及對自我的想像。在當下這個視覺語言爆炸的時代，打開臉書、Instagram、推特等社交媒體，各類圖像爭奇鬥豔，試著抓住你的眼球。你不免以為，這些經過演算法揀選的圖像呈現某種外在於某處的現實。在這個意義上，《跨越世紀的信號3：圖像裡的臺灣史》的出版可謂及時。至少，該書清楚地點出一句英文片語：There is more to something than meets the eye；現實或歷史並不像你肉眼可見的那麼簡單。

導讀

圖像中的臺灣史

陳宗仁／中央研究院臺灣史研究所專任研究員

《島嶼新台誌》書系繼《跨越世紀的信號：書信裡的臺灣史》、《跨越世紀的信號2：日記裡的臺灣史》之後，出版《圖像裡的臺灣史》。我帶著書稿，坐在高鐵的車廂裡，文青裝扮的年輕人擠在上班族的制式服飾之間，吸引了我的注意，我低頭滑手機，看新聞，回覆line的訊息，送出一些貼圖。看著車外的景色，從北臺灣的水泥森林，經過幾段黑隧道，變成綠地、田園，我想，這些都是圖像，充斥在日常生活裡，我們每天都在閱讀、解讀、製作、發送……

說到圖像，我從背包裡拿起厚厚的書稿，第一頁是編輯寫的簡介，原來這系列書籍得過文化部的金鼎獎，主編是國立臺灣歷史博物館館長張隆志。簡介有兩段話用了粗體字，一句是「在看得見的圖像背後挖出難以看見的歷史」、另一是「圖能讓我們更接近歷史事實嗎？」這應該是編輯想主打的廣告詞。我腦海裡浮出了兩句話，一個是「看圖說故事」，一個是「有圖有真相」，當我們說到「看圖說故事」時，其實有點抱著訕笑的意味，彷彿說別人在瞎掰，但是當我們說「有圖有真相」時，似乎在強調圖像是可信的。但是，看圖真的說得出故事嗎？真的能揭露難以看見的歷史嗎？同一幅圖，你說的故事會和我一樣嗎？

現在輪到歷史學者說故事，我們的手法並不神奇，只是將圖像置於原來的歷史脈絡之下，史料原本是僵死的，但回到原生的時空，它們會復活，甚至說起故事。

我隨手翻了內文，總共十篇，乍看有點雜，不知要從何看起，但突然發現書稿開頭刊印了十幅圖像，背景像是來到博物館的展場。我看到兩幅人物圖像，第一幅是位原住民，擺出了閒散的姿勢，第二幅像是正襟危坐的官員，不過名字是「敦仔」，那不是鼎鼎有名的岸裡社頭目，他怎麼裝扮成滿清官員的樣子？接下來是幅山水畫，但仔細看，圖裡人物成群結隊，或拿槍，或騎馬，這是一場發生在臺灣的戰爭。接下來看到三隻鳥，還有一幅畫著臺灣杉的枝葉，這跟臺灣史有什麼關係？中間又是一幅人物圖像，圖中有三個人像敦仔一樣，體面的坐著，但坐位旁，兩位蹲坐在地上的原住民吸引了我的注意力。我不禁想，站著、坐著、蹲著，哪一種樣貌才是原住民真正的自己。

最後是四種圖像，有兩種是漫畫，一種名勝圖像，另一種是一幅油畫。看完這些圖像，我抬頭看看車廂外的自然景觀，想著在這一片土地上幾百年的歷史裡，為什麼出現了這十幅圖像，在不停流轉的歷史時空裡，這些圖像又留存了什麼樣的歷史故事。

還是回到三幅原住民圖像，簡宏逸教授告訴我們，這位站著的原住民其實是出自一七一四年法國耶穌會士馮秉正的文字描述，經過一百二十九年，一八四三年比利時的匠師以精巧的畫藝，創造出這一位看起來真實，但並不存在的「福爾摩沙人」。他的站姿怎麼看都缺乏臺灣味，其實這是一種「高貴野蠻人」的想像，為了療癒歐洲人的心靈而創作，只是也觸發了現代臺灣人的好奇心。

坐著的原住民頭目敦仔．阿打歪（一七〇五至一七七一），鄭螢憶教授告訴我們，這是十八世紀臺灣中部岸裡社領導人（土目），他穿著大清的官服，胸前的動物是「彪」，代表是六品武官，圖像呈現尊榮、莊重的樣貌，但各位要看看他的耳朵下垂至肩，顯露他是臺灣的原住民。這幅圖像背後的故事是敦仔幫著官方平定地方動亂，成為王朝新貴，帶給家族財富、地位。後代子孫必須使用王朝的禮儀、服飾來展現敦仔，因為這不是敦仔個人的榮耀而已，也是這個家族的起家故事與象徵。

蹲著的原住民是一八九五年日本統治臺灣後，第一任臺灣總督樺山資紀接見五位泰雅族原住民，陳偉智教授藉由這幅圖像，想告訴我們，日本人為了管理臺灣原住民，執行所謂的「理蕃政策」，採用當時人類學的記錄手法，將原住民當作鳥或植物一樣的觀察，要藉由頭型、體態、服飾，進行「科學」的族群分類。只是在這一批日本人留下來的照片裡，也許保留了「真正」的原住民圖像，例如圖中五位原住民都穿著自己的服飾，使用自己的姿勢，站著或蹲著，展現他們自己，並不是歐洲人想像的站姿，或大清帝國官員的坐姿。

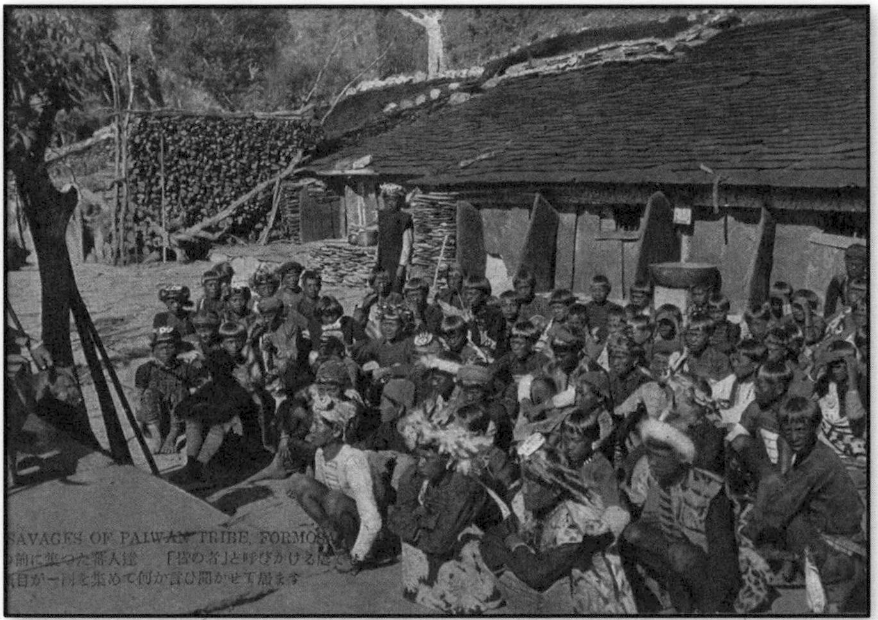

圖 1 原住民坐在石板屋前聽頭目宣布事項

這本書裡有兩章是討論個人風格較強烈的繪畫作品，一種是傳統的山水畫，盧正恒教授分析了《平定臺灣得勝圖》的圖像內容，告訴我們這是畫給大清皇帝看的，一七八八年臺灣漳州裔的住民正在反抗大清帝國的統治，滿洲統帥福康安奉派來臺平亂，他請匠師畫了一系列的戰爭圖，想強調他在臺灣如何克敵制勝，奔走在叢林、野山裡，指揮軍隊，有條不紊地鎮壓反抗，這就是著名的林爽文事件。這一套圖冊共有十六張圖，每一張都有一位「面白、蓄鬚、藍衫、騎馬的將領跟隨在黃旗之後，他就是福康安」（頁七十三）。作者想強調這些圖畫「展現著屍首分離、殘肢斷臂的血腥戰場，也彷彿陳述著戰場的殘酷和帝國大軍的偉大勝利」（頁八〇至八一），這是他者（滿洲人）角度的圖繪。

另一類圖畫的討論放在最末章，他者凝視的焦點換成蘭嶼，楊淳嫻教授探討日治時期到一九七〇年代的畫家如何描繪這個島嶼，他認為不同時期裡有著複雜且多重的視角，如科學調查、經濟開發、軍事管理、觀光產業、大眾媒體等，扼要地講，蘭嶼成為「現代化」凝視下的「原始之島」。但楊教授仍在這些蘭嶼圖畫裡看到一些對在地人的關懷與對「文明人」的反思，特別是在一幅油畫作品中的黑色剝皮魚，他提醒我們，要從達悟族的魚文化來理解，原來粗獷、堅韌的魚種是屬於「男人吃的魚」。

他者、外來者的觀看一直是臺灣圖像史料裡的主題，前面幾章都是對人的觀看，此外，還有鳥與植物。臺灣的藍腹鷴與臺灣杉，在西方科學調查的研究脈絡裡，製成標本，送到帝國的中心倫敦與東京展示。林紋沛教授描述十九世紀英國外交官斯文豪（Robert Swinhoe）在臺灣「發現」特有種藍腹鷴的過程。在臺灣人的眼裡，這可能只是一種山雞，歸屬於山珍海味，但對西洋的博物學者來講，這是「未知的物種」。臺灣杉的「發現」也是另一個相同的故事，二〇一三年蔡思薇教授在東京大學標本館裡看到臺灣杉的標本，她意識到，臺灣杉原來是二十世紀初期東亞植物學界的大明星，不過，在這個臺灣杉的故事裡，走向世界之路的是日本學者早田文藏，是日本帝國，而不是殖民地臺灣。

鳥與植物，在帝都只是無生命、無情感的存在，然而殖民地臺灣的人民到了帝國本體，會產生什麼樣的內心轉折？莊勝全教授講述了一位殖民地少年葉盛吉的朝聖之旅，在旅程日記裡，他蓋上了帝國各地名勝紀念章，共二百三十一個。蓋章時，他帶著怎樣的心情？一九五〇年葉盛吉關在國民政府的看守所裡，在等待處決的殘餘時間裡，他寫作〈自敘傳〉，回憶起當年的旅程，目睹帝國的美麗與繁榮，「在我的心中產生了對日本強烈的憧憬，恐怕這是一生中最能滿足好奇心的一次，快樂與感激之情，也是一生之最」（頁二〇二）。二百三十一個紀念章滙集成帝國圖像，也將訴說一位殖民地少年的激動與隕滅。

最後兩篇是戰後的漫畫。葉盛吉的修學旅行是一趟帝國子民的養成過程，圖像是此一過程中的教材，戰後政府發給農民的《豐年》雜誌，也試圖利用漫畫圖像來形塑國家需求的「好」農民，寫實的圖像加上淺顯的解說，傳遞新的知識、技術，官方的目的不是照顧農民，而是增產糧食，來解決戰後初期缺糧的危機。因為曾獻緯教授提醒我們，當時米糧不僅是軍民生活所需，政府也用來換取外滙。

另一篇是漫畫《太空飛鼠大戰牛角金剛》的故事。在這個故事裡，國家、外來者成了配角，主角是戰前受日本教育的臺灣人，在戰後，他們仍然關注日本的流行文化，例如歌曲、漫畫，甚至翻製這類作品，如本書討論的《太空飛鼠大戰牛角金剛》，作者不詳。黃悠詩教授分析漫畫的內容、人物造型、分鏡，指出是臺灣出版業者翻製了手塚治虫的《原子小金剛》，但翻製過程中，加入了臺灣繪者的創意，如原子小金剛變成太空飛鼠，挪用了美國與日本的人物造型，拼湊成最新潮的漫畫人物，反映了一九六〇年代臺灣流行文化受到美、日的影響，但另一方面，也是更重要的事，臺灣的漫畫家在翻製的過程中，磨練自己的技法，開始創作自己的漫畫。

《圖像裡的臺灣史》透過十個圖像故事來說臺灣史，其實這十個故事也構成了另一個臺灣史的故事，主題是從他者的描繪到自我的展現。從第一章開始的原住民圖像，到敦仔畫像、滿洲人的得勝圖、西方科學對於人與物的好奇，這些都是外來者、統治者的視覺角度。臺灣人的自我只有萌發於戰爭圖裡的反抗，驚鴻一瞥的出現在臺灣總督的合照裡，但是到了二十世紀，葉盛吉對日本帝國的觀看與興奮蘊藏了臺灣人的自我與視角，翻製的漫畫也有了一些些臺灣味，《圖像裡的臺灣史》象徵性地述說臺灣從他者凝視的客體到自我展現的過程。

圖像一直出現在我們的生活裡，看圖，真的可以說故事；有圖，也必然記錄了某種真相。對圖像研究有興趣的讀者應該要看本書的附錄，作者們敘述了他們的書寫動機、史料運用，或者寫作策略，提供了研究訊息，讀者們可以當作延伸閱讀，更可以依循，走上探索圖像奧祕之路。

主編序言

解讀新圖像、發現老臺灣

張隆志

「一張圖片勝過千言萬語」！相較於藝術史家從圖像學及圖像研究的角度，討論藝術作品的創作動機，社會脈絡與文化意涵，文化史家如彼得・柏克（Peter Burke）則從研究方法論的觀點，探討圖像相較於文獻與口述資料的證據價值。並指出圖像史料在傳統政治事件與社會經濟史研究傳統外，對於心態史、生活史、身體史及物質文化史等新領域的重要影響。

圖像作為歷史研究的重要素材，從繪畫到攝影的視覺再現，成為見證歷史的重要媒介。結合精神分析及符號學等多重分析方法，更有助於歷史想像以及非語言經驗與知識的發掘。近年來致力提倡大眾史學與影視史學的周樑楷教授更從史前先民的岩畫作品，探討人類的歷史意識與思維模式。而各類歐洲古地圖、明清原住民風俗圖、日治時期殖民地寫真集與明信片等圖像史料的出版，更成為臺灣史學界的盛事。

作為《島嶼新台誌》書系的第三本作品《圖像裡的臺灣史》終於要和讀者們見面了！本書延續了由青年史家轉譯新史料研究成果、共筆為大眾書寫台灣通史的核心宗旨。來自各個專業領域的十位作者，分別選取不同時代與類型的歷史圖像，從多元觀點發掘出精彩生動的島嶼人群故事。更為傳統以文字資料考訂為主軸的實證史學，開啟了圖像研究與視覺文化的嶄新視野。

在〈知識接力與浪漫想像：耶穌會士馮秉正描述的臺灣原住民形象〉一文中，簡宏逸帶領讀者重遊一七一四年法國耶穌會士馮秉正（Joseph de Mailla），奉康熙皇帝欽令來臺灣測繪《皇輿全覽圖》的先驅旅程。並以一八四三年比利時畫家依照馮秉正的描述，所畫出的台灣原住民勇士形象為例，追溯歐洲人對於福爾摩沙人住民的想像變遷，以及知識傳播過程所產生的意外影響。

在〈祖先容顏：岸裡潘家與《敦仔衣冠盛粧圖》〉一文中，鄭螢憶為讀者們深入解讀收藏在臺灣博物館的巴宰族岸裡社通事畫像。以淡水同知「率類知方」匾額及潘敦肖像畫等文物為例，他除了分析在鮮紅朝冠與官服品階背後的象徵意涵，更進一步討論原住民與清帝國互動的歷史脈絡，平埔族群與漢人文化與基督信仰的接觸互動，以及當代後裔的記憶緬懷。

在〈給皇帝看圖說故事：《平定臺灣得勝圖進呈副本》中的林爽文事件〉一文中，盧正恒仔細介紹清軍統帥福康安在乾隆五十三年（一七八八）奉皇帝之命繪製的《得勝圖》，指出此套十六張《進呈副本》圖冊細節，相較於廣為人知的銅版畫版本，更貼近臺灣當時的戰爭地理樣貌。但由福康安觀點所選擇呈現的戰役場景，也無形中誤導了整個林爽文事件的平叛真相。

在〈發現藍腹鷴：十九世紀臺灣的博物畫〉一文中，林紋沛從西方博物學探險的網絡，娓娓道出醉心鳥類研究的英國外交官斯文豪（Robert Swinhoe）在一八六二年「發現」了台灣特有種藍腹鷴，以及牠飄洋過海現身倫敦，成為《亞洲鳥類》（*Birds of Asia*）代表的全球史故事。進而說明斯文豪和臺灣動物學的重要淵源，以及藍腹鷴標本繪圖的時代背景。

在〈鏡頭中的臺灣原住民〉一文中，陳偉智重新回顧日治時期的原住民政策與原住民攝影史。他指出日本人類學者伊能嘉矩、鳥居龍藏與森丑之助等人將影像作為民族誌方法，分析臺灣原住民的族群特質。臺灣總督府則透過族群分類，將臺灣原住民影像類型化。紀實攝影成為殖民統治政策的宣傳素材，而呈現族群性的類型攝影，也成為臺北帝國大學土俗人種學知識的生產方法。

在〈走向世界之路：早田文藏與臺灣杉的發現〉一文中，蔡思薇為大家介紹了「撞到月亮的樹」臺灣杉如何揚名世界的精彩故事。她以臺灣杉命名者早田文藏的學術歷程，尤其是他如何與歐洲學者反覆討論、比對圖像資料及實物標本等事蹟為例，指出明治日本與東亞及世界科學發展的互動交流，以及殖民地臺灣在帝國科學史所扮演的重要角色。

在〈殖民地少年的朝聖之旅：葉盛吉的修學旅行及其人生〉一文中，莊勝全利用《葉盛吉日記》中的二百三十一枚旅行紀念章，說明日治時期學校修學旅行活動的教化及觀光意涵。並以一九三九年七月臺南第一中學校的日本海外修學旅行為例，分析殖民地少年之思想養成軌跡，並作為其在一九五〇年白色恐怖遇難前〈自敘傳〉遺作的精神史註腳。

在〈形塑「好」農民：《豐年》雜誌漫畫中的行為規範〉一文中，曾獻緯指出《豐年》雜誌是戰後初期政府推廣農業技術重要途徑，豐年社為農民特別開闢漫畫欄位，以六格漫畫的寫實圖像搭配白話文圖說。從農藥使用、去除稗草、使用堆肥舍等具體實例，可以看到政府如何反映農村現場實況，並形塑官方的農民典範。這些漫畫為臺灣的農業現代化與農村生活史提供了重要線索。

在〈太空飛鼠大戰牛角金剛〉一文中，黃悠詩從手塚治虫《原子小金剛》在臺灣的轉譯流通，揭示一段不為人知的臺灣史。一九六五年出版的《太空飛鼠大戰牛角金剛》等山寨作品，不只呈現了臺灣漫畫與日本漫畫的複雜關係，更有著漫畫家與出版者經歷殖民到戒嚴統治、自由創作到管制審查的幽暗背景。對照當代臺漫的活潑發展與多元風貌，漫畫裡的臺灣史值得重新發掘。

在〈視線的角力：日治時期到一九七〇年代畫家眼中的蘭嶼〉一文中，楊淳嫻對於以圖像作為輔助證據的主流觀點提出質疑。她以畫家張義雄的《蘭嶼紀念》作品解析為例，指出圖像生產源自科學調查、經濟開發、軍事管理、觀光產業與大眾媒體等多重脈絡。而吾人重新觀看畫作時，除了理解藝術家的獨特視角與個人關懷，應反思作為「被觀看者」的達悟原住民的土著觀點為何？

總而言之，從西方原住民圖繪到當代臺灣美術創作，從民變戰爭場景到動植物生態景觀，從歷史圖像、紀實攝影到大眾漫畫，這十篇各具特色的研究作品，為讀者們提供了多彩多姿的島嶼素描。敬請大家仔細凝視，慢慢瀏覽，一起觀看，共同思索「圖像裡的臺灣史」！

第一章

知識接力與浪漫想像

耶穌會士馮秉正描述的臺灣原住民形象

簡宏逸

來自法國的耶穌會士馮秉正，一七一四年奉康熙皇帝的欽令來臺灣測繪《皇輿全覽圖》。在臺灣，他看到了清帝國統治下漢人殖民地，也見證了凋零中的原住民文化。在馮秉正筆下，臺灣南路的原住民身形優雅瘦長，有著橄欖棕色的皮膚，亮澤的頭髮隨意披散在肩膀，帶著弓箭或標槍，全身只穿著一件全長一兩碼的布圍住腰部，垂至膝蓋。一八四三年，比利時畫家依照馮秉正的描述，畫出了一幅臺灣原住民勇士的圖像，成為攝影術普及前臺灣原住民在歐洲流傳的形象。這幅福爾摩沙人之圖，在二十一世紀引發一位浪漫的導演無限的想像與創作，最終醞釀出屬於臺灣人的史詩大作。

一幅南路原住民勇士的畫像

臺灣的原住民文化，向來是外來旅行者積極記錄的對象。他們大都以文字描述臺灣原住民，使得從未到過臺灣的編輯和讀者必須運用自己的想像力，在腦中自行描繪臺灣原住民的形象。例如一六七〇年，荷蘭作家歐福特・達波（Olfert Dapper）編纂的《荷使第二、三次出使大清帝國記》，書中描繪臺灣原住民的銅版畫就是依照為荷蘭東印度公司服務的德意志籍牧師干治士（Georgius Candidius）和蘇格蘭籍士兵大衛・萊特（David Wright）兩人的報導，加上銅版畫家的想像力所創造出來的。

自從荷蘭人被鄭成功逐出臺灣之後，能夠造訪臺灣並留下紀錄的歐洲人士屈指可數，歐洲對臺灣的認識管道也相當有限。其中影響格外重大的旅行者，是一七一四年奉康熙皇帝之命訪問臺灣，測繪《皇輿全覽圖》的法國耶穌會士馮秉正（Joseph de Mailla）。在對臺灣的報導中，馮秉正曾經用文字仔細描述臺灣原住民的樣貌。他說臺灣原住民以皮膚為素材，花上數個月甚至一年的時間，慢慢地紋上各種圖案。紋身其實是一種特權，只有狩獵或跑步最出類拔萃的人才得以擁有。不過其他裝飾品，卻是人人都可佩戴的。所以他們戴耳墜、手環，或佩戴以彩色珠子綴成的項鍊或頭冠，並在頭冠上插上羽毛作為裝飾。馮秉正請讀者想像眼前有位橄欖棕色皮膚的人，光滑的頭髮隨意垂於肩膀，再搭配前述的裝飾品和紋身，手上帶著弓箭和標槍，全身唯一的衣物就是一塊從腰部遮蔽到膝蓋的布。透過這樣的描述，一位臺灣島南部勇士的樣貌

圖 1

萊特報導，福爾摩沙的「女性腿上纏著腳袢，身穿無袖短衣，內衣則以棉布做成，長及膝蓋。她們的頭上包著一碼半長的絲巾，兩端伸出如角。沒有人穿鞋。每個婦女身旁都有一頭豬，如小孩般跟著她們」。

圖 2

萊特報導，福爾摩沙人「夏天穿著寬敞的薄布，將兩角綁在胸前，擺在一邊，所以通常只蓋住身體的半邊，另一邊則裸露。腰部則綁上一塊布，垂至膝蓋。他們不穿鞋襪，有時也會穿山羊皮做的皮鞋，用帶子固定。到了冬天，他們則穿著虎、豹、熊等野生動物的毛皮」。

圖 3 《福爾摩沙人》原收錄於一八四三年奧古斯特．瓦倫編輯的《世界各國人民的禮儀、習俗和服飾》。

Formosan.

[Asie.]

就會浮現在你的腦海中。

馮秉正的報導於一七二〇年在法國巴黎出版，但他描述的臺灣原住民形象並沒有立即成為具體的圖像。要到一百多年後的一八四三年，比利時檔案學家奧古斯特．瓦倫（Auguste Wahlen）才在他編輯的圖文書《世界各國人民的禮儀、習俗和服飾》（*Moeurs, usages et costumes de tous les peuples du monde*），收錄了一幅依照馮秉正描述所繪製的臺灣原住民圖像。二〇〇二年，荷蘭作家藍柏（Lambert van der Aalsvoort）出版的《風中之葉：福爾摩沙見聞錄》（*Leaves in the Wind: Seen and Heard in Formosa*）就以瓦倫書中的圖像作為封面插畫。最近，這幅圖在重重誤會之下，成為導演魏德聖發想《臺灣三部曲》的靈感來源。這絕對是馮秉正當年訪問臺灣時，始料未及的發展。

旅行以獲取知識

一七一四年，法國耶穌會士馮秉正在清帝國已經待逾十年了。他深受康熙皇帝器重，從四年前就和其他精於數學的耶穌會士一起奉命測繪大清帝國的廣袤版圖。對馮秉正來說，這不是一樁心甘情願的差事，畢竟傳教士的主要任務還是感化世人的靈魂，使他們心向基督宗教。測繪帝國版圖這件事，讓他忙得沒時間看顧好原來的傳教任務，但也讓馮秉正以欽差身分受到各地官員的招待與幫助，有機會親眼見識大清帝國的城鎮、村莊、河流、山岳，為歐洲人記錄各種值得研究的事物。馮秉正覺得，這樣的際遇也不差，他不敢奢求更多了。

一七一四年四月三日，馮秉正與另外兩位耶穌會士雷孝思（Jean Baptiste Régis）和德瑪諾（Romain Hinderer）在福建省南部的港口廈門，等候前往臺灣的船。馮秉正不畏懼海洋，畢竟他曾經遠渡重洋從歐洲來到東亞，但他對眼前的中國式篷船不大有信心。馮秉正覺得中國式篷船的長寬比例不對，桅杆的配置位置也有問題。雖然用竹席做成的風帆讓中國式篷船更經得起風，但因為整體設計的問題，整艘船看起來還是很危險。中國式篷船上沒有領航員，全靠舵公指揮操作。這些舵公憑藉經驗和羅盤決定方向，並不考慮海流和風力的狀況。更糟的是，馮秉正搭的這艘船，舵公看起來有點漫不經心的樣子。馮秉正不禁透過隨行的軍官給了一些「建議」，而最後舵公的表現也讓馮秉正安心許多。

往臺灣的航程不是很順利。四月三日從廈門啟航，僅到了一水之隔的金門就沒了風，艦隊只好在金門料羅灣拋錨等待，但第二天等到的卻是暴風，使得艦隊在料羅灣又停了五天才繼續前往澎湖。十日晚上，艦隊抵達澎湖，在西嶼拋錨停泊，澎湖的官員也前來迎接。一行人在澎湖停留了四天，馮秉正藉機觀察澎湖的地理環境，測量水深和經緯度。發現這裡雖然是個良港，相當適合作為船隻往來中國與臺灣的中繼站，但遍地貧瘠，缺乏植被，連生火的柴薪都要從臺灣補給。即使如此，澎湖仍然是聯絡臺灣的重要門戶。

四月十五日午夜，澎湖海面吹起東北風，馮秉正所乘的艦隊也張帆啟航，黎明時已經可以看到臺灣島的山巒，中午就抵達了臺灣府。臺灣府城的文武官員都來到臺江岸邊的接官亭，迎輿全覽圖》的依據。

接欽差到來。接下來的一個月，這三位耶穌會士將踏遍臺灣西部，測量經緯度，作為繪製《皇輿全覽圖》的依據。

清帝國的海外要地

皇帝派遣的欽差來到海外要地臺灣，不免要在官署內進行各種繁文縟節的儀式。但從港邊前往官署的路上，好奇的馮秉正應該也曾掀起轎簾，好好看看這個清帝國海外殖民地的樣貌。他發現臺灣府的繁榮不輸中國多數的城市，人口稠密、商業興盛、交通發達。街市上販賣著臺灣本地所產的稻米、蔗糖、冰糖、許多歐洲人沒看過的草藥，還有從中國和印度來的布料、漆器、瓷器，甚至還有歐洲的器物。府城的街道筆直，兩旁商店井然有序。為了擋住熾熱的陽光，街道往往用布遮蓋起來，成為所謂的「不見天街」。這些天篷向上擋住了陽光，向下則將房舍樸素的稻草屋頂遮蔽起來，使人只注意到天篷下各式引人注目的有趣商品。

馮秉正也看到了荷蘭人留下的普羅民遮城（赤崁樓），他相信人數居於下風的歐洲殖民者需要這樣的防禦工事來保護自己。但在他造訪臺灣時，臺灣西部已經成了漢人殖民者和滿州統治者的地盤。雖然統治者換了，但族群間的關係依舊緊張。為了不讓臺灣發展成漢人反抗滿清帝國的基地，清政府限制漢人移民臺灣，想要移民臺灣的人必須付出高昂代價購買通行證和支付保證金，還得花錢賄賂官員。雖然這給了官員中飽私囊的機會，但也成功地控制漢人從中國移民臺灣的數量。除此之外，清政府也在臺灣駐紮了一萬名由總兵率領的兵力，加強對臺灣的監控，防範漢人殖民者任何反抗政府的舉動。荷蘭人在安平留下的熱蘭遮城，也有兩千名的士兵鎮守。

三位耶穌會士在臺灣府城待了兩天，除了處理各項事務，也分配好測繪的工作：雷孝思和德瑪諾負責府城以北的北路，馮秉正負責府城附近和南路。當時臺灣府城還沒有城牆，當馮秉正走出市街，映入眼簾的是臺灣南部平原上整齊栽種的種植園。除了作為主食的水稻和小麥，還有重要的出口商品菸草和甘蔗，以及各種水果。馮秉正特別描述了西瓜的甜美，含有大量水分可以解渴。

不過，臺灣的河水就比水果危險得多。雖然農民可以引來河水灌溉稻田，卻只有府城的水可供飲用。府城官員善意地運送飲用水給欽差馮秉正，但鳳山知縣派來的一名隨從人員卻仗恃身體勇健，堅持飲用河水，結果不到五天就一命嗚呼了。

深入臺灣南路觀察

其實，馮秉正對臺灣島上的漢人殖民社會沒有太大的興趣。在他眼中，清政府在臺灣的治理方式，以及臺灣的漢人風俗，都和中國沒有差別，所以他寧可將筆墨花在報導臺灣的原住民上面。

馮秉正先從漢人那裡聽到關於原住民的說法。漢人說臺灣原住民天性較為溫和，沒有美洲易洛魁人那麼粗暴，也比印第安人純潔，但是他們沒有法律，沒有政府，沒有宗教，為人充滿報復心。馮秉正不怎麼相信漢人的說法，因為他認為西部的漢人殖民者與東部的原住民長期處於戰爭狀態，更不要說漢人對外族的描述總是充滿偏見，這點他自己可是感同身受。西部的漢人將原住民當奴隸，東部的原住民則將漢人當寇讎。馮秉正還聽說，在他造訪臺灣的前幾年，有貪心的漢人在東部的金礦產區殘殺原住民，引發原住民屠殺北部漢人作為報復的事件。臺灣官員為保護馮秉正派出的兩百名士兵，也說明了原漢關係的緊張。馮秉正一行人就曾被原住民持弓箭和標槍攻擊，但因為官兵人數占上風，原住民才撤退。

儘管族群關係緊張，馮秉正還是仔細地觀察臺灣原住民的風俗。馮秉正說，南部原住民的村社只是茅屋的聚落。原住民的房屋用泥土和竹子蓋在墊高的土臺上，形狀類似倒立的漏斗，內部有隔間，但是沒有家具。室內中央有用泥土建造的土灶，在此烹煮食物。原住民的食物是米飯、穀物，以及獵來的肉。他們沒有餐具，只將料理好的食物放在木板或墊子上，然後用手抓起進食。

與進食習慣相比，馮秉正認為臺灣原住民的婚姻一點也不野蠻。他們不像漢人一樣買賣婦女，也不像歐洲人看重對方財產，男女雙方的父母幾乎不會介入年輕人的婚姻。當年輕男子看上了中意的女子，就會連續幾天帶著樂器到女方家門口演奏。女方如果也中意，就會走出家門，和男子商量結婚事宜。接下來，他們會各自通知父母，籌備婚宴。婚後男方住在女方家中，這樣女方的長輩老了就有依靠。因此原住民重女不重男。

漢人說原住民沒有政府，但馮秉正仍然在西部的原住民村社觀察到他們原有的治理方式。村社會選出三或四名最有名望的耆老作為審判的權威，仲裁所有的爭端。所有人都要服從他們的裁決，違反者會被逐出村社，也沒有其他村社會接納這樣的人。但是村社裡的漢人通事卻帶給原住民許多不好的影響，他們壓榨原住民，作威作福，使得有些原住民將通事趕出村社，再也不臣服於清政府。馮秉正聽說，當初南路本來有十二個村社，但最近其中三社驅逐通事，拒絕納稅，從此南路就只剩九個臣服清政府的村社。

被政府視為「叛變」的這些行為，馮秉正認為只是原住民對漢人暴行的反抗。在馮秉正眼中，原住民講求公平，他經常目睹前來幫忙的原住民，要是與他一起工作的人沒有得到同樣的賞賜，那人就不敢自己享用。他說原住民之間沒有詐欺、竊盜、爭吵、訴訟，唯一的麻煩製造者就是奸詐的漢人通事。這是連漢人自己都承認的惡行。

作為傳教士的馮秉正，在訪問臺灣前就已經聽說臺灣有基督徒。耶穌會士找到了幾個會講荷蘭語的原住民，他們會讀荷蘭書、寫荷蘭字。他們承認天主創造世界萬物，聽過三位一體的概念，也知道亞當和夏娃的故事，以及人類要用洗禮消除原罪的概念。擔任翻譯的漢人告訴耶穌會士，原住民會在小孩出生時取冷水倒在嬰兒頭上，看似有洗禮的儀式，但耶穌會士並沒有親眼看到他們執行洗禮的過程，也不知道他們有沒有念誦經文。

對於荷蘭傳教士播下的宗教種子被如此荒廢，馮秉正感到相當遺憾。耶穌會士只是來測繪地圖的欽差，無法在臺灣久留傳教。但是清政府只控制了臺灣西部，馮秉正認為，要是歐洲人能在臺灣東部找到適合的港口，就能直接對尚未臣服於清帝國的原住民傳教。馮秉正提供給歐洲讀者的地圖，也顯示清帝國僅控制臺灣西部，臺灣東部還是一片未知之地，但也是機會之地。這套論述，到了十九世紀末葉，還被美國駐廈門領事李仙得（Charles Le Gendre）拿來作為合理化列強勢力進占臺灣的行動，發展成所謂的「番地無主論」。

馮秉正臺灣報導的流傳

不過在清帝國威勢尚存，臺灣還沒成為列強勢力競逐場域的時候，外國人除非像馮秉正一樣身負任務，否則難以踏足臺灣，更別說親眼觀察臺灣的族群與文化。因此，在臺灣開港之前，馮秉正於一七一四年造訪臺灣所做的報導，就成為西方讀者認識臺灣的主要資料來源。

馮秉正在臺灣待了一個月，隨即返回中國。一七一五年八月，馮秉正在江西省九江提筆寫信給法國里昂的多明尼克．德．科洛尼亞（Dominique de Colonia）神父，報告前一年在臺灣的所見所聞。馮秉正出身里昂近郊，在里昂加入耶穌會，德．科洛尼亞神父可能是他在家鄉的故舊之一。這封信雖然看似私人書信，但馮秉正一定也想得到，這封充滿海外情報的書信，會被對世界充滿好奇的學者閱讀。果然，一七二〇年，巴黎的杜赫德（Jean-Baptiste Du Halde）神父就將這封信刊登在《外方傳教會書信集》（*Lettres edifiantes et curieuses*）第十四卷中，馮秉正的臺灣報導從此公諸於世。日後杜赫德在撰寫自己的中國研究專書時，提及臺灣的部分也大幅引述馮秉正的報導。

杜赫德編輯的書信集和中國研究專書，在英國得到不小的迴響。一七四六年，地理學家約翰・葛林（John Green）和出版家湯瑪斯・艾斯特里（Thomas Astley）合作出版的遊記合集中，就引用《外方傳教會書信集》，將馮秉正的臺灣報導翻譯成英文出版。一年後，曾經在一七〇四年、一七〇五年以假扮福爾摩沙人在倫敦刮起一陣旋風的喬治・薩瑪納札（George Psalmanazar）也在他參與編纂的《地理誌》（*A Complete System of Geography*）中，以第三人稱承認四十年前的錯誤，並引用馮秉正的資料，將準確可信的臺灣報導傳達給讀者。薩瑪納札可能也參與了《世界通史現代部》（*The Modern Part of An Universal History*）的編輯。在一七五九年出版的第八卷中，薩瑪納札式的致歉口氣再度出現。該卷編者也大幅引用馮秉正的報導，讓臺灣在《世界通史現代部》中占有一席之地。

到了十八世紀末的啟蒙時代，修道院長格魯賢（Jean-Baptiste Grosier）獲得馮秉正的中國史手稿，這是馮秉正以滿文版《資治通鑑綱目》為基礎，並徵引其他資料所做的《中國通史》（*Histoire générale de la Chine*），原稿一七三〇年代就已完成，但遲至一七七七年至一七八三年間才由格魯賢分作十二卷出版。格魯賢自己也寫了一部介紹中國風俗地理的書，作為馮秉正《中國通史》的第十三卷出版。在這本書中，格魯賢再次回頭引用一七二〇年杜赫德出版的馮秉正臺灣報導，並加上一七八二年颱風侵襲臺灣，導致臺江內海暴漲，損壞府城官署、戰船、倉庫、民房無數作為最新報導。格魯賢整理的臺灣報導很快就被《大英百科全書》（*Encyclopaedia Britannica*）第三版引用，「福爾摩沙」這個詞條因此大幅擴張，其中部分內容甚至到了二十世紀初都還留在《大英百科全書》。

《大英百科全書》第三版出版於一七九七年，正值歐洲因法國大革命引發動盪的混亂年代，對臺灣的研究也要到一八二〇年代才又有進步。一八二二年，常駐巴黎的普魯士東方學家柯恆儒（Julius Klaproth）以一六六二年荷蘭牧師在阿姆斯特丹出版的《臺灣西拉雅語基督教信仰要項與註釋》（*'t Formulier des Christendom met de verklaringen van dien inde Sideis-Formosaansche tale*）為基礎，透過比較語言學的研究方法，將臺灣原住民歸類在馬來種族。一八二四年，柯恆儒又進一步運用漢文史料，詳細地描述了臺灣的山川、建置、稅收等等資訊，並穿插自前一世紀流傳下來的馮秉正臺灣報導，以補充漢文史料沒有注意到的地方。

柯恆儒臺灣研究論文成為十九世紀前半最新的臺灣報導，也是當時各家學者參考的對象。一八四三年，比利時檔案學家瓦倫出版《世界各國人民的禮儀、習俗和服飾》時，便參考了柯恆儒的論文來介紹臺灣，並聘請畫家依照馮秉正報導的臺灣原住民形象來繪製插圖。結果，這幅南路原住民勇士的畫像，就成為十九世紀臺灣開港前臺灣原住民的代表形象。

瓦倫出版《世界各國人民的禮儀、習俗和服飾》的年代正值攝影術的黎明期，各種捕捉影像的技術在十九世紀中葉迅速發展，並被引介到世界各地。臺灣也在一八六〇年重新確定對英法等國的條約下開港，西方人士因傳教、公職、經商、採集、冒險等理由造訪臺灣，帶出更多更新的臺灣報導，以及拍攝更多更新的臺灣人群圖像。馮秉正的旅行報導，以及德國製圖師瓦倫遲來的臺灣原住民圖像，都在科技與資訊日新月異的十九世紀迅速被世人所遺忘。最後，馮秉正的臺灣報導成為反映十八世紀初葉臺灣南部的歷史材料，瓦倫精緻的臺灣原住民圖像則脫離脈絡，成為引發現代人對早期臺灣浪漫想像的裝飾圖像。

第二章

祖先容顏

岸裡潘家與《敦仔衣冠盛粧圖》

鄭螢憶

一張被收藏在臺灣博物館的岸裡社通事潘敦畫像，其鮮紅的朝冠與象徵品階的官服背後，承載了後代子孫對於先人緬懷，也隱含著一段清帝國與原住民部落互動的歷史。

清明掃墓

時雨紛紛季節，嘉慶十四年（一八〇九年）的清明節後幾日，「熟番」岸裡社（位於今臺中市神岡區）潘家，正在大社的部落外圍楓樹林處舉辦清明墓祭，墳墓主人是身兼部落社主與通事、土目職位的敦仔，原住民名字「敦仔阿打歪」，敦仔是他的本名，阿打歪則是父親名字。父子連名制，是岸裡社人命名的習慣。

乾隆中葉以後，官府賜熟番漢姓「潘」，因此官廳衙役與岸裡社的漢佃們，時常以通事「潘敦」來稱呼他。乾隆三十八年（一七七三年），敦仔因年邁離世，處理部落事務的重擔落在士萬與士興兩子肩上。長子潘士萬是敦仔向鄰近粵人抱養來的，次子則是親生的潘士興。

潘家作為岸裡社頭人家族，擁有不亞於漢人士紳的財富。富裕程度，令十九世紀曾到潘家擔任西席的吳子光，對於潘家宴會飲食有「海疆第一家」的美讚。今日敦仔墓前擺滿了祭品，受粵人祭祖的影響，供品中有多達六十個紅龜粄、紅桃粄，以及象徵家族財富的海參、魚翅等珍饈，但同時也保留象徵部落「血食」傳統的生豬、生羊與鹿肉。豐厚的供品是子孫的孝心，也是潘家在岸裡地域社會地位的展現，更顯示敦仔在潘家舉足輕重的地位。

潘士萬、潘士興兩兄弟遵循漢人最周延的禮節，供上三獻牲禮，一同在墓前誠心念著「追維我父，德業綿長，生子蕃薯，創于岸地，灌溉產業，衣食代傳……」的祭文。禮畢後，敦仔子嗣們分食供品，族中長輩蹲坐在墓旁，娓娓向孫輩孩童說起廳堂內懸掛的匾額與畫像，這是關於敦仔與岸裡潘家崛起的精彩故事。

率類知方匾

在敦仔居住的通事宅地，其大廳懸掛著一塊「率類知方」匾額。其中「率類」二字，隱約透露出敦仔在乾隆中葉率生番歸化的事蹟。

這段歷史要從發生在乾隆三十一年（一七六六年）的黨殼莊事件說起。當時生番「攸武乃社」活動於苗栗地區中央山地一帶，而位於黨殼莊（今苗栗縣西湖鄉二湖）的漢人不斷翻越三湖土牛番界，侵墾界外的番地。一直以來，這些埔地都是今日泰雅族的攸武乃社獵場，番社對於傳統生活空間的領域觀念極強，因此對漢人的入侵，毫無妥協的空間，只能訴諸武力驅趕。於是，番漢雙方紛爭不斷，已經對敵多次，各有死傷。

五月那日清晨，黨殼莊村人因為尋找逃失的牛隻，冒險越過了番界。攸武乃社的生番們趁著漢庄人丁空虛之際，襲擊漢人村落。烈火焚燒了七間茅屋，漢人首級被割去五、六十名。

清廷對於帝國臣民在界內被戕殺，覺得顏面盡失，憤怒的火燒向地方官員。官員承

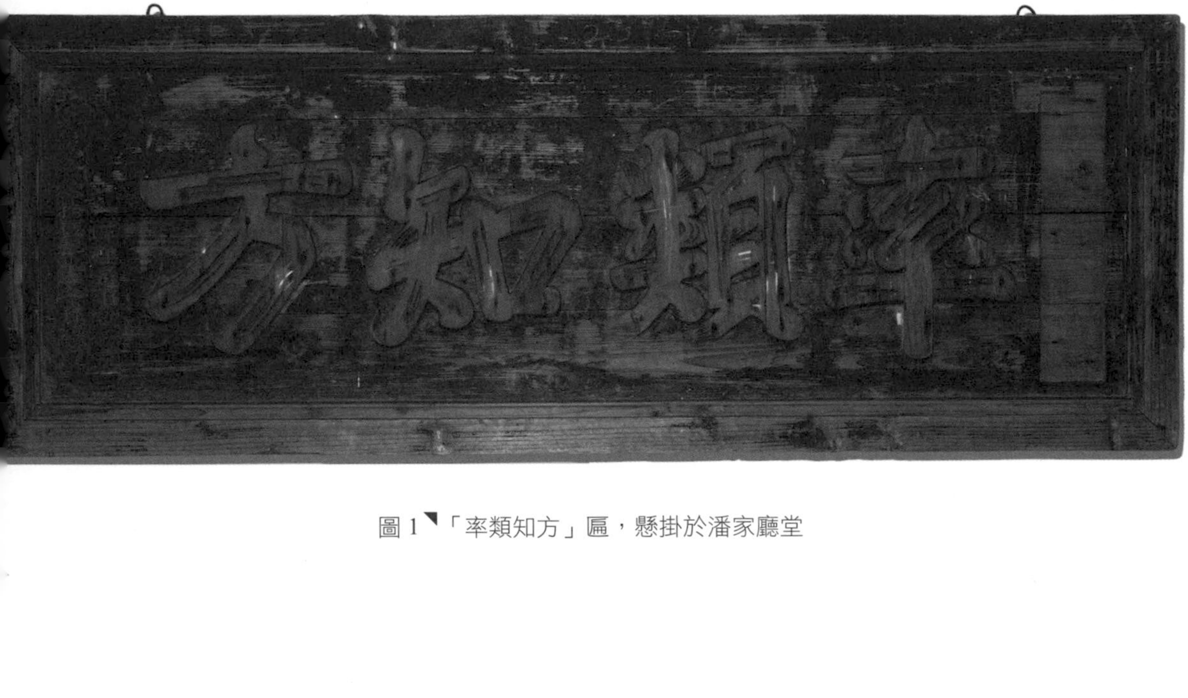

圖 1 「率類知方」匾，懸掛於潘家廳堂

受著「限期懲兇」的沉重壓力，但綠營兵的行動卻因為界外山林茂密而嚴重受阻，進展有限。相反的，攸武乃社握有熟知地形的優勢，顯得有恃無恐。官員們深知，如果貿然出兵，也僅是增添官兵的傷亡人數而已。

既然不能力敵，就只能智取。生番社們雖然不喜漢人深入地界開墾，但對於界內的布匹、鐵器與鹽等製品卻深感興趣，透過與這些漢人或熟番的走私者進行山產物資的交易，是番社取得界內物資的管道之一。因此，官員們要求熟番武葛以交易之名，企圖引誘攸武乃社土目離開部落，來到邊界，方便清軍的突襲與擒獲。攸武乃社土目西狗在攻擊漢庄後，已深知官方不會善罷干休，對此時熟番提起的交易需求頓時充滿了疑慮，深恐落入圈套，於是小心翼翼地拒絕武葛的提議。

既然無法生擒，那就只能利用生番社之間的矛盾來突破地形限制。清兵打算借道鄰近攸武乃社的屋鏊四社、獅子九社的生番地界，繞到番社背後進行奇襲。問題在於如何招撫屋鏊等社，這便是淡水同知張所受要面對的首要難題。

首先，前往招撫的人選就讓這位清廷官員相當苦惱，突然間他靈光乍現，腦海中浮現一個長耳的臉孔。被張所受相中的人選，便是與官方友好，而且又是屋鏊社番親的「敦仔」。敦仔與粵人饒廣育、劉吉藏（應該是在山區與生番交易的社丁）領著豐厚的賞賜，開始進行招撫工作。他們一如往常的翻越番界，循著岸裡社以往與屋鏊社交易的山路來到部落。他們拿出琳瑯滿目的賞賜品，代表清廷尋求協力的誠意。對生番社來說，漢人喜愛的珍稀珠寶不是他們感興趣的東西，他們渴求的是生活必需品，包括鹽、糖、酒、布匹及鐵器等，尤其是紅色布匹與火石子。前者是布料染色的重要來源，後者則是因為官方禁止而不易從合法管道取得。

幾杯迎賓酒下肚後，敦仔對土目動之以情、誘之以利。最終，屋鰲生番社不僅願意協助追捕兇番，更同意歸化朝廷。屋鰲社同意歸順，自然不是慕義來歸，更何況歸順朝廷後，每年還需要繳納作為臣服清廷象徵的一批鹿皮。每年合法的交易與清廷的賞賜，才是屋鰲社土目甘願王化的原因。那麼，為歸化代價而需要繳交的「社餉」，自然成為招撫者敦仔的責任。賠本的生意，即便是與官方頗有交情的敦仔也無力承受。因此，他便要求官府同意讓岸裡社招墾土牛番界邊的埔地（今臺中市石岡區土牛里），將所收租穀代納社餉。當然，埔地的收益絕對遠高於鹿皮餉微薄的稅額。

最終，在屋鰲社與岸裡社的協助下，清廷順利懲戒了攸武乃社。因此，淡水同知張所受贈送了「率類知方」匾額與一幅潘敦肖像畫，作為招撫生番有功的「勳章」。

祖先的容顏

除了墓祭外，潘家子孫也仿效漢人形式的祭祖活動，另一場重頭戲便是正廳祭祖。神桌上擺放刻有「三祖待贈文郎例晉儒林后那敦潘公神主」等字樣的神主牌。十九世紀的岸裡社人雖然還使用傳統命名傳承家系輩分的方法，但今日木主上生硬拗口的漢字，彷彿提醒著潘家後代「譜系」的重要。懸於一旁的祖先畫像，則是潘家子孫追思與瞻仰祖先儀容的唯一憑藉。

入堂，於供桌一側的牆上，懸掛著敦仔的肖像畫。畫中人物不是穿著鹿製皮草、身配番刀的岸裡社總通事，而是著清朝正裝端坐在交椅上的「大清官員」。但敦仔不曾科考中舉，也沒有在朝為官，何況清代熟番原本就不能參與科舉，頂多只能在熟讀《聖諭廣訓》、《四書》等聖賢經典後，被官員選為祭孔大典時的佾生，藉由祭孔舞蹈來彰顯皇帝的開化與恩澤。仙逝後的敦仔，當然更無需假裝服膺朝廷的「一代忠臣」或漢人士紳的「知書達禮」，但他的肖像畫卻被繪製成一副官宦鄉賢的樣貌。

仿若清官的衣冠像，絕非是子孫為了顯擺而穿鑿附會想像出來的理想形象。圖中身著官服的形制，顯示清廷的禮教規範，以及相主與帝國遭逢後所立下的「汗馬功勞」。這幅畫像，早在潘敦去世前，就已經繪製完成。繪製目的並非是為了提供子孫「追容」（追念祖先遺容），而是作為功績表彰。因此，畫面中沒有與蔬果、香爐或屏風等與教化、祈福相關的擺設，僅見敦仔著清朝官服端坐於交椅的形象。此肖像畫與「率類知方」匾額一樣，都是由北路理番同知張所受所贈。只是這類贈送「番人」的畫像，通常不是出自宮廷畫師之手，而多是由民間專職畫工繪製，精細程度自然不如那些八旗將領或皇室宗親的「功臣圖」。

圖 2◥潘敦畫像——敦仔衣冠盛粧圖

朝冠與穿耳

肖像畫中敦仔的頂戴是「夏朝冠」，屬涼帽的一種。冠帽上的頂戴銜著白色涅玻璃，按禮制中間則鑲有藍色寶石。頂戴底下的髮飾，不是中部熟番社常見的「打拉」（插著獸骨簪子的髮型），而是留起代表帝國政治認同的「薙髮」長辮。

乾隆二十三年（一七五八年），在閩浙總督楊應琚的奏請下，清廷同意讓歸順番人「一體薙髮留辮」，以昭一道同風之盛。從此，清式髮辮取代了「打拉」，成為岸裡社熟番常見的髮式。髮辮，有助於官員區別番界內外生熟番的身分，同時也是熟番成為帝國臣民的重要符碼。

畫中敦仔偌大的耳垂，兩耳皆有穿耳的痕跡。原住民語的「馬卓」，就是指中部熟番社男性穿耳洞的習俗。社番自小會先用白色的線貫穿耳垂，後逐漸把蠔殼或螺錢用白紙包裹後塞於兩耳的耳洞內。男子的耳垂長度，還成為部落女性審美的標準：耳垂至肩的男子，往往成為部落番婦競相追求的對象。穿耳的敦仔，想來也是部落英勇俊美的男子。他先後娶兩名番婦六伊四老雄、阿媽孝里希為妻，開枝散葉，人丁興盛，到乾隆中葉，家戶中已有百餘人，是一般社番家庭的兩倍餘。穿耳審美的觀念，後來受到漢文化的影響而開始改變，到他的兒子潘士興時便已無穿耳的習慣了。

六品官服

盛裝的服飾，由上而下分別是披肩領、補服、吉服帶與蟒袍、襯衣與朝靴。圖中這件圓領、對襟、平袖的石青色官常服，胸口處繡有一塊猛獸的方補，因此清朝時統稱為「補服」，是清官員辦公時的主要穿著。胸口的方補，依照不同官階而繡上不同的飛禽猛獸，用以顯示君臣之別與官階。敦仔穿的補服上繡的是「彪」（不是虎）的紋飾，旁邊還繡有五色祥雲、青松等吉祥圖案陪襯，這是乾隆年間常見的補服風格。依據清代補服品級，「六品彪補子」代表敦仔被授予「六品武職」的官階，雖然僅是虛銜，但也足以彰顯敦仔與其他熟番族人的身分差異。

取武官形象繪製肖像的敦仔，其戰功來自平定中部熟番社群集體叛亂。雍正九年（一七三一年）位於臺中海岸平原的大甲西社，因為不堪清廷為修築彰化縣城而攤派過重勞役，在頭人林武力率領下襲擊淡水同知衙署。向來溫順與老實的熟番突然襲擊衙署，震驚了所屬官員。除了派兵圍剿之外，隔年二月臺灣總兵呂瑞麟還採取以番制番的方法，派遣岸裡社土官敦仔等人攜元寶、瑪瑙珠等物前往招撫。四月，不敵清軍的大甲西社人被遷移安置在大甲溪北岸的岸裡舊社。

但平亂過程卻節外生枝，道臺所屬的貪婪兵丁覬覦「叛番首級」的賞金，竟然殺害沙轆等社義番，用以訛詐賞賜。沙轆社土目沉痛悲憤之下，聯繫了牛罵社、阿里史社、樸子籬等番社。不少熟番社，早已不滿漢人侵占與騙取社地的地權，因此決定揭竿回應官府與移墾者的暴行。敏捷的熟番社人襲擊了彰化縣城與鄰近的漢人村落，彰化縣城以南的房屋被燒毀十之七八。大量的難民逃離至諸羅縣的地界，哀鴻遍野。

面對突如其來的大規模反叛，戰力稀疏的清軍顯然無力招架。地方官員商請岸裡社通事張達京，協調敦仔是否能率領勇猛的岸裡社人協助平亂。考慮到要與中部多數熟番部落對抗，幫助的對象又是讓人憤恨的統治者，因此面對番女婿張達京的遊說，敦仔還是不敢貿然答應。只不過，想到從岸裡社遷至大甲溪南岸後，就與沙轆社因獵場等問題而矛盾不斷，此時他心中的怒火油然而生，最後毅然決然決定出面協助朝廷官兵。

敦仔與驍勇善戰的社人們，協同兵丁入山搜捕叛番。他們圍剿鄰近曾經襲擊清兵的樸仔籬社，也搜捕牛罵社百餘名叛番。這場動亂持續到十一月，除少數逃匿到中央山地的兇番外，大致被平定下來。這次助官平亂有功，也讓清廷對這個熟番社徹底刮目相看。

陸路提督王郡主張嚴懲叛亂社番，將其所有田園賞賜給岸裡等社。但這個提議，在考量叛番若因流離失所恐會再次作亂的後果下，朝廷改以賞賜布匹與瑪瑙等珠寶代替。雖然王郡此前的提議未能付諸實行，但據族人傳聞，後來在王郡的奏請下，敦仔與張達京因戰功而獲得入京面聖的機會，並蒙皇帝恩賜六品官員頂戴與「蟒袍」一件。[1] 於是，六品官銜就成為敦仔與清帝國交會後，被賦予的最重要頭銜。

蟒袍

六品補服下的是一件從袖口隱約可見、繡有「四爪金龍」的衣裳，這是清廷用以賞賜武職的采服，用以標榜功勳，特稱為蟒袍。藍色內袍內共繡有八條金龍，為六品官銜的樣式。蟒袍通常與補掛搭在一起穿，此稱為「吉服」，是官員的正式服裝。御賜的蟒袍，自然不是敦仔平日的穿著，多數是在地方官員來訪時才會盛裝出席，用以彰顯他的功績與地位。

對敦仔與張達京而言，進京面聖及御賜蟒袍的意義，當然不是服飾上華麗精緻的繡工或是綾羅綢緞等穿戴上的奢華享受，而是來自於「朝廷恩賜」的象徵。這樣的殊榮，幫他解決了岸裡社在大甲溪南岸的土地糾紛問題。原來，雍正元年敦仔曾在張達京的慫恿下，與漢人移墾者簽訂修築水圳的契約，試圖利用興修水利之便達成控制這些與沙轆社、阿里史社相互競爭獵場埔地的事實。此事自然引來鄰近番社的不滿，衍生出許多衝突。

註1　這次面聖僅是族人口耳相傳，並無奏摺資料可以佐證。但若按照肖像畫中的補服顯示的六品官階與乾隆五十三年阿里山社總土目等人的賞賜，應該可以推論敦仔當時賞賜的也是六品官銜與蟒袍。

圖 3 ◥ 雍正帝賞賜潘敦仔蟒袍

然而，阿里史等社的造反作亂，卻讓敦仔與張達京有機會正式擴張對大甲溪南岸埔地地權的掌控。在平亂過程中，敦仔一面用兵，同時也開始向官府伸張這塊地權的歸屬。張達京等六館業戶們重啟興修水圳的辦法，在敦仔同意「割地換水」（由漢人出資開鑿水圳，換取熟番土地）的前提下，藉口「陞科裕課」為由，讓地方官員同意讓岸裡社與漢人共同開墾這塊充滿爭議的獵場。

動亂為岸裡社帶來生活領地的擴張，亂平後更被官府要求託管阿里史社（活動於今臺中市潭子一帶）。因此，阿里史社埔地自然也成為敦仔招墾漢佃的地域。這塊屬於阿里史社名下被稱為「阿河巴」的埔地，在雍正十一年（一七三三年）十月也曾被以割地換水的形式，以番二漢八的比例均分開墾。張達京與敦仔對於這塊埔地的主張，便是來自御賜蟒袍的後續效應。

在開墾合約中，張達京還寫了一段面聖恩賜的故事：雍正十一年因平番有功，在縣太爺上稟皇帝後，准許帶番進京面聖，因而獲賜「蟒袍一領，草地一坐」。由此將占領埔地的事實，轉換成來自朝廷的恩允。換句話說，關於阿河巴埔地的歸屬問題，沒有可資證明的任何官方文件。懸掛於土目家中，繡以四爪金龍的「蟒袍」，展示的是中央朝廷授與敦仔治理番社的權力，也成為朝廷賞賜草地的唯一「可見」證據。在占地已成事實的情況下，相比繁縟文字的官方文書，岸裡社番口耳相傳入京面聖的軼聞，反而成為岸裡社在大甲溪南岸擁地自重一個最合法的「宣稱」。

不過，僅是土目身分的敦仔，雖仰賴官方權威與六館業戶共同控制大甲溪南岸埔地，但對於割地換水一事，仍需面對部落內社人的雜音；尋求部落其他頭人的支持，更是當務之急。社主，是岸裡社享有最尊崇地位的頭人，名義上所有社地皆歸社主掌管。因此，敦仔為強化土地安排的合法性，只能與原本社主郡乃大由士協商。率領社人戰勝中部其他番社的敦仔，此時已經享有極高的部落聲望，而熟稔與漢人、官方的交涉手腕，也讓社主對於這位威名遠播、不可一世的土目讚賞不已。社主知道，敦仔可能是唯一能力抗漢人侵擾的岸裡頭人，因此為了社番福祉，他在乾隆十二年（一七四七年）以年邁與子孫不才為由，將社地經部落共議後正式移交給敦仔。

這場因勞役問題引發的熟番動亂，讓這位清廷義番土目不僅率領族人趁機擴張南岸埔地，也順利接掌社主職位，爾後又因通事張達京私墾土地被清廷放逐回鄉，順利繼承通事的職位。乾隆中葉，敦仔已成為番社中最有權勢的頭人，而「潘敦家族」也成為官方眼中岸裡社的代名詞。

乾隆三十六年（一七七一年）年邁的敦仔因病去世，按照岸裡社傳統，應該以石板四片修築四方穴，以屈肢葬的形式埋於土中，而其子嗣則應該頭裹「皁布」，不言笑並足不出戶地嚎哭十日。但是，顯然潘家子嗣放棄這樣的傳統，士萬與士興兩兄弟選擇將這位偉大的頭人葬於部落的公共墓地楓樹林，墓碑刻有「忠勇」字樣，用以突顯敦仔功於朝廷的事蹟。

作為世家大族，潘敦的陪葬物盡是珍貴的珠寶與皮裘，包括番織衣、瑪瑙珠、耳帶勾珠、獐皮馬褂、羊皮長裘、羊皮馬褂、大尖刀一支、緞鞋兩雙、劍銀等物，按照番例，這些都是敦仔生前使用之物。至於象徵帝國權力的匾額、蟒袍與敦仔肖像畫，依然是維繫潘家社會地位的文化符號，因此沒有隨著敦仔的逝去而長埋地下。

十字架下的先祖

敦仔去世後，繪製敦仔功於朝廷事蹟的肖像畫，成為十九世紀初潘氏家族緬懷先祖的一幅傳世畫像。在清明墓祭後，族人總會回到通事宅地的廳堂，瞻仰這位改變岸裡社命運的先祖，並訴說著其人其事。蟒袍與番頭家的記憶跨越時空，在後代子孫的集體記憶中傳承不輟。

到了同治十年（一八七一年），這幅畫像的命運開始出現微妙的變化。那年，社番潘開山武干因槍傷而被抬至臺南尋求馬雅各醫師醫治。嚴重的槍傷並未奪去社番的生命，在傳教士先進的醫療技術下，潘開山武干順利康復，並接受上帝福音。

傳教士藉由醫療傳教，引起多數社人對於基督教的興趣。岸裡社的頭人在幾經思量後，決定採取分批改宗的方式改信基督教。同治十三年（一八七四年），家族長輩祖母潘茅臘干鬧里率先受洗，在她的影響下，敦仔子嗣開始走向服事上帝的道路。

圖 4◥潘敦歷代墓園

改宗後的潘家，廳堂前的神主牌位與十字架顯得格格不入，因而在十九世紀末，這些漢式木主不再被視為祖先靈位，撤下後被收放在偏房中。不過，那幅每次祭祖時都被用於追容的肖像畫，還是被後代子孫完整地保留了下來。二十世紀初，最後一任的岸裡社總通事潘永安重新請人描繪了這幅祖先畫像。對於潘家而言，敦仔肖像畫代表的是岸裡社過去的輝煌歲月。

在近代潘家的基督教墓園中，這幅肖像畫重現在寫著「潘敦歷代家族墓園」的十字架墓碑上。墓碑上的肖像，無論是服飾顏色、圖形樣式等都不若《敦仔衣冠盛粧圖》畫工精細，也彰顯不出這套服飾所代表的清廷官階。但對當代的潘氏族人來說，這些並不重要。重要的是，他們仍然在每年墓祭時，看著肖像畫，聽著族中長輩娓娓訴說：「在很久很久以前，我們先祖潘敦很厲害，他是做官的，曾經幫大清帝國平定動亂，而且被皇帝召見入京……」

第三章

給皇帝看圖說故事

《平定臺灣得勝圖進呈副本》中的林爽文事件

盧正恒

你有讀過暢銷全球的《Where is Wally?》嗎？

一七八八年，坐在北京紫禁城龍案前的乾隆皇帝曾經瀏覽了一套圖冊，他將會在這些圖中讀到類似《Where is Fuk'anggan?》的內容。從未親履臺灣這塊土地的他，也會看到臺灣的風景、地景、山脈、河流、城鎮、植披等。另外，一張又一張展現著屍首分離、殘肢斷臂的血腥戰場也彷彿陳述著戰場的殘酷和帝國大軍的偉大勝利。

這些圖像是林爽文事件時清軍統帥福康安在乾隆五十三年在臺灣時奉皇帝之命，請人繪製，一如過去十餘年來乾隆皇帝對重要戰爭勝利後繪製的《得勝圖》。此套圖冊並非照片、也不是鉅細靡遺地把整場與林爽文、莊大田之戰爭過程逐一展示。相反地，十六張圖是福康安有意識地特意挑選繪製，而這些圖像的基礎則是過去數個月來，福康安曾在數篇奏摺中詳述了在臺灣征南討北時親自參與的十六場戰役之細節。

趁著繪製圖像的機會，福康安嘗試把奏摺轉換為圖像，並在臺灣經歷幾場戰爭的地理、戰略特色逐一畫出，構成給皇帝看圖說故事的系列圖冊。

乾隆五十三年七月十四日，皇帝在這天處理了荊州改建、豁免四川稅額、旌表烈婦等政事之餘，也花了時間處理了擺在龍案前的一批剛裝裱的圖冊。這位喜愛在各種名畫上蓋印的皇帝，這次彷彿一位神遊臺灣的探索者，拿起過去一年多來的幾份飄洋過海，或許仍帶著微微海鹽味的奏摺逐一細細比對文字和圖像。此外，他還召來了剛從臺灣來到熱河不久、三天後即將參加宴會的參贊海蘭察，諮詢圖冊中的細節。此圖冊是乾隆帝在這年年初令在臺灣負責剿滅林爽文、莊大田事件的福康安起草繪製的，一如這位尚未成為「十全老人」的帝王，在過去幾次戰爭所要求繪製的《得勝圖》，也用來宣傳帝國偉業。不過藉此機會，福康安卻通過此套《平定臺灣得勝圖》最初版本的圖冊，讓皇帝認識遙遠臺灣的山川地貌，以及福康安本人在每一場戰爭中精妙的安排和作戰英姿。

乾隆五十一年（一七八六年）年林爽文略嫌倉促起事，但進展頗為順利，南、北均有不少人響應，一時聲勢浩大，頗有約六十年前朱一貴的影子。乾隆皇帝第一時間獲知消息，並不認為這是會動搖清帝國在東南海疆統治權的事件，而只視為一場他統治半世紀以來屢見不鮮的臺灣械鬥罷了。皇帝派出他極為信任，也是本該負責臺灣軍務的福建水師提督黃仕簡跨海前往臺灣處理。此時的黃仕簡已高齡六十四歲，正值喪子之痛，但他經驗老道、久歷沙場，而且此處的沙場還是長期被視為異域海外的臺灣島。

當黃仕簡渡海前往臺灣時，戰事頗為順利，一度頗有朱一貴事件時，清軍七日收復「頭戴明朝帽，身穿清朝衣；五月稱永和，六月還康熙」之感。然而，原先看似順利的戰事卻自黃仕簡與另一位福建陸路提督任承恩長達數月的停滯不前後，開始走向另一個方向：叛軍大規模反攻，清軍反而從主動淪為被動。

此後，乾隆皇帝屢接到來自臺灣的戰敗消息，不滿的情緒逐漸高漲。他不願相信黃仕簡這位歷練豐富的將領是失敗主因，於是嘗試怪罪旁人，例如任承恩；隨後又派來更有經驗的將領到臺灣從旁輔佐、協助。甚至試著給黃仕簡臺階下，認為他僅因白髮人送黑髮人，加上年邁體弱，而無法專心於戰事，希望他先返回漳州養病。

即便在短時間內皇帝幫黃仕簡想了這麼多條路，但最終皇帝還是忍不下去，承認了黃仕簡必須為戰事失利負責，將之軟禁漳州，準備解京問審。黃仕簡離開臺灣，接替福建水師提督的是同樣家學淵源的藍元枚。藍元枚曾叔祖藍理曾是施琅在澎湖海戰時衝鋒陷陣的一員驍將，浴血帶傷奮戰的他更獲得「破肚將軍」的美譽，祖父藍廷珍更是平定朱一貴事件的領軍者。藍元枚頗有先祖之風，歷任沿海重要武職，熟稔水性，被委以重任。

除了水師將領外，藍元枚還有另一個身分：他是今日臺中一帶藍興莊的大地主，其產業位於林爽文大本營周圍。藍元枚與林爽文之間有著難以言喻的複雜關係：藍元枚表弟投入了林爽文陣營，作為軍師出謀劃策。藍元枚以當時難民蜂擁而至的鹿港為核心進行調查，仰賴的正是從其田園上逃難至鹿港的親屬所提供的資訊。然而，藍元枚倒也不必太過擔心他可能會與在林爽文陣營裡的親戚兵戎相見；因為不久後，他就在鹿港染病去世了，就像朱一貴事件時在他祖父藍廷珍的頂頭上司福建水師提督施世驃（施琅之子）一樣，抵臺後即去世。

當乾隆皇帝調派軍隊、大將前往臺灣時，他在避暑山莊召見了福康安。相較於黃仕簡或藍元枚，福康安家世之顯赫完全是不同等級。他出自滿洲大族，歷代先祖功勳昭著，更是大學士傅恒之子、孝賢皇后之姪，自幼在宮中長大、學習。後世稗官野史更指出福康安「身被異數十三」（超常加封、加賞十三次），而暗指他是皇帝私生子；雖然此屬無稽之談，但不可否認傅恒、福康安兩代在乾隆朝確實足以稱得上呼風喚雨。

年僅三十四歲的福康安，已歷任各地將軍、總督、巡撫，參加金川戰役，平定甘肅、雲貴小規模的叛亂，但從未親自督導一場大規模戰爭。或是源於對福安康的期許，或是因為對孝賢皇后的愛重而延伸照顧，也或許是相信福安康的能力，在選定福康安領兵渡臺後，乾隆皇帝特別將之召到熱河親自下指令。但可以肯定的是，福康安浸淫滿洲尚武文化多年，本人必定也渴望有一場親自主導的戰爭來證明自己。

乾隆五十二年，皇帝正式指派福康安前往鎮壓臺灣林爽文之亂，並告訴他：「你身為傅恒之子、皇后之姪，我對你信任有加，若成功我定重重有賞；但若是失敗、辱了富察氏家聲，我定嚴懲不貸。」

就像當初黃仕簡一樣，乾隆皇帝為了讓福康安能毫無後顧之憂，也從各地加派軍隊供福康安調遣，其中有善於山戰的四川、西藏部隊，也有善於水戰的沿海部隊。此外，還將與福康安熟稔，和富有經驗的官員都派往協助，如海蘭察這樣久歷沙場的老將隨行，務必一舉成功。這些資源的挹注，無疑都是要讓福康安能藉此機會一舉攫取戰功。

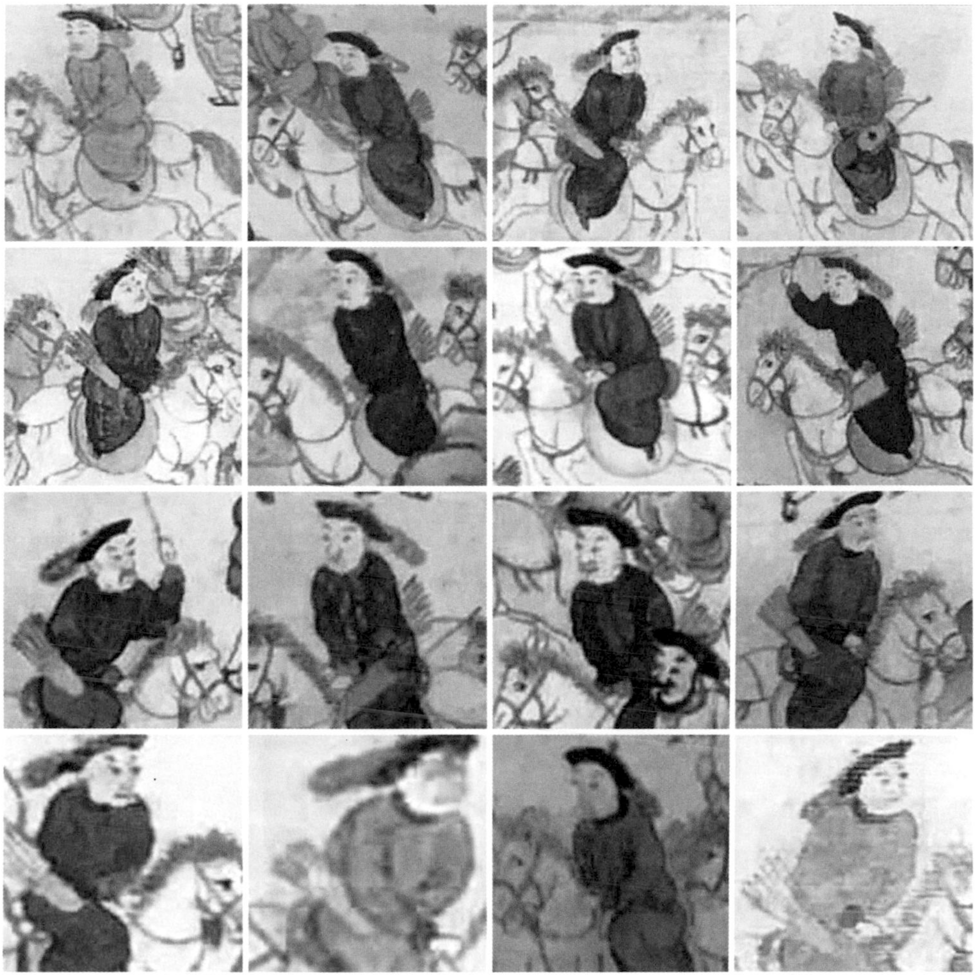

圖 1 在每一幅圖中，都可以見到一位面白、蓄鬚、藍衫、騎馬的將領跟隨在黃旗之後，他就是福康安。

幸與不幸，當福康安抵達福建後，因風向不對，讓他花費不少時間候風、籌集物資；但也正是這一耽擱，福康安順利等到各省軍隊的匯集。大軍隨即渡過臺灣海峽，不像過去鄭成功、施琅、藍廷珍等人都從鹿耳門進入臺灣，福康安選擇鹿港登岸。接收了此前藍元枚親屬的調查與詳盡安排後，開始借助人數和物資的優勢朝著占據臺灣各據點的林爽文軍隊展開一連串進攻。

擁有龐大後援後，福康安在臺灣的順遂征戰屢屢挫敗林爽文，該年年底時林爽文敗跡已現。乾隆皇帝依照過往戰事勝利經驗，令福康安在臺灣就地尋找畫匠繪製幾場他曾在福康安上報的奏摺中所知的重要戰事，以備未來製作可以宣揚國威的《得勝圖》。北京、臺灣距離遙遠，因此當福康安接獲指令時，他已經擊敗盤據南臺灣的莊大田，並且返回府城。乾隆五十三年，戰事結束返回熱河參加凱旋宴時，將在臺灣繪製、北京裝

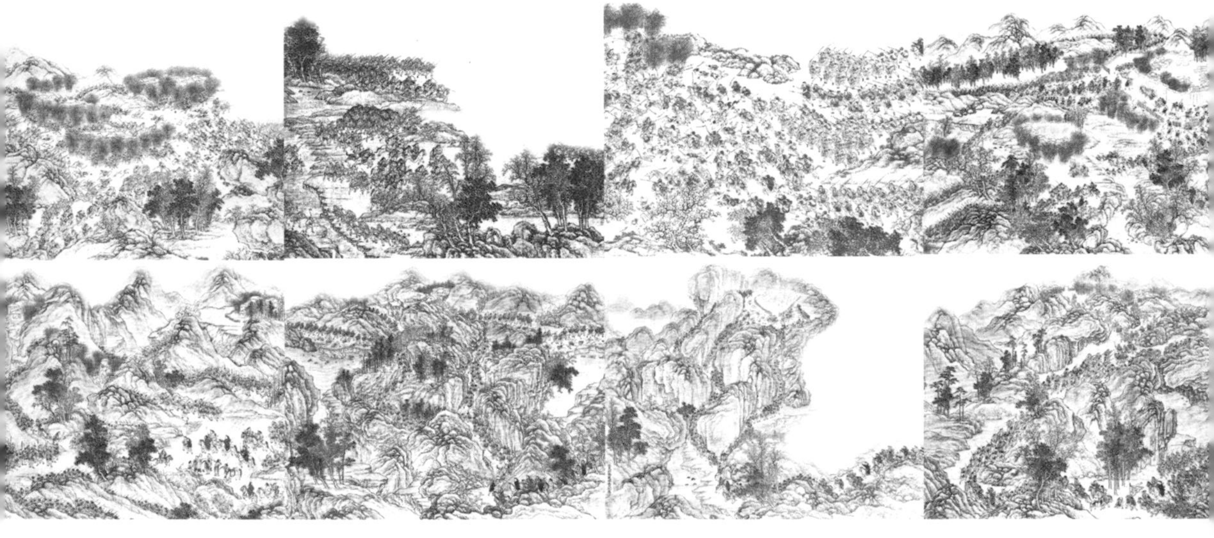

裱的圖冊進呈給皇帝，即是《平定臺灣得勝圖進呈副本》。此後又經過一段時間的重製，陸續成為廣為人知的《平定臺灣得勝圖》的彩圖和銅版畫。

圖畫中的林爽文事件

十六幅《進呈副本》較乾隆皇帝原先預計的八幅圖還多了一倍，分別是嘉義縣解圍、興化店戰役、大排竹戰役、大埔林戰役、水沙連戰役、獅子頭社戰役、大里杙戰役、集集埔戰役、小半天戰役、水裡社擒獲林爽文家屬、攻占斗六門、老衢崎擒獲林爽文、大武壠戰役、牛庄戰役、枋寮戰役、琅橋擒獲莊大田等。其中前十二幅圖為清軍與林爽文交戰場景，後四幅圖則是與莊大田作戰場景。這些圖繪呈現的是福康安眼中的林爽文戰爭，未必忠實還原戰爭的真實場景。

圖 2◥嘉義縣解圍

圖 3◥（局部圖）諸羅城門外耆老出外相迎。

嘉義縣解圍

福康安抵達臺灣，經過調查、整備後，於乾隆五十二年十一月六日，領軍從元長莊（今雲林元長鄉）兵分五路，準備解救長期被林爽文軍隊圍困的諸羅城。雙方隨即在崙仔頂（今嘉義民雄鄉）遭遇，在繪圖和福康安的認知中，林爽文軍隊躲藏在刺竹林中施放槍砲，而裝備精良、擁有多元武器的清軍亦以槍砲回擊。

雙方交戰過後，清軍順利突破防禦，進入當時城外略築有防禦工事、土牆圍繞的諸羅城。等清軍入城後，大量叛軍隨即從躲藏在城外的竹林和蔗田圍上，試圖再次把清軍圍困在城內。福康安因此令從四川、西藏等地派來的部隊在外圍抵抗，並命臺灣本地義民將竹林、蔗田砍伐殆盡。一方面讓敵軍無處可藏身，另一方面也企圖打通諸羅城的聯外道路。福康安下令將諸羅城鄰近村莊燒毀，以清戰場視野。雖然圖上畫著許多地方耆老出來迎接王師，也有不少「丁壯自願

隨行」，但依據戰爭狀況，這些村民若不出迎，下場可能就是被視為叛軍一夥而遭到清洗。四天後，清軍已控制諸羅城周圍，將林爽文的勢力驅逐出諸羅城。

《進呈副本》將這場為期三日的戰役都畫在同一幅畫中，戰場包括元長莊、崙仔頂及諸羅城等地。此圖中的諸羅城頗接近當時狀況，以土牆結構環繞並圍有刺竹林，形式上類似凹了一角的橢圓形，並於城外修建竹柵抵抗叛軍攻勢。這幅畫作旨在闡述清軍作戰的豐功偉業，因此圖中完美地展現了清軍兵分五路的樣貌：福康安率兩批清軍分別渡溪，以及二路軍隊朝向諸羅城前進，另有一路軍隊則從右方前進，共計五路軍隊一起走向諸羅城。圖正中有一座被刺竹包圍、正在焚燒的村莊，還有一群迎接清軍的耆老（平民白丁手持類似竹杖的物件），呼應了福康安所描述的「莊民耆老持衣出迎」（圖2）。

圖 4 興化店戰役

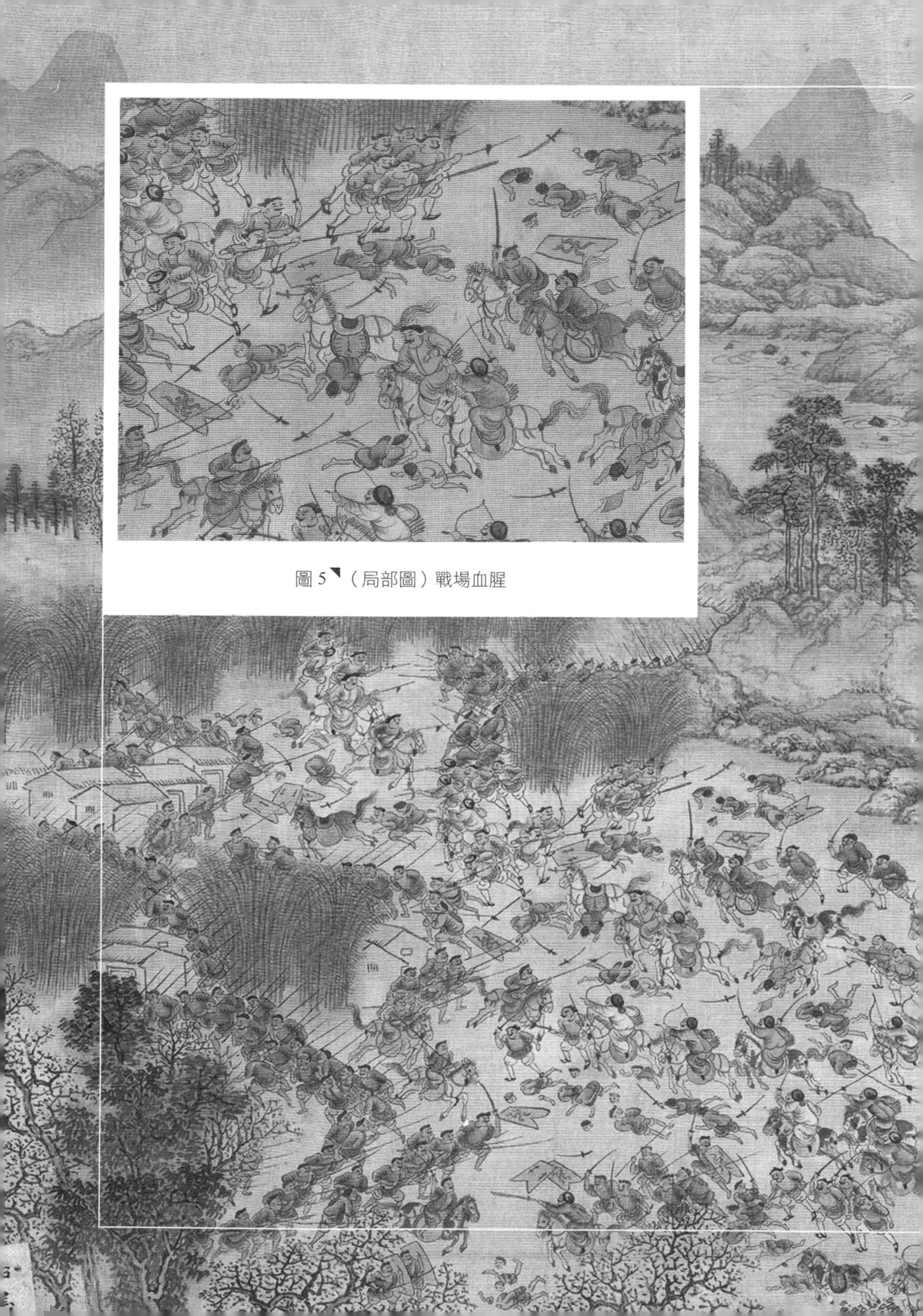

圖 5◥（局部圖）戰場血腥

興化店戰役

十一月十五日，清軍兵分三路往南走，挺進刺竹林環繞的興化店（今嘉義中埔），該處有五、六千名叛軍駐紮。福康安觀察到敵軍所在處地勢略高，並且有多名頭目等級的人物騎著馬、手持旗幟奔馳往來指揮。由於臺灣此前僅有一小段時期設有馬兵，且廢棄已久，因此在福康安看來，「馬」勢必是要放進《進呈副本》的元素。不過，原因也有可能是為了誇耀他本人的戰功，才會一再地稱叛軍擁有馬。圖中的清軍從上、中、下三處分批前進，其中右上方的軍隊也是翻山越嶺而來（圖4）。此外，為了強調

（或炫耀）戰場的血腥與狼藉，福康安刻意畫出戰場中許多叛軍肢離破碎的屍首，以及散落一地的刀矛、盾牌、旗幟等叛軍物件（圖5）。

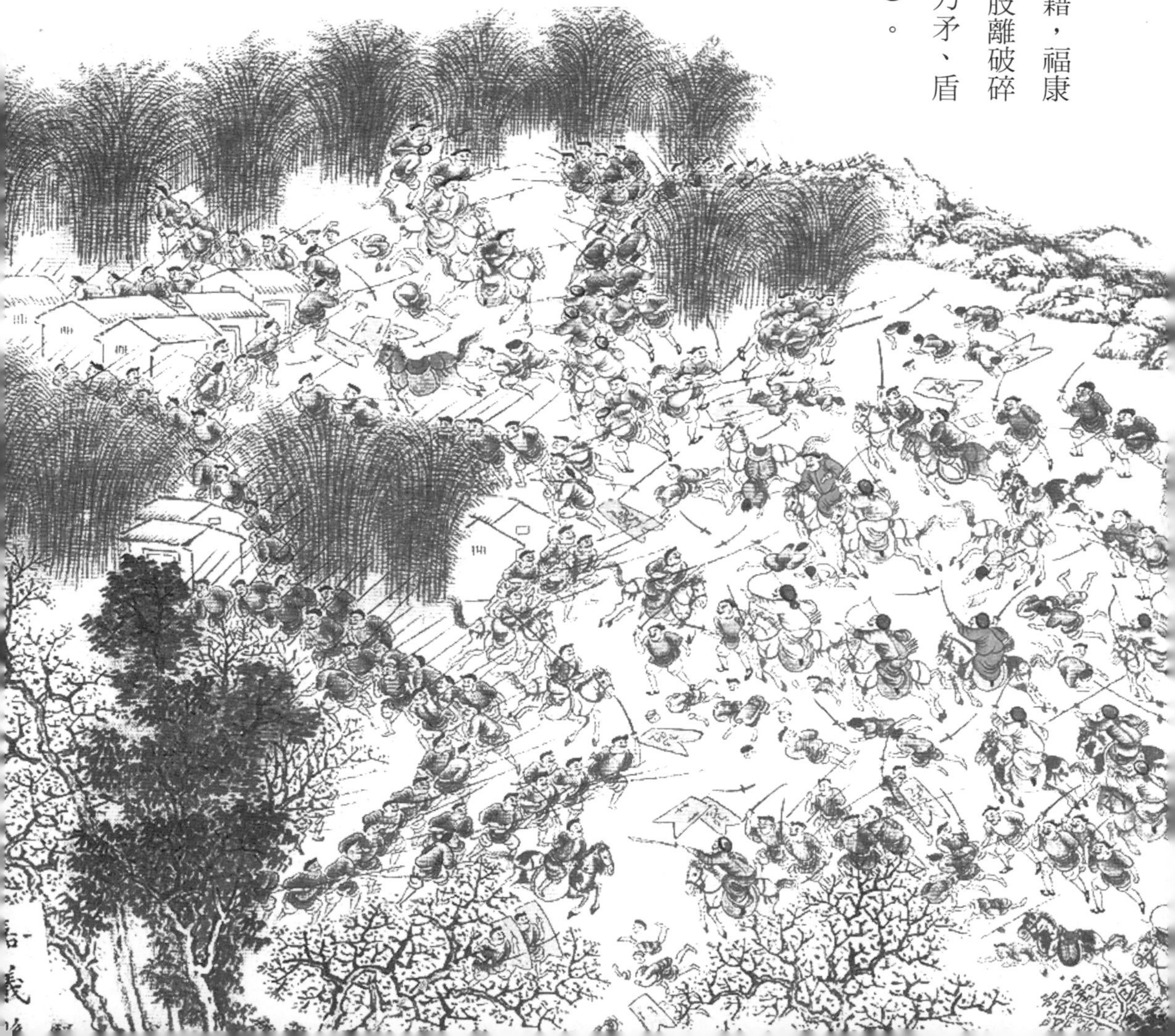

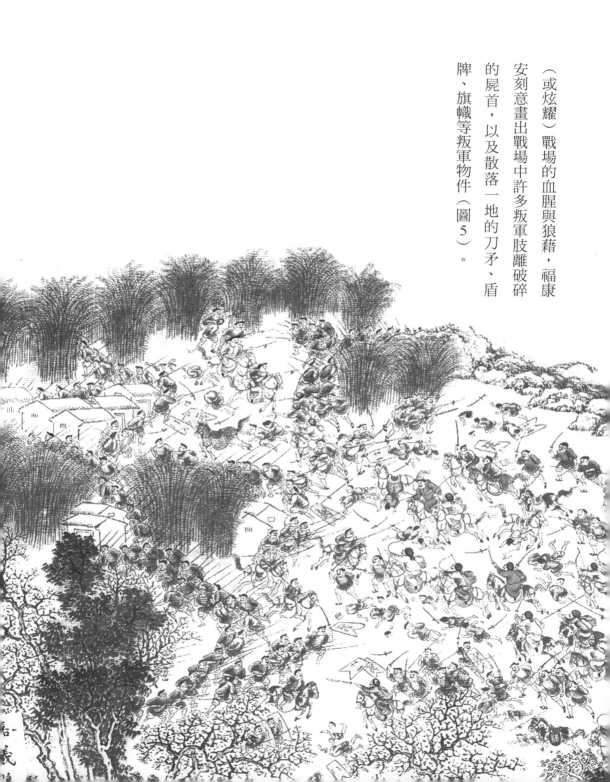

圖 7 （局部圖）決堤放水

圖 6 大排竹之戰

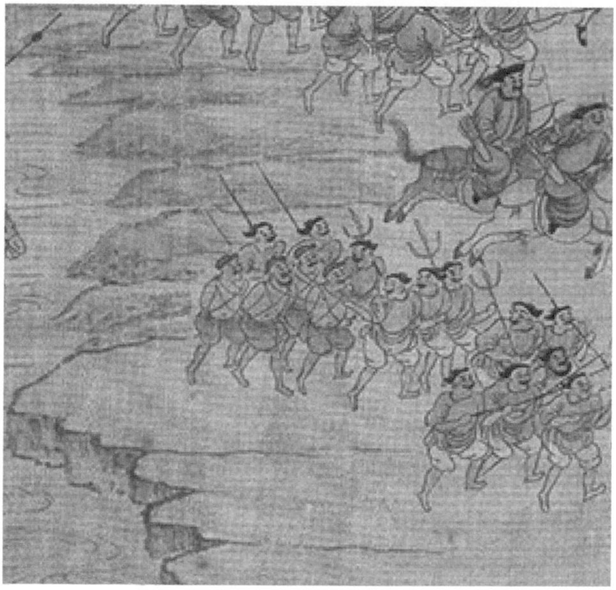

圖 8 (局部圖) 被褪去鞋襪的叛軍俘虜

大排竹之戰

十七日夜間，叛黨的林棟、黃孔等頭目帶領三千餘人占據位於交通要道、周環竹林的大排竹（今臺南白河），並沿途搭蓋草寮、瞭望臺等軍事設施，又為了避免可能對叛軍構成威脅的滿洲騎兵衝鋒突擊，而將庄內舊溝渠挖寬、挖深，並在鄰近的溪河下流築堤，讓水位漲到馬腹高度。次日，福康安領軍南下途中，在馬稠後莊（今嘉義鹿草）與藏匿竹林中的叛軍交戰，隨後叛軍又逃竄至防衛更好、被刺竹環繞的大排竹。由於有水阻擋，叛軍得以隱身在竹林中還擊。面對積水、溝渠的阻擋，福康安派義民施工決堤釋放溪水（圖7），於是滿洲騎兵得以越溝過溪，攻克大排竹。

圖 10◥（局部圖）躲在竹林裡反擊的叛軍

圖 9◥大埔林戰役

圖 11◥（局部圖）福康安（藍衣）與海蘭察（粉紅衣）攻打大埔林

大埔林戰役

攻占大排竹後，福康安於兩天後的十一月二十日決議北上斗六門，途中會經過大埔林（今嘉義大林）、中林（今嘉義中林）、大埔尾（今嘉義大埔美）三處。清軍兵分三路攻打三座圍繞著刺竹的村莊，由恒瑞和普吉保等帶軍攻打大埔林，鄂輝和袁國璜進攻大埔尾，最後由海蘭察帶領「巴圖魯侍衛章京」攻打中林，在〈大埔林戰役〉中，可以看到身著彩衣、騎馬的滿洲士兵一路向前挺進（圖9）。叛軍則同樣出沒於竹林中與之接戰（圖10）。一如前幾幅的場景，這處戰場也繪有許多肢離破碎的屍體、四處逃竄的無主坐騎，透露出戰場的殘酷、清軍的勝利，以及福康安的戰功。

圖 12、攻克斗六門

圖 13 ◥(局部圖) 老人與原住民（赤裸上身者）下跪向福康安投降

攻克斗六門

大埔林之戰的當晚，福康安轉移目標至稍北處、由頭目蔡福所據守的庵古坑。叛軍在該處挖掘壕溝、樹立木柵欄，修築土牆並在外面釘上木板。雖然史實上，福康安曾在此攻打一夜仍無法攻陷，最後因大埔林之戰逃逸的賊黨湧入該村，導致庵古坑守軍驚慌失措，讓清軍趁機得以攻陷。當然，福康安沒有把攻打一夜失利的狀況畫出來。《進呈副本》一圖中分為前後兩個村落，前方村落有土城圍繞，外層還有木柵欄及刺竹，並有護城河環繞，很可能就是指有完整防備的庵古坑，但福康安僅畫出攻打狀態（圖12）。在此，叛軍像大排竹之戰一樣，為了防止清軍騎兵衝鋒，也在沿途

挖坑、插竹籤。但叛軍沒料到的是，清軍會從甫收割稻米、泥巴已乾的田地上通過。二十一日清軍匯集於斗六門，用長刀砍倒附近的竹圍工事，即是圖中的後方村落。後方的村落斗六門，則受到從右側一路延伸過來的刺竹林之包覆。此旁有一批跪下迎接福康安的老人及乞降的原住民，為了避免被貼上叛軍標籤，西螺民庄番社均隨之投降（圖13）。

圖 15◥(局部圖)爬山的清軍

圖 14◥水沙連克捷

圖 16◥(局部圖) 牛隻奔逃

水沙連克捷

十一月二十二日，福康安、海蘭察抵達水沙連山口，入內搜尋並過溪後，發現車輪痕跡，斷定叛軍應將家眷帶往山裡。後來在山區發現叛軍以牛車載運物資移動，於是清軍兵分二路左右夾擊，從各省派來擅於攀爬的軍隊則在蕉林、竹園攀登岩石，與山上的敵軍作戰，圖中畫出了福康安率領的清軍在地形複雜的區域交戰的場景（圖14）。雖然福康安曾稱雙方在此激烈交火，但圖中的交戰場景卻發生在一

塊周環高山、中央平坦的地形上，只見牛隻倉皇逃竄、殘踏，而叛軍棄車四竄，戰死者更是不計其數(圖16)。此戰結束，清軍打算趁此氣勢北上林爽文的大本營：大里杙。

19◥（局部圖）清軍的四輪砲車

圖 18◥（局部圖）叛軍砲火

圖 17◥攻克大里杙

圖 20◥（局部圖）清軍的子母砲，後方有人扛運裝著鉛子或火藥的桶子

攻克大里杙

十一月二十四日，清軍抵達大里杙（今臺中大里）外，《進呈副本》顯示福康安對大里杙的位置與防禦的觀察：該村倚靠大山，南方有一條大溪；城寨有一層土牆，土牆上排列著林爽文軍隊所安設的二門四輪砲車的大砲；城外環有刺竹，接著有兩道壕溝圍繞。由於溪水較深，滿洲騎兵渡河後，步兵隨後花了較長的時間才渡過溪水。趁著步兵尚未渡河的這個空檔，叛軍湧出，試圖將背水的清軍三面包圍，剿滅於河岸旁。但雙方都無法取得進展，最後清軍就像圖中所繪的，滿洲大軍「鎗箭如雨」（圖17），圖中顯示清軍以五門子母砲、二門具

有四輪砲車的火砲及長槍密集開火，還有數人來回扛運裝著鉛子或火藥的桶子（圖19、20）。在這些猛烈的攻勢下，城中隨之起火，不過林爽文仍持續反擊、並未投降。當日夜晚，沒有進展的清軍撤退，而叛軍卻趁夜出城騷擾清軍。隔日清晨，身著彩衣的滿洲軍隊從西南、西北兩門攻入大里杙，後來福康安得知，林爽文早在二十四日晚上的大戰中就帶著家人從東邊小路逃入大山了。

圖 21 集集埔之戰

圖 22◥ (局部圖) 血洗敵營，四周散布著屍體與亂石

集集埔之戰

大里杙被攻陷後，福康安於十二月四日沿山南下搜捕叛軍，並於五日抵達集集埔，發現該地的山勢呈現南北斜對走向，在兩山之中有濁水溪橫貫其中。沿著濁水溪，叛軍修建連綿的石牆堡壘，在此駐紮萬餘人，沿途設立關卡監視清軍動向。一旦有清軍逼近，就會以砲火還擊，清軍則是以大礮和排槍還擊挺進，同時由滿洲騎兵渡溪，而來自各省的部隊則攀爬山嶺而上，最終推倒敵軍堡壘，血洗集集埔堡壘內的敵軍，有不少逃竄者跌下山或是溺斃溪中（圖21、22）。

圖 23 水裡社追捕林爽文家屬

圖 24◥(局部圖)生番擒獲林爽文家屬

追捕林爽文家屬

根據情資，林爽文從大里杙敗逃後就逃向火焰山。在將家人，包括父親林勸、母親林曾氏、弟林壘、妻林黃氏等人留在水裡社後，據聞本人就朝集集埔方向離開。福康安於是商請社丁杜敷等人幫忙抓拿林爽文家屬。十二月十日，杜敷弟弟杜朗要求水裡社生番拘留林爽文家屬；十三日，林氏眷屬被誘騙出，清軍隨即前往接手，並在進入內山約三十里後，遇到杜敷與百餘生番將林氏家屬圍困，清軍隨即抓捕並將他們隔離審訊。《進呈副

本》的圖繪中，清晰地描繪生番部落旁義民們綑綁數名叛黨的畫面（圖24）。細觀其中，發現共有八位被生番綑綁並轉交給清軍的囚犯，根據其衣著，大致可以分辨出其中有五名男性、兩名女性與一名幼童。對照被福康安抓捕的眷屬名單，其中應該包含林爽文的母親與妻子、父親與弟弟；至於看似尚未成年的幼童，檔案中則沒有描述為何人。可惜，最終乾隆皇帝並沒有將這幅圖納入最終版本之一，因此過去的讀者無緣見到林爽文家人的圖繪。

圖 25 小半天克捷

圖 26◥（局部圖）牽馬匹上山

小半天克捷

林爽文雖然不知所蹤、林氏眷屬已被擒獲，但叛軍仍在山區活動。因此，十二月十八日福康安親領軍隊，兵分三路由前山和後山分別攻打小半天（今南投鹿谷）。雖然叛軍在山頂立木柵、堆石為牆、搭建草寮，又砍倒許多大樹阻攔道路，但清軍以人海戰術前後夾擊，進而推倒防禦木柵攻陷。《進呈副本》繪製了清軍兵分三路前進，多是義勇、綠營在前，滿洲軍隊在後方步行牽馬——象徵著此處山區難以騎馬攀登（圖26）。唯有最左方那路軍隊沒有滿洲軍跟隨，代表著從後山而上的一路。山頂則有一座簡陋以木柵圍繞的村寨，並未強調寨中、外的細節部分，寨外則是遍地屍首的血腥場面。

圖 27 林爽文部眾遭番人獵首

圖 28◥（局部圖）手持首級的生番

番人獵首

由於據稱林爽文帶領約六、七千人從埔裡社沿溪山溝內向北逃入生番領域，福康安遣人預先聯繫獅子頭社番人，請他們於重要道路堵截。十二月二十五日，聽聞林爽文等人已於二十四日在東勢角被生番擊殺約四百餘人後往北離去。福康安在二十七日抵達獅子頭社時，發現林爽文部隊屍橫遍野，許多被淹斃的屍體漂浮在河上。生番告知，林爽文等人在二十五日到獅子頭社後，因日夜趕路疲累不堪，過河時就淹斃千餘名，獅子頭社生番於此堵截林爽文部眾，又殺死約二千餘名，最後僅有約一、二百人朝向貓裡社的方向前進——據稱有可能是往三貂逃去。由於當時擊殺的叛軍大都被獵首，因此福康安只好

請生番將割下的首級逐一拿出辨識。

然而，「首級俱被生番割去，其中不無有名頭目，自應逐加識認。而生番性嗜殺人，所得首級皆攜回巢內，以誇武勇，不肯全行獻出，驗過者不過數百顆。」福康安因此給予生番相當程度的獎賞，希望他們將所割首級呈驗後，若非頭目層級者，即行歸還。《進呈副本》之中左側和右側，均有繪出高聳的山崖及溪潭，溪水中可見漂浮著肢離破碎的叛軍屍首。在山上，則有來自兩個原住民村落的原住民群體，每一群體都有一群手持首級的生番（圖28）。整幅圖中，沒有任何生還的林爽文部眾，全以屍首方式展現，是《進呈副本》所有圖畫中唯一沒有出現戰爭場面者。

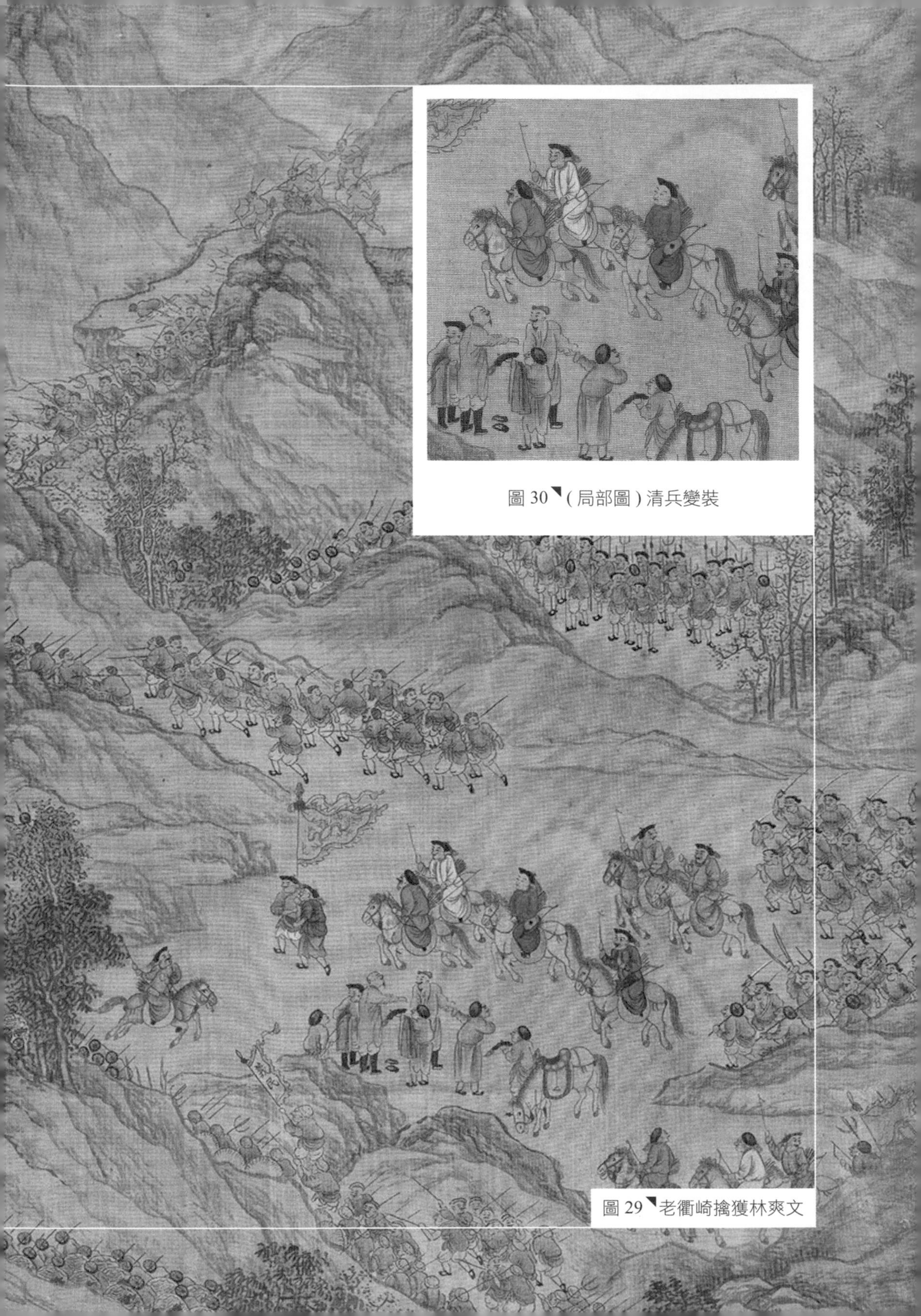

圖 30◥(局部圖)清兵變裝

圖 29◥老衢崎擒獲林爽文

圖 32◥(局部圖)林爽文被俘

圖 31◥(局部圖)義民旗幟

擒獲林爽文

乾隆五十三年一月一日清軍逮捕到假扮林爽文的賴達，賴達表示林爽文在獅子頭社被擊敗後，因山區都是官兵，又聽說三貂也有布署軍隊，所以改走打鐵寮。清軍隨即到打鐵寮搜捕，由蝦骨社和合歡社開始到炭窯地方抓到了一些叛軍，因為炭窯和南港仔山不遠處就可以出海，所以派軍隊從後壠到中港、竹塹到桃仔園沿山駐守，並派士兵偽裝成民人搜找林爽文，最後於一月四日於老衢崎（今苗栗崎頂）抓到林爽文。《進呈副本》圖左上方是原住民的聚落，右下方有一群義民舉著一面書寫著「義民」二字的

旗幟（圖31）。右側上方的原住民正與清軍夾擊林爽文部隊，描繪的正是福康安在奏摺中提到的原住民曾在捕獲林爽文過程中出力幫助。右下角福康安旁有幾名正在褪去衣衫換裝的人物，呼應了福康安所謂喬裝打扮成平民抓捕林爽文的過程：「改裝易服，扮作民人。」（圖30）

圖 33 牛庄戰役

圖 34◥（局部圖）叛軍頭目中箭落馬

牛庄戰役

林爽文被捕後，福康安隨即南下準備面對另一勢力：莊大田。抵達南路後，福康安發現莊大田控制大武壠約共四十餘處村莊為基地。乾隆五十三年一月十六日，雙方在牛庄交戰，清軍以騎兵衝鋒和槍砲攻擊，叛黨則仗恃溪水湍急擋住清軍，並由數名頭目騎馬指揮。然而，清軍仍強行蜂擁渡溪，並射殺一名騎馬的首領，在其身上獲得一枚鐫刻「定南將軍蘇魁」字樣的印牌。《進呈副本》上有著類似的聚焦，描繪莊大田軍隊沿著河岸布署，而清軍則是從左右方兵分二路在一個相對平坦開闊處與敵軍交戰。其中特別畫出一位叛軍頭目中箭落馬的場

景（圖34），想必就是暗示著那位在奏摺中被提到的蘇魁。最後，戰場上也明顯地描繪敵軍屍首分離或肢離破碎的慘烈畫面。

圖 36◥（局部圖）滿洲騎兵強渡溪流

圖 35◥大武壠戰役

圖 37（局部圖）生番未與叛軍交戰

大武壠戰役

一月十九日，莊大田撤退到大武壠山口抵抗，清軍於是搶占高處，從山下衝鋒壓制莊大田軍隊的槍砲攻擊，隨後並渡過大武壠河迎擊。緊接著在內山抄小路而來的普爾普，在大武壠隘口會合大軍。自此，莊大田被逐出大武壠逃向南邊。《進呈副本》左方的清軍以綠營為主，幾名滿洲騎兵在後方射箭，隔河與莊大田軍隊以鳥槍（鳥銃）互相射擊——即奏摺中所描述的「賊匪競放鎗礮抵禦」。圖中央是一座被刺竹包圍的村莊，僅粗略地用輪廓展現，在右方則有滿洲騎兵強渡溪流（圖36）。值得注意的是，圖像左上角還有一群生番出沒，但並未與叛軍之間有所互動（圖37）；這點也是呼應奏摺中提到的「賊匪等見民番效順，不敢復在該處屯聚，俱退至大武壠山口把截」。

圖 38 ◥ 枋寮克捷

圖 39◥（局部圖）與船上清軍對峙，叛軍落海身亡

枋寮克捷

當清軍於大武壠作戰時，義民鄭其仁攻打並收復枋寮、北勢寮等地，但一月二十五日敗退至此的莊大田隨即奪回。次日，清軍與莊大田於甘蔗園內交戰，清軍射死騎馬頭目十餘人，奪獲賊馬三十餘匹。之後更追至海岸邊，敵軍因為缺乏船隻，只能拚死抵抗，千餘人投海自殺或被殺。《進呈副本》中，清

軍從圖左側進入戰場，陸地在右方中止，其形制頗似一處遍布刺竹的半島，下方則是海面，清軍有七艘船隻散布於海上，共計四艘大船與三艘小型運兵船隻；船隻上的清軍手持鳥槍朝著岸上擺出射擊姿勢，岸邊則有許多落海而死的叛軍（圖39）。在陸地上的交戰處，清軍以列陣的方式從上、中、下三處前進，莊大田部眾不少被綑綁俘虜，還有不少無主馬匹四散於戰場上，這點符合福康安奏摺中所言。

圖 40◥瑯嶠克捷

圖 41◥（局部圖）清軍層層包圍莊大田據點

瑯嶠克捷

枋寮之戰後，莊大田和叛軍已在二月二日從柴城欲帶軍隊往蚊率社，但被生番所拒，只好退回柴城。而柴城居民則嘗試扣下他們。此時，從海路與山路南下的清軍在二月四日抵達楓港，在聽取柴城居民的報告後，隔日福康安從楓港出發，南下陸續擊潰莊大田，後來又配合南下的水師與陸地軍隊層層圍逼莊大田所在的一處據點，許多叛黨甚至情急之下投海，多數被水師從船上放槍擊殺。逃散的敵軍則多被搜捕，莊大田最終也被抓獲。這些戰事一一在圖中呈現，正如福康安在奏摺中描述的：「將船隻沿海密布，四面合圍，水陸並進。」（圖40）

圖 42◥ 清軍追擊林爽文路線圖

林爽文事件對臺灣歷史有著舉足輕重的影響，清帝國自此對臺灣的統治政策逐步產生不少變革。林爽文事件原先被乾隆皇帝誤以為是一場尋常械鬥，並依照規範派出海澄公黃仕簡處理，但其後的規模和影響卻超乎預期，黃仕簡、任承恩與許多官員都無法處理妥當。此時，乾隆皇帝極為信賴、出身自富察氏家族的皇親貴胄福康安，身為滿洲大將卻從未親自指揮過一場關鍵戰事，就成為這起事件最適合登場救援的主角。帶著各種資源前往臺灣的福康安，並不是當時在臺灣唯一與林爽文作戰的清軍將領，同一時間還有許多戰事在進行中。然而，唯有福康安在乾隆五十二年年底奉命繪製戰場圖，以備戰事結束後作為底圖製作宣揚帝國雄威的《得勝圖》。

過去，《平定臺灣得勝圖進呈副本》並未被揭示於讀者眼前，相較於廣為人知的銅版畫版本，《進呈副本》更貼近臺灣當時的樣貌，包括刺竹叢林、諸羅城的形制等。但也不能因此認為這是一套完全呈現臺灣面貌的作品，因為這更像是福康安作為一位深得皇帝期待的將領，將他在臺灣親身經歷的戰爭按照奏摺描述，畫出一幅又一幅的圖像，讓皇帝可以在每一幅畫中看到數天或甚至一個大區域範圍的戰事。為了讓人印象深刻，福康安除了揭示一種異域樣貌的場景外，也試圖將血腥殘酷的戰爭和番人的習性一一展示在皇帝眼前。這些由他領軍督導的戰事，無形中誤導了整個林爽文事件的平叛真相，因為除了福康安參與的戰役外，其他戰役都不被視為「正統」或具有影響力，對於整場戰爭的描述似乎都在為福康安繪製的地圖做說明了。

第四章

發現藍腹鷴

十九世紀臺灣的博物畫

林紋沛

一八六一年，醉心鳥類研究的英國外交官斯文豪（Robert Swinhoe）來到臺灣，他把握機會四處採集、蒐購標本，隔年「發現」了臺灣特有種藍腹鷴。棲息於臺灣中低海拔森林的大型雉雞就這樣飄洋過海，在西方博物學探險的全球網絡傳遞下，成為《亞洲鳥類》（*Birds of Asia*）的一幅圖版，更在地球彼端的倫敦優雅現身。藍腹鷴的移動——包括其標本、描述命名、圖像、活體——娓娓道出十九世紀博物學探險的縮影。

我從我的獵人那裡聽說深山還有另一種雉雞，漢人稱為「華雞」（Wa-koë），這種鳥類確實以森林為家，經常出沒原住民的荒野高山，鮮少下到鄰接漢人領域的低海拔山區。公鳥常在晨昏之際高踞光禿枝椏或原住民家屋屋頂，放聲啼叫、睥睨一切，同時昂首闊步、高舉尾羽，就像公雞一樣。我祭出賞金，鼓勵獵人盡全力幫我蒐集這種鳥類的標本，目前成功取得一對雄鳥和雌鳥。可惜前往內陸探險時無緣在其出沒地親睹風采，無法在自然環境中認識牠。

這段引文裡說話的主人公是斯文豪（Robert Swinhoe，一八三六至一八七七），他是英國博物學家，中文譯名又作郇和、史溫侯。他心心念念要取得的「華雞」標本，就是今天大家耳熟能詳的「藍腹鷴」。

一八六三年，斯文豪在鳥類學期刊《朱鷺》（*Ibis*）發表〈臺灣鳥類學〉（The Ornithology of Formosa, or Taiwan）一文，記錄在臺灣觀察到的兩百零一種鳥[1]，其中就敘述了藍腹鷴的發現經過。一八六一年，斯文豪來臺擔任英國駐臺副領事，隔年在獵人幫助下取得一對藍腹鷴標本。他應該相當確定這是科學上未知的新物種，返國休假時將標本一併帶回英國，交給鳥類學家古爾德（John Gould，一八〇四至一八八一）鑑定。古爾德為標本繪圖，寫下文字描述，將學名正式命為 *Euplocamus swinhoii*（英文俗名 Swinhoe's fireback，直譯為「斯氏雉」），屬名 *Euplocamus* 意為「雉屬」，種名 *swinhoii* 紀念發現者斯文豪[2]。

從這段記載可知斯文豪是在獵人幫助下取得標本，一開始甚至是從獵人口中得知「華雞」的存在。不過，既然「華雞」的存在並非前所未聞，那麼所謂「科學上未知的物種」是什麼意思？發現藍腹鷴的斯文豪又是何許人也？

研究自然的博物學

前文所謂的「科學」指的是博物學（natural history，又譯自然史）。博物學是因歐洲航海探險而興起的學科，研究對象是整個大自然，不只包括動物，也涵蓋植物、真菌、地質、古生物等領域；而與博物學相對的「自然哲學」（natural philosophy）則是物理學、數學等學科的前身。簡單比較的話，自然哲學希望憑藉人類的理性推論出自然界顛撲不破、放諸四海皆準的真理；博物學則希望透過觀察、分類，找出大自然設計背後的「藍圖」。

註1　根據中華民國野鳥學會〈二〇二〇年臺灣鳥類名錄〉，全國共有八十七科六百七十四種鳥類，不含金馬地區則有八十七科六百三十七種鳥類，超過半數是稀有留鳥、稀有候鳥、海鳥、迷鳥。由此可見斯文豪一八六三年的清單已十分豐富，為開拓臺灣鳥類研究做出紮實貢獻。

註2　今日藍腹鷴學名已變更為*Lophura swinhoii*，*Lophura*是鷴屬。百餘年來學名多有更動，以下所列均為今日學名，不再特別標註斯文豪使用的學名。

歐洲人航行至世界各地，發現前所未見的「新物種」，滿懷熱忱的探險家將觀察到的新世界記錄下來，但最初命名方式不一，出現一物多名的混亂現象。十八世紀下半葉瑞典學者林奈（Carl von Linné）以植物的性徵、動物的形體特徵等作為分類依據，確立「屬名在前、種名在後」的拉丁文命名方式，將「二名法」發揚光大，物種命名方式於是漸歸統一。這套分類法成為科學標準，也引導文字描述與繪圖時著重呈現的資訊，為西方探險者提供觀察世界、描述內陸的共通語言。

對探險地、殖民地的科學知識有利於統治，因此不只政府，許多「公司」也出資贊助博物學家。植物領域因為具有醫療或經濟價值而格外受到重視（例如英國東印度公司成立了包括加爾各答植物園在內的多座植物園），不過動物學往往一併獲得贊助。經過博物學的分門別類，新發現之地被整合進西方的秩序，成為帝國的延伸。

比起文字描述，圖像往往更能精確捕捉新物種的特徵，將海外新發現傳達給遠在西方的贊助者或人民，因此有些探險隊的成員包括藝術家和博物學家。若沒有餘裕僱用專家，探險隊裡也常有對博物學感興趣的業餘愛好者。例如，庫克船長（James Cook）一七七六年出航的第三次探險，便帶著官方藝術家約翰・韋伯（John Webber）和外科醫師助理兼藝術家威廉・埃利斯（William Ellis）同行。他們從英格蘭航向紐西蘭、大溪地等地，兩位藝術家為沿途的動植物相留下精采畫作。

博物學隨著帝國腳步四處探索、向外擴張，在十八、十九世紀發展達到高峰，之後漸漸分化成動物、植物、地質等專科領域。在西方人的凝視下，世界各地的珍禽異獸、草木花卉凝結成博物館的標本藏品，或化成一幅幅精美的博物畫，為西方的博物學知識添磚加瓦。

斯文豪的博物學採集

不過，博物畫並非超然於時間之上的「理型」，畫作呈現的，其實是特定觀點下的知識。許多故事無法從畫面上一目了然，但也影響了最終的作畫成果。接下來，讓我們把目光移回斯文豪，看看博物畫誕生前所需花費的心力，包括斯文豪來臺的因緣、幾次採集標本的經過，以及在地人提供的協助。

斯文豪一八三六年出生於英屬印度加爾各答，童年在印度度過，一八五二年回到倫敦就讀國王學院（King's College School），隔年進入倫敦大學，但大學尚未畢業便進入領事機關服務。斯文豪不只是外交官，同時也是博物學家，對鳥類學的興趣尤其濃厚。一八五四年斯文豪抵達香港，隔年派駐廈門擔任通譯，這不只是他往後二十年外交官生涯的起點，也開啟他博物學發現的黃金時光。

斯文豪曾在駐廈門期間兩度短暫來臺。一八五六年，他首度來到臺灣，目的地是新竹香山，這趟旅行的公務目的或許是採購樟腦、考察樟腦貿易。斯文豪一行人甫登陸香山，就聞到空氣中飄著樟腦香。這一帶樟腦貿易十分熱絡，遠方山上是成片樟樹林，更遠的山頭上可以看見皚皚白雪。漫步到附近，牛群安靜吃草，田裡種著稻米、馬鈴薯、花生，一派宜人的田園風光。斯文豪前往客家村莊和腦行接洽，他們想更深入山區探訪樟樹林，只是考量到安全問題，加上受到腦行主人勸阻，最終並未成行。除了完成上述公務，斯文豪也在村莊四處觀察：

圖1◥斯文豪

早上我們再次散步穿過村莊，看看掛在商店門外的幾張獸皮，大部分是山貓皮，有一張是有鱗片的食蟻獸皮。一種非常漂亮的燕子在腦寮屋簷築巢，顯然不太在意濃郁的樟腦味。燕子頸背和腰部都是灰暗的磚紅色，胸前有黑色條紋。

斯文豪看到的「有鱗片的食蟻獸皮」或許是穿山甲皮，而美麗的燕子應該是臺灣常見的赤腰燕（*Cecropis striolata*）。斯文豪不只買回樟腦，也帶回不少標本——除了好幾種鳥類標本，甚至還夾帶一顆原住民頭骨。

一八五八年，斯文豪擔任翻譯官，隨「不屈號」（Inflexible）來臺搜尋船難者。他們花了約半個月時間繞臺一周，除了同官府交涉請求協尋船難者之外，也向沿岸居民打聽消息。他們從臺灣府往南，繞過南岬航向東海岸，最後抵達雞籠和據說是船難者受俘地的硫磺礦（今陽明山國家公園的金包里、大屯一帶），可惜均無所獲。

尋人任務雖告失敗，但斯文豪一樣把握踏查機會，這次還有英國邱園（Kew Gardens）的植物學家威爾福（Charles Wilford）隨行。斯文豪在蘇澳買了一些鳥類標本；前往硫磺礦的路上，他和威爾福趁其他人休息時，四處採集博物學標本。隊伍繼續前進，太陽下山不久就聽見竹雞「雞～狗～乖」的叫聲從附近山上傳來，伴隨貓頭鷹憂傷的啼聲。

隔天探索過硫磺礦之後，他們往八芝蘭（今臺北士林）方向下山。斯文豪在下山途中很滿意能採集到一隻沒有看過的河烏屬（*Cinclus*）鳥類，不過他覺得結果可能會是喜馬拉雅種。離開臺灣前，他們再次拜訪臺灣府官員，途經澎湖回到廈門，結束這趟尋人之旅。

一八六一年起臺灣正式開港，英國在臺設立領事機關。或許是因為斯文豪在這兩趟旅行當中累積了對臺灣的認識，他在一八六一年獲派駐臺副領事一職，一八六五年升為領事，駐臺至一八六六年，中間曾返英休假約一年半時間。身為領事，維護外僑的商業利益及傳教權利是斯文豪職責所在，除此之外，他更趁著工作之餘四處探險，向當地人購買或自己打獵蒐集標本。

斯文豪將骨骼、毛皮等標本送回英國，除了藍腹鷴，還曾寄回臺灣長鬃山羊（*Capricornis*

swinhoei）、斯文豪氏攀蜥（*Diploderma swinhonis*）等等。鑑定者以「斯文豪氏」為這些新物種命名，紀念斯文豪的貢獻。除標本外，斯文豪還將臺灣水鹿（*Rusa unicolor swinhoii*）和臺灣獼猴（*Macaca cyclopis*）的活體送回英國，後者的學名更由斯文豪本人命名，一八六二年發表的學名是 *Macacus cyclopis*，直譯為「圓臉的獼猴」。斯文豪和臺灣動物學的淵源，由此可見一斑。

來到臺灣之後，斯文豪不再只是蜻蜓點水地簡單描述物種外觀，還更生動地記錄棲地、習性等，甚至提到不少趣聞。

圖 2 臺灣獼猴

斯文豪與「臺灣獼猴」

斯文豪在臺灣西南部看到許多猴子，其中柴山（當時西方人稱為 Apes' Hill，意思是猿山）一度有很多猴子，後來不見蹤影。據斯文豪觀察，猴子似乎喜歡岩石地形勝過森林，白天炎熱時在洞穴內躲太陽，傍晚成群活動，吃漿果、嫩葉、昆蟲、軟體動物等等。由於猴子外表跟大英博物館展示的幾個物種都不同，他決定暫時為之命名，並將一對活體猴子送回英國，確立了「臺灣獼猴」這個新物種。

斯文豪一八五八年搭乘「不屈號」繞臺時，第一次看到臺灣特有種小彎嘴（*Pomatorhinus musicus*），後來在一八六三年的〈臺灣鳥類學〉中，便有兩頁多小彎嘴的詳細描述：小彎嘴分布廣泛，平地和淺山地帶都看得到，成小群或成對出現，常常聚在樹叢聊天。小彎嘴常與臺灣畫眉結伴，習性相似，一樣在夏季育雛二至三次，每次通常孵三顆蛋，築巢的地點、材料也類似臺灣畫眉。斯文豪從臺灣府、柴山、淡水、雞籠、蘇澳等地蒐集到許多標本，小彎嘴雌鳥和雄鳥外觀相近，顏色、體型均無落差。主要以昆蟲為食，未在胃裡看過其他鳥類。叫聲雖然比不上畫眉悅耳，但兩三隻聚在一起較勁時也相當動聽。

斯文豪不僅蒐集標本加以解剖，對於習性、食性、繁殖方式等也觀察入微。斯文豪偶爾在正經的博物學報告裡點綴幾則軼事，為報告增添不少趣味。

一次到淡水附近的內陸踏查時，斯文豪在黃昏時分看見領角鴞（*Otus lettia*）。領角鴞從松樹飛到低矮房舍上，啼叫不停，在一片死寂的夜裡聽來格外嚇人。斯文豪提到：這種叫聲可能會被

圖 3◥小彎嘴

愚夫愚婦當成不祥之兆，漢人就跟大部分未完全開化者一樣，把貓頭鷹視為不祥之鳥，同時也認為這種不潔的生物，與巫術、治病有關——因此據說貓頭鷹肉能治療肺病，貓頭鷹屍體非常值錢，患者常被建議多喝貓頭鷹湯。斯文豪最後還補充，比起領角鴞，這類偏方一般更推薦的是中國某些地方常見的雕鴞（*Bubo bubo*）。

對今天的我們來說，食用貓頭鷹似乎匪夷所思。斯文豪在領角鴞的踏查紀錄中加進這麼一則軼事，大概也能滿足英國讀者的異國想像吧。

從這些報告，我們可以看到斯文豪仰賴當地獵人採集標本、向當地人打聽情報，同時也把握機會四處探勘，細心觀察周遭萬物。這條探勘之路不只帶著斯文豪發現藍腹鷴，也發現了許多臺灣特有種。

斯文豪在一八六六年離開臺灣，他惋惜自己沒有機會更深入內陸，相信內陸必然還有更多新物種等待發現。離臺之後，斯文豪歷任廈門、寧波、煙臺領事，一八七三年因病返國休養，可惜健康狀況並未改善，一八七五年退休。

不只斯文豪，開港之後還有更多博物學家來到臺灣。許多來經商、傳教或工作的西方人同時也是業餘博物學家，例如來自英國的茶商陶德（John Dodd）、來自加拿大的長老教會傳教士馬偕（George Leslie Mackay）、英籍海關職員拉圖雪（J. D. D. La Touche）等。此外，也有專業博物學家來臺旅行，像是英國的柯靈烏（Cuthbert Collingwood）和美國的史蒂瑞（J. B. Steere）。

史蒂瑞教授在美國密西根大學博物館委託下，前往美洲、東亞各地蒐集博物學標本，一八七三年來到臺灣。除西部平原地區外，史蒂瑞和英國長老教會傳教士甘為霖（William Campbell）、英國領事布洛克（Thomas Lowden Bullock）結伴前往日月潭一帶，也到北部拜訪馬偕，踏查範圍廣闊。

史蒂瑞來臺時，斯文豪已經返英養病，但他的臺灣鳥類學知識依然備受推崇。史蒂瑞將蒐集到的鳥類標本寄給斯文豪鑑定，斯文豪在其中發現一種未曾見過的美麗鳥類，一八七七年以史蒂瑞之名命名發表了黃胸藪眉（*Liocichla steerii*）（圖4）。這一年也是斯文豪在世的最後一年，斯文豪直到生命最後都全心投入科學研究。

拉圖雪是十九世紀繼斯文豪之後來臺的主要鳥類學家，他在一八九三年至一八九五年間三度來臺，南部、北部均有足跡，一共記錄一百多種鳥類，但多數都與斯文豪所記錄的鳥種重複，其中只有六個新鳥種。斯文豪和拉圖雪都因未能更深入山區感到遺憾，更多新鳥種的發現要留待日後探險者繼續往更高海拔前進了。

藍腹鷴博物畫的誕生

博物學報告發表之際，除了文字描述，圖像也是重要的知識傳播媒介。可惜的是，似乎沒有西方專業畫家來過臺灣，目前可見的十九世紀臺灣博物畫主要是由西方畫家看標本繪成，其他一些圖像是由同時懂繪圖的探險家留下來，例如美國駐廈門領事李仙得（Charles W. Le Gendre）繪製的地質剖面圖。

為藍腹鷴標本繪圖的古爾德是享譽歐洲的博物學家及畫家，他不只畫藝高超，對鳥類也深有研究。古爾德是園丁之子，從小就對鳥類有興趣，後來學習製作標本，一八二七年成為倫敦動物學會（Zoological Society of London）的標本剝製師。他根據學會收到的標本，陸續編寫《喜馬拉雅山珍稀鳥類圖鑑》（*A Century of Birds from the Himalaya Mountains*）、《歐洲鳥類》（*Birds of Europe*）等書，出版後大獲成功，這筆財富讓古爾德和妻子伊莉莎白得以在一八三八年到一八四〇年間旅行澳洲，蒐集更多的鳥類和哺乳類標本。

古爾德從一八五〇年開始出版《亞洲鳥類》（*Birds of Asia*），編纂計畫橫跨三十餘年，第七冊在古爾德過世後的一八八三年出版。斯文豪希望自己的發現也能列入其中，因此將部分標本送給古爾德鑑定。古爾德收到標本後，在一八六二年撰文描述十六個新物種，其中藍腹鷴的羽色尤其讓他讚嘆不已：

圖 4 黃胸藪眉

> 雄鳥：黑色的額頭逐漸融入雪白針狀羽，形成小小的羽冠……雪白的背部和兩側的窄黑界線形成鮮明對比，肩羽是飽滿的栗紅色。下背、腰部、尾上覆羽是深邃的天鵝絨黑……翅膀是棕黑色。大覆羽、小覆羽的羽緣綠色。兩根中央尾羽雪白色，其餘黑色。胸部、脇部的羽毛頗為修長，是閃耀藍色光澤的黑色……

古爾德很高興自己有幸描述這個美麗絕倫的新物種，以整整一頁的篇幅細述雄鳥和雌鳥的外觀，以上摘錄的是雄鳥的部分描述。古爾德最後向斯文豪致意：以斯文豪之名為藍腹鷴命名。此舉是對這位傑出探險家應有的表揚，他在東方的無數發現，讓鳥類學知識更加豐富。

圖 5 古爾德繪製的藍腹鷴

對比古爾德的文字和圖像，長篇累牘的描述或許遠不如一張圖畫來得直截了當，讀者一望即知藍腹鷴的美麗與特徵。不過，不論是文字或圖像都仍有其局限：斯文豪就坦言未曾親眼看過藍腹鷴，古爾德也只見過標本，因此這些描述其實偏重於外貌和解剖特徵——這是新物種鑑定的重點，但或許只是認識物種的起點而已。更詳細的棲地、食性、習性，或是和生態環境的關係等等，都還有待日後繼續調查。

藍腹鷴來到倫敦

斯文豪對藍腹鷴的追尋，並未止步於一八六二年的命名發表。一八六四年，他的獵人費盡千辛萬苦，在山上險些送命，終於捕獲一隻羽色美麗的雄鳥送回英國。隔年斯文豪又取得十一隻健康的藍腹鷴，雄雌大約各半，一樣準備送回英國。藍腹鷴來自異國的美麗身影激起英國當地的迴響，暢銷的《倫敦新聞畫報》（*Illustrated London News*）報導了此事：

藍腹鷴原本住在神祕的福爾摩沙島上，居於深山叢林之間；如今拜斯文豪先生之賜，倫敦動物學會即將收到新一批藍腹鷴，壯大目前動物園內唯一一隻雄鳥的行列，說不定來年春天，園內就會誕生新成員。

從藍腹鷴的旅程，我們可以看到十九世紀臺灣博物學知識誕生的縮影。博物學家來臺踏查、採集標本，特別關心未曾「發現」過的美麗新物種。他們在當地活動時，必須仰賴在地人提供情報、協助採集，採集到標本之後往往送回「母國」鑑定。遠在歐美的藝術家根據標本繪製精美的博物畫，配合文字描述一同發表，豐富西方對世界的認識。「異國」的博物學知識就這樣傳回「母國」，激發大眾對異國風情的想像，或許也因此更支持海外擴張的事業。

十九世紀，臺灣博物學的主要研究者是西方人，從旁協助的在地人是不知名的助手、獵人、商人。進入日治時期，日本人也採用同一套「科學語言」，加入博物學研究的行列；臺灣人仍然不是要角，但科學繪圖界已可見到臺籍畫師的身影。而從十九世紀到日治時期，高山始終是物種調查所嚮往的目標。臺灣的博物學知識，就在一次次的踏查中逐漸深化，樣貌愈來愈清晰。

圖 6◥倫敦動物學會新近蒐集到的藍腹鷴

第五章

鏡頭中的臺灣原住民

日治時期理蕃政策與人類學的原住民攝影

陳偉智

日本統治臺灣後，日本人類學家在研究臺灣原住民的族群分類與族群特質時，將影像作為民族誌方法，建立族群別的原住民影像。透過光線，臺灣原住民族群在暗箱中留下了身影。人類學族群分類的學術原理，被應用在臺灣總督府理蕃行政中，透過族群分類，將臺灣原住民的影像類型化，同時也透過影像，呈現臺灣原住民的族群性。

臺灣原住民與總督會見的影像

一八九五年八月二十五日第一任臺灣總督樺山資紀發表「綏撫生蕃」訓示，宣示對臺灣原住民的治理原則以綏撫為主，之後半年內從大嵙崁原住民的綏撫開始，在全島各地臨接原住民區域展開。同時總督樺山資紀在綏撫宣示後，於九月十日在總督府內接見了來自角板山社與舌納箏社五位泰雅族原住民。

雙方見面時，臺灣總督府招來攝影師留下影像紀錄，見證此一歷史性事件。照片的攝影者，是來自仙台的從軍攝影師遠藤誠。此次總督會見蕃人的照片，隨後被收錄進一八九六年由遠藤誠編輯、標誌著殖民統治開始而出版的《征臺軍凱旋紀念帖》。此攝影集記錄自一八九五年馬關條

圖 1 樺山總督最初的蕃人會見。

約簽訂後，日本集結軍隊、搭乘軍艦渡海、登陸臺灣、臺北城內外、始政式，以及南下臺灣征討過程中一系列事件的影像。

大嵙崁泰雅族原住民與總督會見時拍攝的照片，留下日本殖民地統治最初的原住民影像紀錄。其中一張「樺山總督最初的蕃人會見」，是五名原住民與總督及總督府高級官員的合照。下山來臺北城內與總督見面的原住民，在與總督合照的場所，也留下了一張後來被題名為「臺北總督府內拍攝的生蕃人風俗」照片。這張是在與總督合照前後另外拍攝的，照片中只有五位原住民及一位通譯，其中三位原住民坐在合照時總督樺山資紀、民政局長水野遵及海軍局長角田秀松坐過的椅子上，五個人的視線各自看著不同方向，談笑表情自然。若與總督會見的合照比較，一張是以

圖 2◥臺北總督府內拍攝的生蕃人風俗照片。

總督樺山資紀為中心，原住民或蹲或站地處在總督與總督府高官們的行列之間，照片中所有人都表情嚴肅。另一張照片則在相對輕鬆的氣氛下，表情顯得自由奔放，似乎是彼此嬉戲之際，被日本攝影師所捕捉拍攝下來的。這也是難得一見的日治時期臺灣原住民影像中，人物帶有笑顏的照片，之後不管是在照相館或是田野中的原住民，臉上幾乎少見笑容。

總督會見原住民這類的攝影，在日本統治臺灣一開始，就已發揮了紀實攝影的重要功能，亦即透過攝影，為正在進行中的歷史事件留下「現場」的見證。這些現場的影像隨即在事後成為殖民統治政策的宣傳素材。樺山總督與原住民會見的照片，於一九二六年收錄於樺山總督的傳記《臺灣史と樺山大將》，一九三七年又收錄在《臺灣治績志》中。《臺灣治績志》作為一九二〇年代總督府臺灣史料編纂計畫的延伸，由總督府官員井出季和太所編寫。

官方的原住民影像

在樺山資紀會見的八年後，綏撫政策便轉為封閉圍堵政策，理蕃行政由原先的殖產局改由警察機構負責，隨後更成立專責的蕃務本署，實施了嚴格的蕃界禁令，防堵原漢接觸。這樣的態勢，在一九〇六年第五任臺灣總督佐久間左馬太上任後，更進一步實施軍事鎮壓，特別是針對總督府認定的「北蕃」——大致上是泰雅族的分布區域。佐久間總督任內於一九一〇年實施五年理蕃計畫，此一計畫針對臺灣北部分布在宜蘭、桃園、新竹、苗栗、臺中之間山區的泰雅族，進行數次軍事討伐與隘勇線推進，採取包圍的策略，迫使山區的原住民投降歸順。

此時臺灣總督府蕃務本署出版的《理蕃概要》，特別針對泰雅族的自然環境、部落組織、文化特質，多加著墨。同時，也另行出版英文版論述此一階段理蕃行政的 *Report on the Control of the Aborigines in Formosa*（《控制福爾摩沙原住民報告書》），以對外國進行宣傳。此一對外宣傳專論所刊行的照片，主要是泰雅族部落的原住民體質特徵、山區聚落環境、文化特質等影像。除了原住民的圖像外，也用影像記錄了總督府的動員軍隊、警察、隘勇、人伕，在山區進行隘勇線推進的情況。

一九一五年，臺灣總督府出版《臺灣蕃族圖譜》，作為五年理蕃事業的一部分。《臺灣蕃族圖譜》的第一卷〈泰雅與布農〉與第二卷〈鄒、排灣、阿美、雅美〉中使用的原住民照片，主要是總督府雇員森丑之助從一九〇三年到一九一五年之間所拍攝的臺灣原住民與分布地生活環境。這些照片有部分在稍早前的總督府出版品中曾刊登過，或是曾被製作成寫真明信片在市面上流通。在《臺灣蕃族圖譜》中，森丑之助依據族群別分類，同一族群內包括不同部落的影像，除了聚落與周邊地形的自然環境外，占最多數的還是人像正面照、側面照，以及展現各種文化特質的照片，例如織布、射箭、家屋、首棚等場景。

一九三五年，為了紀念始政四十周年，臺灣總督府警務局理蕃課出版了《臺灣蕃界展望》，作為紀念理蕃事業臺灣總督府「拍攝日漸變遷的蕃族風習與理蕃現狀，加上蕃地景觀，以『蕃界展望』為題，發行本寫真帖」。理蕃課有意識地繼承森丑之助一九一五年的《臺灣蕃族圖譜》，同樣依據族群別拍攝照片，但試圖呈現的是「理蕃現狀」與日漸變遷的「蕃族風習」，以表現原住民社會在經過日本四十年的統治後，當前的發展與變遷。

官方拍攝的原住民影像，主要是作為理蕃政策的見證。透過鏡頭，安穩地將各山區的蕃社與蕃人留在照片中，隨後在臺北或東京再進行整理、編輯、出版、展示與流通。官方所拍攝的臺灣原住民群像，是根據新近人類學家提出的科學分類法，將臺灣原住民重新依據族群別，以種族或族群別為單位，形成秩序化的族群影像，並且依據族群別來呈現各個族群與各族的文化特質。

族群分類的影像呈現

一八九八年四月，在臺灣總督府理蕃行政相關官員於臺北組成的蕃情研究會發會式上，人類學家伊能嘉矩發表了〈臺灣各蕃族開化之程度〉一文，介紹他一八九七年對全島原住民的調查成果，也提出原住民族的分布圖《臺灣島蕃族分布假定圖》（圖3）。兩年後，總督府出版伊能嘉矩完整的調查報告書《臺灣蕃人事情》。這本專著可以說是第一本依據近代人類學科學原則，為臺灣原住民族群分類的民族誌。伊能所建構的臺灣全島原住民分類，其中的「族」分為八族：Ataiyal、Vonum、Tso'o、Tsarisen、Payowan、Puyuma、Amis、Peipo（分別是泰雅族、布農族、鄒族、查利先〔魯凱族〕、排灣族、卑南族、阿美族、平埔族），若加上鳥居龍藏在一八九七年調查的蘭嶼雅美族（Yami），總計有九族。伊能的族群分類，成為總督府人口統計中原住民的分類依據。

伊能除了提出族群分類、繪製族群分布圖之外，也使用原住民影像具體呈現各族群的樣貌。伊能自己似乎並沒有帶著攝影機進入田野，卻蒐集了不少當時總督府拍攝或是其他來源的原住民照片圖像。伊能留下數冊的《寫真帳》及《臺灣風俗寫真一括》中，仍保存著當時蒐集的原住民影像，這些照片大致是由臺北的攝影師在一八九五年至一八九八年之間所拍攝。在蕃情研究會的發會式中，伊能展示了平埔族以外的其他八族，每族都以單一人物的半身像或頭像來代表，用來拼貼組合「臺灣島蕃族」群像。鄒族、布農、查利先（魯凱）、排灣、卑南、阿美及雅美各族均為一男子圖像；而泰雅族則為一男一女，男子出身臺北近郊的屈尺部落，女子來自埔里附近的巴蘭社。透過照片拼貼，臺灣原住民群像一目了然地一起被放進了同一個大類別——「臺灣島蕃族」（圖4）。

伊能在蕃情研究會的「臺灣島蕃族」群像中，將屈尺的男子像與埔里巴蘭社的女子像一起放在他分類出來的「泰雅」族群內。這樣的人種標準形態的圖像組合方式，後來成為臺灣總督府再現臺灣原住民圖像時經常採用的形式。森丑之助的官方民族誌攝影《臺灣蕃族圖譜》與警務局理蕃課的《臺灣蕃界展望》，將同一族群的各部落歸納在一起。森丑之助將被分類在同一族群中的各社代表，即便分布在不同的地理區域，亦皆排列在同一族群範疇中，例如泰雅族包括了北部屈尺、中部霧社，乃至東部大魯閣等部落。

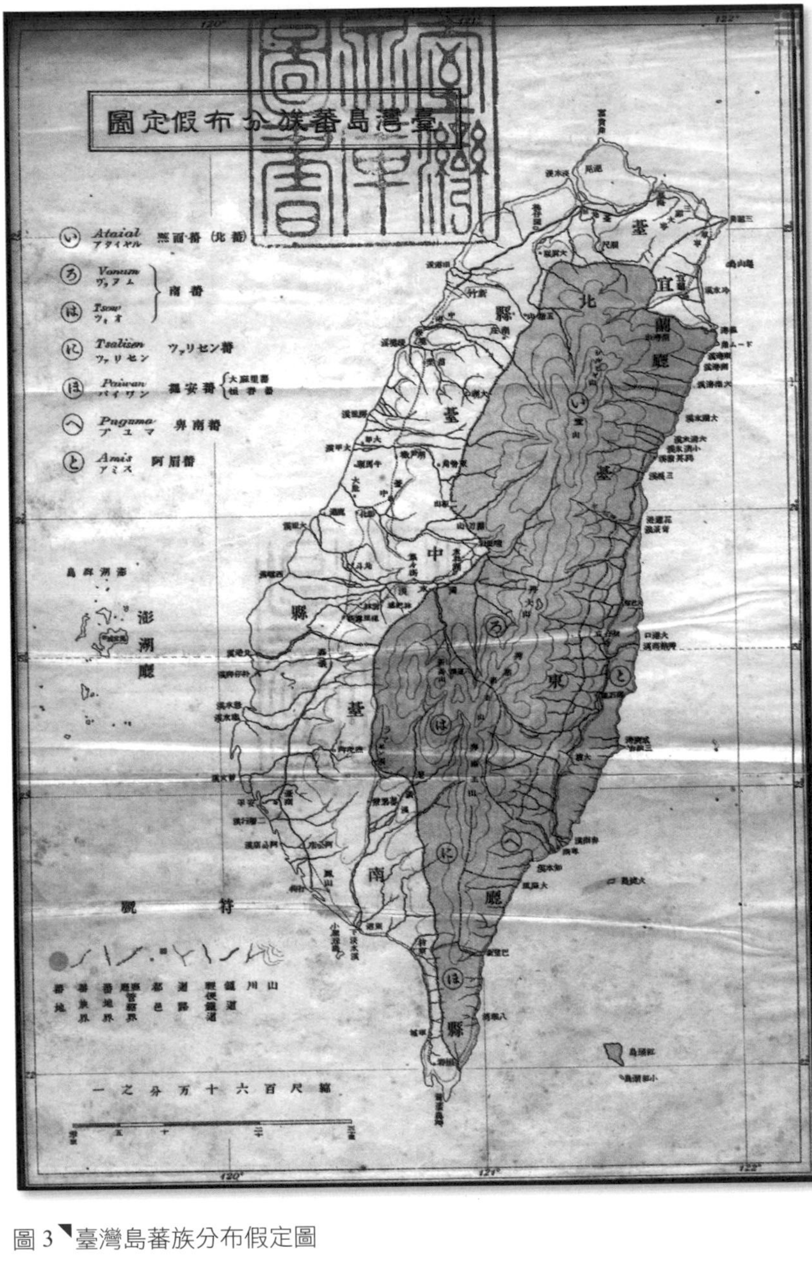

圖 3 ◥臺灣島蕃族分布假定圖

伊能的族群分類，影響了總督府在《理蕃概要》與其英文版 *Report on the Control of the Aborigines in Formosa* 的族群分類。但當時根據蕃務本署委託森丑之助的新調查，則是認為應該將原先伊能嘉矩所分類的「查利先、排灣與卑南」三族，都歸納為「排灣」一族，而賽夏族則

圖 4 一八九八年蕃情研究會展示的「臺灣島蕃族」群像

可能改納入泰雅族或平埔族的分類中，有待進一步調查。臺灣總督府蕃務本署的調查與重新分類，隨後也反映在森丑之助一九一五年的《臺灣蕃族圖譜》所用的族群分類。森丑之助修正伊能的分類，提出了新的六族分類（泰雅族、鄒族、布農族、排灣族、阿美族及雅美族），並反映在佐久間左馬太總督時代（一九〇六至一九一五年）在理蕃行政上的官方分類，例如在森丑之助《臺灣蕃族圖譜》的姊妹篇《臺灣蕃族志第一卷》中「臺灣蕃人的種族與蕃社戶口」，即以六族為「生蕃種族人口別」的人口統計分類。

類型攝影與殖民地人類學

一九一二年，森丑之助在〈關於臺灣蕃族調查〉一文中，說明其調查方法以及拍攝照片的重點。森依據調查項目變異程度的難易，加以分項排列說明，從相對穩定、不易變異的項目到容易因環境或接觸而改變的項目，計有：體質、古物遺跡、神話口碑等創世或原始傳說、慣習、言語、土俗、古歌俗謠。其中，被森認為最不容易因時間或是環境而改變的，是體質特徵。「體質」調查的項目，主要是指「生體測量」，特別是鼻型、膚色、頭髮等特徵。森的方法是測量數人或數十人的體質特徵，記錄測量數值，求其平均數，並以此作為其標準型（standard type），然後將標準型或是極端特徵的體質樣貌，拍攝類型照片（type photograph）。拍攝時，以半身像的正面、側面及全身照三種為主，特別是側面照，便於用來測定顏面或鼻型角度。在

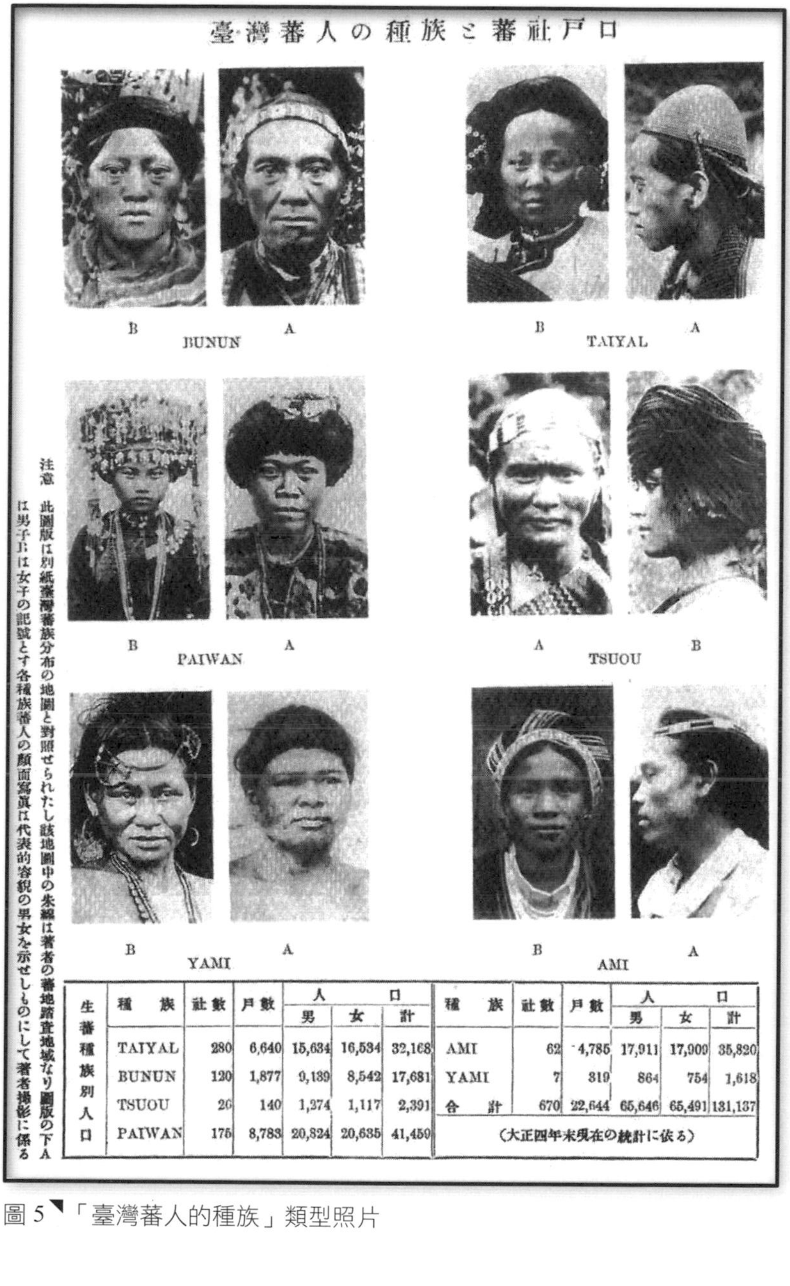

臺灣蕃人の種族と蕃社戸口

注意　此圖版は別紙臺灣蕃族分布の地圖と對照せられたし該地圖中の朱線は著者の蕃地踏查地域なり圖版の下Aは男子Bは女子の記號とす各種族蕃人の顏面寫眞は代表的容貌の男女を示せしものにして著者撮影に係る

生蕃種族別人口	種族	社數	戸數	人口 男	人口 女	人口 計	種族	社數	戸數	人口 男	人口 女	人口 計
	TAIYAL	280	6,640	15,634	16,534	32,168	AMI	62	4,785	17,911	17,909	35,820
	BUNUN	120	1,877	9,139	8,542	17,681	YAMI	7	319	864	754	1,618
	TSUOU	26	140	1,274	1,117	2,391	合計	670	22,644	65,646	65,491	131,137
	PAIWAN	175	8,783	20,824	20,635	41,459	（大正四年末現在の統計に依る）					

圖5◥「臺灣蕃人的種族」類型照片

體質特徵的調查上，除了記錄測量數值外，攝影是呈現體質特徵標準型的重要方法。這樣拍攝下來的原住民影像，均收錄進《臺灣蕃族志第一卷》的「臺灣蕃人的種族與蕃社戶口」中，可以看到原住民六族男女的頭部照片均呈現正面與側面的類型特徵（圖5）。

森丑之助拍攝正面、側面的體質標準類型，此一方法稍早由東京帝國大學派來臺灣調查的鳥居龍藏在田野中即已使用。森曾擔任過鳥居龍藏田野調查時的助手，在田野中學習鳥居的方法及攝影術。一八九六年鳥居第一次到臺灣東部調查時，拍攝的東部各族照片，以及一八九七年第二次來臺到蘭嶼調查雅美族時，拍攝的單一族群照片，其中有許多都是拍攝頭部的正面、側面及全身像，就是在取得人種標準型類型影像的民族誌方法。

人類學家拍攝的原住民影像

一八九六年，日本人類學家鳥居龍藏受東京帝國大學人類學教室派遣，到臺灣進行人類學調查。鳥居的臺灣調查，是首次日本人類學家在殖民地應用攝影技術拍攝田野中的調查對象，留下了數量龐大的玻璃乾版底片影像。當時世界各地的人類學發展，攝影逐漸成為重要的人類學田野調查方法，鳥居在臺灣調查的知識建構上也充分運用此一新的視覺技術。除了鳥居龍藏，殖民初期在臺灣的人類學家，如伊能嘉矩、森丑之助，都曾充分利用照片或攝影的視覺技術進行人類學知識建構。伊能嘉矩了解類型影像的人類學方法，也使用能蒐集到的原住民影像，但真正在日治時代帶著攝影機進入田野的，是東京帝國大學派遣來臺調查的鳥居龍藏。

鳥居在其回憶錄《一個老學徒的手記》中，回憶當時日本的考古學與人類學，總是用素描來記錄圖像，並沒有使用照相機的人。他認為到臺灣調查生蕃，不能只靠素描方式記錄，非使用相機拍照不可。不過，他原先也不懂如何拍照，於是向大學借了相機，速成地學習攝影術，然後帶著不完整的攝影器材前來臺灣。在回憶錄中，鳥居自信地寫著：「在人類學界，應用寫真術是從我開始。」鳥居來臺灣進行第一次調查前，即認知到田野攝影的重要性，在數次臺灣調查期間，也有意識地在田野中拍攝照片。

一八九六年十月，正在臺灣東部調查的鳥居龍藏，寫信給東京地學協會報告在臺灣東部的調查進度，並說明拍攝「土人」的情況，他在信中寫道：

> 臺灣東部的土人，除了臺東附近的土人外，都沒有全盤漢化，所以今日還可以看到土人的舊態。對我們人類學研究者來說，是最能感到趣味盎然的調查對象。我發現臺灣東部的土人一點也不怕被拍照，所以攝影的工作很順利。

鳥居初次來臺灣調查時，正好臺灣總督府也有東部臺灣移民地的調查計畫，負責此計畫的臺灣東部調查者，是總督府殖產局技師田代安定（一八五七至一九二八年）。田代安定是著名的博物學家，曾是東京人類學會的成員。鳥居到臺灣後，向臺灣總督府申請田野調查的許可，總督府當時正要派遣田代安定到東部，於是鳥居龍藏的第一次臺灣調查，就與田代安定一同從臺北出發。在東部的田野調查期間，兩人經常一起到部落進行調查。與鳥居龍藏同行的田代安定，在田野日記中留下了數次鳥居在田野中拍攝當地原住民各族群的紀錄。一八九六年十月七日，人在卑南的田代在田野日記中寫道：

過十時，到撫墾署，如同昨日，詢問呂家社通事生蕃事情。十二時回宿舍。午後二時半，赴阿眉社，至頭目宅。鳥居氏亦同行。久永氏、安井氏亦同往，與呂家社通事同伴而行。拍攝頭人家族及社民照片。

田代安定、鳥居龍藏及同行的臺東撫墾署官員永井與安井，一行人前往卑南阿眉社（今臺東馬蘭阿美族），身邊還有呂家社通事隨行。在卑南阿眉社，田代透過呂家社通事的翻譯，召集頭人家族與一些部落內的原住民集合拍照。田代的田野日記留下了在現場時，透過通事與當地頭人的筆談紀錄。田代安定寫了以下的文字給通事看，要求通事協助召集部落的人拍照：

今欲攝影番社風俗，要番人男女數人集來
我聞此老人約九十歲，因欲問伊，阿眉社舊事。
此阿眉社創立幾年前要問伊
問阿眉社祖宗名叫什麼
要詳話今所講伊
可告此通事，此候伊所講，要詳細譯話，不論其講話之要不要，一一傳話是請。

圖 6◥鳥居龍藏 1896 年 10 月 7 日在臺東卑南阿眉社拍攝的照片

在圖6的鳥居照片中，前排右一蹲坐者，即是田代日記上所寫的卑南阿眉蕃社耆老。拍照後，鳥居還與田代進一步透過翻譯筆談，記錄耆老口述的卑南阿眉社的起源傳說、遷移歷史、部落風俗與周邊卑南族的族群關係等。

在臺灣東部調查期間，鳥居龍藏在寫給東京地學協會的信件中，提到：「臺灣東部的土人一點也不怕被拍照，所以攝影的工作很順利。」的確，從鳥居的玻璃底片中，田野調查也看似進行得很順利。然而，田代安定的日記也留下了一些耐人尋味的記載。例如在一八九六年十一月十七日前後，田代到花蓮七腳川部落調查時，聽到了當地人的抱怨。當時田代透過同行嚮導花蓮港人林鳳儀，與當地蕃社通事林振老進行翻譯筆談，他在田野日記中留下了以下內容：

（田代安定）伊通事心意如何，什麼事故不可送藥之言，我不曉得也。

（林鳳儀）前日本大人有寫影後得病。蕃人妄言日本放鬼。通事今通知大人藥之事，不可送。

筆談紀錄中的「日本大人」，應該就是指田野中帶著相機到處拍照的鳥居龍藏。蕃人將拍照之後的身體不適，歸因於「日本放鬼」，懷疑受到了詛咒，或是日本大人帶來的箱子（老式的箱型照相機）作祟，導致他們身體不舒服。在世界攝影史中，不乏類似的抱怨，認為照相機是一種具有魔力的裝置，會吸取被拍照者的靈魂或是施放詛咒。

一八九八年當鳥居龍藏第三次來臺灣，在調查臺東與恆春一帶的原住民時，他寫了一封信給坪井正五郎。坪井正五郎是東京帝國大學的人類學教授，在日本領臺之際，鼓勵伊能，並派遣鳥居來臺灣調查。鳥居在信中說明原先「the darkest Formosa（最黑暗的福爾摩沙）」的臺灣東部與蘭嶼，在經過三次（一八九六年臺東花蓮、一八九七年紅頭嶼（蘭嶼）及一八九八年臺東恆春）的調查後，對臺灣東部已經有了比較詳細的了解，「幸而給黑暗裡的臺灣東部及紅頭嶼帶來了一線光明」。鳥居「最黑暗的福爾摩沙」一語，一方面是說明他在實證上，補足了民族學調查所缺乏的東部原住民各族群分布與文化形態；另一方面，也是一種對照後面「帶來一線光明」的比喻性表達，而具體表現就是他所攜帶的田野調查工具：照相機。關於鳥居所攜帶的乾版箱式照相機，田代曾經在田野日記中描繪其形狀（圖7），並註明此攝影器材為「コダック式寫真」，亦即柯達箱型攝影機（Kodak box camera）。

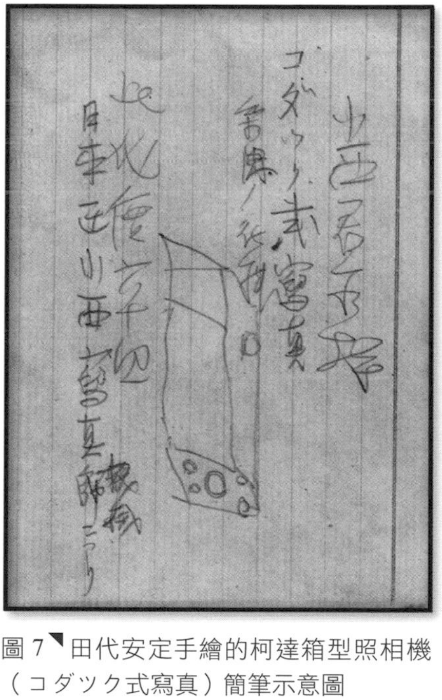

圖7 田代安定手繪的柯達箱型照相機（コダック式寫真）簡筆示意圖

一九二八年臺北帝國大學成立，文政學部土俗人種學教室的助手宮本延人，在其回憶錄《我的臺灣時代》中，回憶一九二九年夏天第一次到蘭嶼調查的田野攝影經驗。

調查紅頭嶼……至於我，以身為土俗人種學教室助教的立場，包辦了所有的雜務，照片的攝影便是主要的工作之一。當時還沒有現今已經通行的 35mm 的 Leica 型照相機，也沒有膠卷，帶去使用的是照相師營業用的 Cabinet 型玻璃底片的組合型攝影器材，還帶了木製的三腳架。當時我是攝影初學者，所以還準備了沖洗乾版用具一套，以及約兩公尺四方蚊帳式繻子製攜帶式暗房。當地白天悶熱得使人睏倦難受，但我還是努力拍了不少照片。

宮本延人在蘭嶼島上的調查工作，主要是在各部落設立據點進行系譜採集、人類學體質測量，並拍攝照片。在島上的調查，往往要透過部落的警察駐在所的警察協助。使用的攝影器具設備沒有太大的改變，仍使用玻璃底片，也需要包辦從攝影到沖洗的全部過程。

殖民統治與田野調查的變遷

宮本延人到臺灣的時候，已經是一九二〇年代末了，那時原住民社會經歷了數十年的殖民統治，已經有了不小變化。一九一二年，森丑之助在說明調查方法時提到，容易因為外在環境或是在族群互動過程中改變的調查項目，到了宮本延人進入「蕃地」時，親眼所見的已經是改變中或甚至是已經變遷的原住民社會文化。比較不容易改變的，只剩下「體質」。

環境的改變，也反映在殖民地人類學家的田野調查上。在伊能嘉矩、鳥居龍藏、森丑之助的年代，總是可以看到他們現身在野外部落進行田野調查的紀錄或影像。到了移川子之藏與宮本延人的時代，部落中已經有蕃地警察駐在所。田野工作的地點往往是在管制出入的蕃界內，透過部落駐在所警察的協助，進行體質測量、口述系譜資料蒐集及攝影。一八九六年，鳥居龍藏在花蓮秀姑巒溪畔做田野調查，蹲坐在野地記錄時，身邊圍繞著當地的原住民（圖8、9）。到了一九三〇年代，臺北帝國大學教授移川子之藏在新竹山區調查時，則是坐在部落警察駐在所的桌子旁，身邊是蕃地警察，而對面是被調查的當地原住民（圖10）。對照兩個時期田野調查者在田野中的影像，立即就可看出殖民者理蕃政策的深入程度，以及殖民地人類學在田野研究中的環境。

在統治初期的人類學田野中，伊能、田代或鳥居等人是在山下的撫墾署或地方官署，透過通事召來附近蕃社頭目「詢問生蕃事情」的情況。但是到了一九三〇年代，蕃地警察已經深入到山區的每個部落，負責翻譯與嚮導的協助角色也隨之改變，從漢人通事變成蕃地警察，部落的蕃地警察中也有出身自蕃社的原住民。即便時移勢轉，從殖民地人類學在臺灣開展以來，所關心的人種起源與分類的問題意識一直都在延續著。

圖 8、9 ◥ 田野調查中的鳥居龍藏，1896 年

圖 10◥田野調查中的移川子之藏，1930 年

結論

十九世紀中葉以後，許多來臺灣的外國博物學者與探險家雖然拍攝了許多臺灣原住民的影像，但是比較有系統的拍攝，則是在日本統治臺灣期間由日本人類學家所建立的原住民影像。他們在研究臺灣原住民的族群分類與族群特質時，把攝影當作民族誌方法，建立族群別的臺灣原住民影像。

如同鳥居龍藏所說的「帶來一線光明」，透過光線，臺灣原住民族群在照相機的暗箱中留下了身影。人類學族群分類的學術原理，也被應用在臺灣總督府的理番行政上，透過族群分類將臺灣原住民的影像類型化，同時也透過影像呈現臺灣原住民的族群性。

殖民統治初期人類學田野影像的生產過程，如同伊能嘉矩、鳥居龍藏與森丑之助等人的經歷所顯示的，透過實際拍攝或是蒐集現有影像，在短時間內累積臺灣原住民的影像資料，並使用標準型族群影像的分類方式，掌握體質與文化特徵，進行比較民族學研究。透過影像呈現臺灣原住民族群的體質特徵與文化特質，此一做法，到了日治後期的臺北帝國大學土俗人種學教室的學院研究時，也延用了同樣的知識生產方法。

經過數十年的殖民政府統治，改變了臺灣的原住民社會，也改變了田野調查的環境。然而，無論是使用影像或是拍攝影像，呈現族群性的類型攝影依然是日治時期臺灣原住民「被攝影史」的主要特點。

第六章

走向世界之路

早田文藏與臺灣杉的發現

蔡思薇

臺灣杉是世界知名的植物，它的身世其實與臺灣史息息相關，卻鮮為人知。為它命名的早田文藏，在當時還沒有成為「大學者」。他憑藉圖版之間的比對，費了一番心力，才得以確認新種臺灣杉的存在。默默無聞的植物學者，因這篇刊登在世界首屈一指雜誌的論文而成名。西方植物界如夢初醒，眾人紛紛打聽這位日本人究竟是誰？又應該如何取得這種植物？這是一位學者養成，從青澀到成熟的過程，呼應明治日本科學界積極走向世界的樣貌中，殖民地臺灣科學發展的案例，更是二十世紀初世界知識交流的篇章。

東亞植物界的明星

二〇一三年，我第一次在東京大學標本館看到臺灣杉模式標本。這個好意並非出自「指名登場」，而是因為對方知道我們「來自臺灣」。出於歡迎、友好之意，日本植物學者特別將這份標本調出，方便我們細細觀覽。端看這份標本上的細節，幾乎反映了日本帝國在明治時期的擴張、日本本土植物分類學者興起，當然，還有最重要的——殖民地時期的臺灣科學調查歷史。就算不認識這個植物，光從台紙[1]上貼有比其他標本更多的植物學者的註解（note），就可以得知，許多植物學者是抱著「朝聖」的心情來看這個標本，寫下自己到此一遊的在場證明。臺灣杉這個物種，絕對是東亞植物圈的大明星。

臺灣杉亙古星月便存在臺灣山林間，但它在植物界的名字真正「誕生」的時間，卻是二十世紀。隨後，立刻成為一顆閃耀的新星。在沒有網路的時代，報紙、雜誌的印刷物是新資訊傳播的重要媒介，這類快速且大量製作的印刷品，改變了世界更新的速度。一九〇六年七月，英國倫敦的《林奈學會植物學雜誌》（*Botanical Journal of the Linnean Society*，後文簡稱《林奈雜誌》）第二六〇期出刊。這本期刊是世界植物學的重要代表雜誌，能登上的文章都是當時植物學重要的議題。在這一期當中，有一篇論文作者來自九千五百公里之遙的日本，文章內容更是珍貴的針葉樹植物「新屬新種」發表。而且，這個新種植物還是來自福爾摩沙，學名為 *Taiwania cryptomerioides* 的臺灣杉。論文作者是一位名不見經傳的日本植物學者，因為《林奈雜誌》的重要性與流通速度，讓大家紛紛打探這位作者究竟是何方神聖，而這篇文章的內容更引起了世界植物界的注意。

世界植物學遊戲的規則

世界上的植物有多少種呢？根據近年統計，世界上已知的植物約有四十萬至五十萬種。這個數字隨著人類對生物世界的認識及科技發展不斷更新。不論如何，這已是非常龐大的數字，因此「認識植物」在專業者的眼中，不只是信手拈來的背誦名稱遊戲而已，而是這些名稱的背後擁有一個極大的「世界」，一套知識「體系」（system）正在運轉。而維繫這個體系，需要一套遊戲規則。假設同一種植物在世界各地生長，但不同的語言與環境，使它擁有不同的名字，這將產生無止境地必須確認「你說的跟我說的，是不是同一種植物？」的問題。接著，這些有著各式各樣名稱的植物，其實可能是其他人已經發現過的物種。為了避免以上這些情形，植物的命名優先法則，逐漸形成一套規則，發展出漸趨統一化的邏輯。隨著十八世紀瑞典植物學家林奈將生物命名的二名法規則確立之後，意味著世界上的植物雖然可以有各式各樣、不同

註1 台紙（sheet of paper）：指的是有一定長寬規格的硬紙，供植物採集、乾燥後貼上，以方便標本館收納與排序。世界各地標本館的台紙尺寸不一，但呈現形式通常是長邊較短、寬邊較長，右下處作為標籤貼附處。

國家、不同語言的通俗名稱，但世界共通的名字卻只有一個，我們稱之為「學名」（scientific name）。

讓我們想像一下攝影術不發達，更不是人手一「機」、隨手拍的時代。過去當你發現一個「可能」是新物種的植物時，為它取一個名字（學名），並針對這個植物進行文字敘述、科學繪圖，佐以實際的植物標本，這些程序都是說明物種特徵的重要流程，目的是使別人更容易了解這個物種的特徵，且證明其存在，並非揑造來的。直到今日，這些仍是發表新物種的重要步驟。

早田文藏與臺灣杉

當臺灣杉發表時，這位名不見經傳的植物學者，名叫早田文藏（Hayata Bunzo，一八七四至一九三三）。早田在現代臺灣是植物界無人不知的學者，發表的臺灣植物學名超過千個，現今我們信手拈來的各種臺灣特有植物，很多學名都是出自他的鑑定與分類發表。然而，他在發表這篇論文時，還是大學畢業數年「剛出道」的研究者，在東京帝國大學擔任助手，不算太有名氣。

一八七四年（明治七年），早田生於日本新瀉縣。這個時期，日本的教育體制正進行許多創新與新舊改換措施，入學的學生年齡往往不一，早田也是這個時代背景下的人物。一八九七

圖 1 早田文藏

年（明治三十年），時年二十三歲的他畢業於東京郁文館，隨後進入第一高等學校大學預科（簡稱「一高」）就讀。在其他人的回憶中，早田在中學時期就對植物產生極大的興趣。一九〇〇年暑假，準備要進入大學就讀前夕，早田因同為新瀉人、一高學長的川上浩二郎在臺灣工作的緣故，來到臺灣旅行。在當時，如果沒有獎學金、官方公務等因素的支持，所費不貲的長途旅行是一件極難達成的事。對一個剛要成為大學生的早田而言，因為學長的邀請而來到臺灣，他非常興奮。這一次旅行，他在北臺灣活動，隨後前往廈門、香港、上海等地，直到十月才回到東京。

一九〇〇年，早田進入東京帝國大學理科大學就讀，這時他已經二十六歲。因為有造訪臺灣的經驗，加上東大當時急於研究沖繩、臺灣這些與溫帶不相近，但又與日本統治息息相關地區的植物相，早田開始被老師松村任三賦予研究臺灣植物的任務。

不過，即使上大學後的早田矢志學習更多臺灣植物，但當時東大植物學教室尚在初步建立的時期，植物標本「儲備量」並不充足。這種極度不充備的環境，對需要大量依賴標本來比對、觀察的植物分類學者是一大致命傷。要到五年後，早田才能看到大量臺灣的植物標本。一九〇五年，臺灣總督府開始進行「有用植物調查」，這是日治時期最大規模的一次植物調查，調查期間，總督府開始有目的地大量採集，並交換資訊與討論。採集者及各地有興趣的教師、官員，開始有了大量採集臺灣植物的動力，最後這些臺灣植物先經過負責有用植物調查的總督府技師川上瀧彌篩選後，再寄至東京，由早田負責鑑定、分類。

臺灣杉的標本，極有可能也是在這樣的情境下，被川上送到日本。

根據早田在論文中對他如何取得這個植物的描述來看，這事大約要追溯至一九〇二年六月。當時，對臺灣森林觀察頗有造詣的總督府官員小西成章，便已採集到這個貌似不一樣的樹種，但沒有採到成熟的毬果來進一步判斷，僅有簡單的營養枝（vegetative branch）。一直要到一九〇四年二月，小西又在林杞埔（今南投縣竹山鎮）的烏松坑採到成熟、含有毬果的果枝。小西將這些植物枝條交給川上後，悉數寄至日本。早田慎重地將他收到的訊息與植物，也就是不同時間、不同地點採集到的這些乾枝條，全都貼在同一份標本台紙上。

早期因為台紙資源珍貴，加上植物分類學中往往需要將各植物「比對」的習慣，有時會將不同種類、不同時間採集的乾燥植物放於同一份台紙上。不過，這類時間不同或甚至物種不同，一起貼在同一份台紙上的呈現方式，在二十世紀初便已不常見，即使早田自己的其他標本，也較少見到此種形式。

植物標本的主要構成，大致是將採集、經乾燥處理後的植物重要部位，例如枝條、花葉、果實等，置於台紙的大部分範圍內，並加以固定，然後在下方貼上標籤；標籤內容包括植物名稱、採集者、採集時間、地點等相關資訊（通常貼於右下方）。而這份臺灣杉模式標本上（圖3），其實很特別的貼有不同時間的枝條，甚至還有相近的物種，極有可能是為了慎重思考其中的異同、方便比較，因此才呈現此種樣貌。在標本的右下方位置，貼著正式標籤。而標本的標籤不僅留下拉丁拼音的學名，還有經過日語轉譯後寫下來的地方名稱「A-san」（亞杉）及「松蘿亞杉」[2]。

早田的疑惑：臺灣杉長什麼樣子？

日本治臺之初，臺灣杉一直被認為是日本杉，也就是我們更常說的柳杉（*Cryptomeria japonica*）。早田在《東京植物學雜誌》上也說道，自己乍看這些枝條時，也認為是日本杉。直到檢查毬果，才發現與日本杉屬（*Cryptomeria*）的毬果完全不同，因此他更進一步比對臺灣杉、日本杉屬（*Cryptomeria japonica*）、落羽杉屬（*Taxodiineae*）、日本金松屬（*Sciadopitys*）、水松屬（*Glyptostrobus*）及杉木屬（*Cunninghamia*）後發現，葉子、苞鱗及胚珠等等的形態與位置，都與上述這些植物不一致。

在如此情況下，早田感到困惑又興奮，真的發現了新的屬嗎？但不論如何，早田已然意識到這可能是一種「陌生的植物」，也意味著這有可能是「新植物」。然而，當時的學術環境，日本的針葉樹種大都已被西方學者發表，本土的植物學者很難得能遇到發表新種針葉樹的情況。早田實在難以判斷自己的觀察是否有道理，於是他決定將一些枝條與繪製好的植物圖像，加上自己的文字敘述與觀察，寄給林奈植物學會的麥斯威爾先生（Maxwell Tylden Masters，一八三三至一九〇七）。

針葉樹在植物分類學上擁有許多指標意義。它被視為遠古留存下來的物種，更是歐洲植物學研究的強項。一般被視為距今至少六億年前便存在的植物，是歷史悠久且至今存活在地球上的珍貴物種，也是研究植物起源、分布、植物地理學等各種深奧理論的重要證據。

這些裸子植物，特別是當中的針葉樹，因為在歐洲為數眾多，一直以來都是西方植物學者研究的專長。因此，具有遠古意義的針葉樹植物，被東方的植物學者發現，而且還是一個「新屬」，不僅對全世界的植物學者有意義，對日本植物學界來說，更是振奮人心的一大鼓舞。而早田選擇求教的麥斯威爾先生，是歐洲針葉樹研究的權威之一，曾出版《針葉樹物種歷史的貢獻》（*Contributions To The History Of Certain Species Of Conifers*,1886）一書，內容集結了多數重要的針葉樹特徵及其圖繪。早田必定是做過調查，才去信詢問麥斯威爾先生。麥斯威爾先生在慎重研究過早田給他的材料後，也肯定早田的觀察，並建議早田，可以去觀察密葉杉屬（*Arthrotaxis*）與鐵杉屬（*Tsuga*）的特徵，來做最後的判斷。

資訊的交換與討論，是科學知識得以不斷前進的重要因素。科學者之間藉著善意與學術熱誠，彼此通信交流、請益，更是引發觀點並互相對話的重要行動，也是擴展個人學術人際網絡的管道。麥斯威爾先生給予的精湛意見，顯然令早田非常在意，但早田隨後卻非常懊惱。因為他自己沒辦法取得麥斯威爾先生所建議的植物來觀察——東大沒有原生地在澳洲的密葉杉標本。

在《東京植物學雜誌》使用母語（日文）敘述的早田，彷彿自我告解地承認，他只能透過東大擁有的植物誌文字說明與圖版，來得到密葉杉屬的觀念，並進一步用此來與臺灣杉比較異

註2　至今臺灣話仍使用「亞杉」來稱呼臺灣杉。

同。事實上，分類學者必須有眾多的比對資料在側，這是分類的基礎，也是進步的必要條件。若比對資料的基礎不夠，就會陷入「巧婦難為無米之炊」的困境。特別在沒有網路，「寫真術」（攝影技術）仍是高貴且黑白的時代，實物（也就是標本）佐以「植物圖繪」、「植物誌」，對於植物研究的重要性遠遠超乎我們的想像。由此也顯現出日本分類學者在鑑定植物時，隨時會因為資源缺乏而面臨窘迫不安的處境。

這個分類學的困頓、求教往來，以及不得已只能使用書面資料來判斷新屬的過程，因為臺灣杉後來名氣盛大，幾乎很少受到關注。但這個過程，卻忠實地反映日本植物青年學者早田，為求分類學之精進而展現的猶豫與慎重，以及他努力突破困境，向世人證明自己觀察與見解所邁出的每一步。當然，更大的背景則顯示十九世紀末才成為帝國的日本，在知識精進、資料累積方面，並沒有如想像的快速與順利。

英國與日本距離有若天涯，往返麻煩、曠日費時，早田選擇新屬新種的針葉樹植物發表在《林奈雜誌》上，當然不是隨機的。他一定了解這類型的論文，是通往世界學術之路的關鍵之鑰。幸好，早田依照東大的植物誌圖版所做的判斷並無大誤，順利發表出令人耳目一新的東亞新種針葉樹。

弦外之音

早田依照「圖版」做出分類學差別的判斷，並成為臺灣杉是否為新植物的重要依據。「圖版」指的是植物誌中的「科學繪圖」，而這類在植物誌或論文中的科學繪圖，又與專門繪製植物「圖錄」更強調藝術性或色彩的表現方式大不同，大都以針筆、黑白表現，要求客觀、清晰，不隱蔽人類認為的美醜之構造等要求。不過，不論如何，科學繪圖仍是「人」所創造出來的，所以不可避免地仍有繪者、科學者的內化訓練、意欲強調，或者是不經意所表現出的「重點」。有些植物學者會自己繪製植物繪圖，但更多數是仰賴專業的繪圖師。在過去保存環境不佳，無法有完善烘烤、冷藏的時代，趕緊將標本乾燥以利保存是重要的；但同時，在植物尚新鮮時將其真實樣貌繪出，也同等重要。

過去，前往海外探險的科學者，通常會攜帶不止一名繪圖師，這是為了防止船途病險，導致繪圖師折損，所想出來的辦法，顯見科學者與科學繪圖之間相互依存的重要性。通常，植物的科學繪圖是依據實際剛採集的物種或標本來繪製，在此過程中，植物學者會針對要強調的重要部位，或者該植物為何會成為新種的重要特徵，提示繪圖者做更細部的表現。經過無數次的往復修正後，才成為現今我們在植物雜誌、植物誌上所看到的植物圖版（Plate）。因此，當我們回到早田在《林奈雜誌》刊登的臺灣杉圖版，經比對其標本後，就會在這張科學繪圖上看到若干超出標本的「弦外之音」。

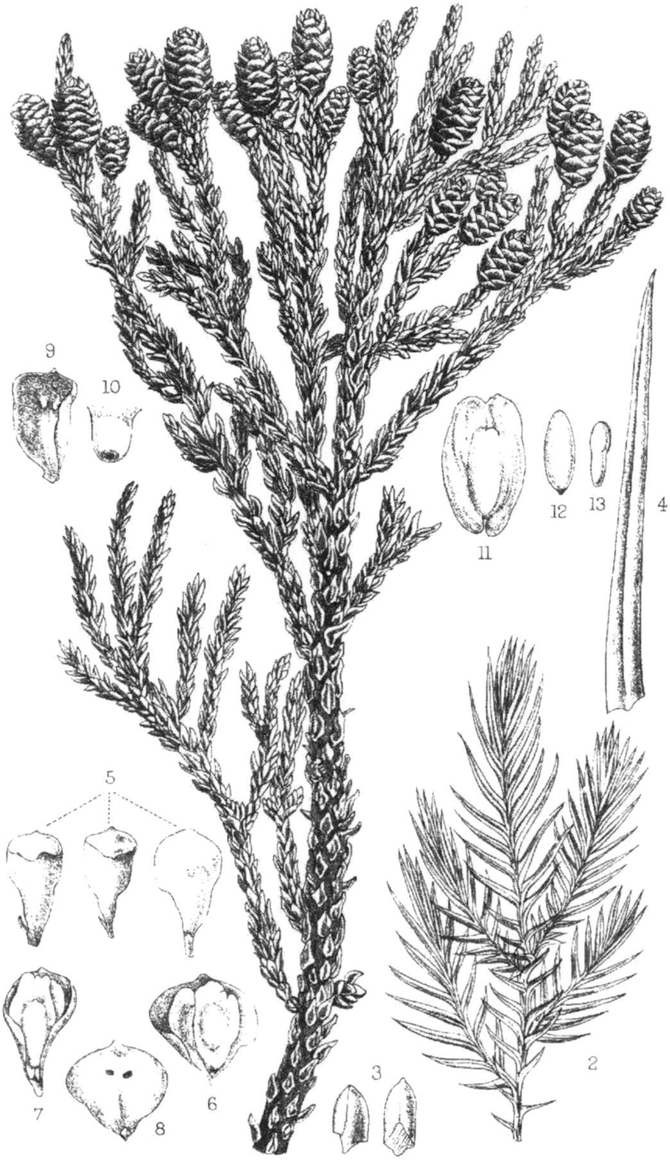

圖 2◥早田文藏發表於《林奈學會植物學雜誌》的論文後方所附的臺灣杉繪圖。

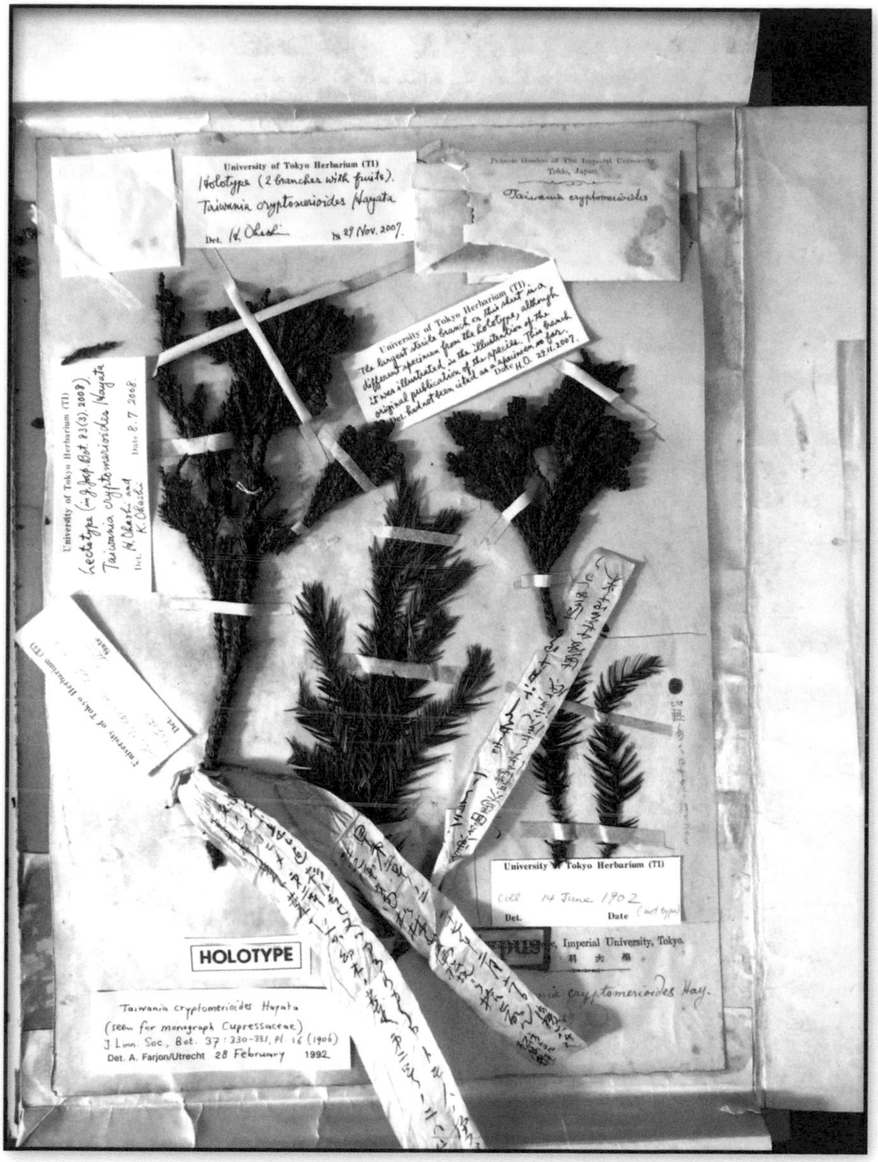

圖 3 東京大學小石川植物園所藏臺灣杉（*Taiwania cryptomerioides* Hayata）模式標本。

首先，以圖2圖版來看，這張必定經過無數次修改，其畫面正中是長滿毬果的飽滿成熟枝，周邊不規則的空白處則是數種毬果內部構造，也就是上述早田提到他認為異於日本杉的細部構造。右下角的空白處，是一段營養枝。

接著，如果將這份圖繪與實際的標本比對，還可看到標本擺放的位置與圖版安排是不同的。圖3標本上的植物枝條和標籤，遠比植物圖版來得「多且複雜」——這些大都是早田的思考痕跡、比對方式與其他資訊，但在講究清晰的植物論文訴求下，這些雜訊「被刪除了」，調整後的繪圖成為一份精美且結果清楚的圖版，呈現在世人面前。當然，這並不是意味著早田刻意刪除雜訊，而是兩者的目的不同：論文講究的是清晰有力的結果，而標本是植物學者更近身且第一手的觀察，兩者在製成過程與表現上，原本就有不一樣的角色與意義。

在圖3標本上，我們仍可看到以毛筆寫上的採集字條（圖4），被悉心地綁在臺灣杉的枝條上，這很有可能是一百多年前小西成章的第一手採集記載。植物從在樹梢上的生鮮狀態，到採集者採集、壓乾、上台紙、進入分類學者的桌上等待鑑定，這是一個漫長的過程。採集者為了保存這些資訊，不致混淆與遺忘，勢必會邊採集邊做筆記與標註，方便記憶與回溯。

為了方便比較各地及不同種植物的差異，這份標本在「視覺」上也相當有趣。標本左側是綁著紙條的臺灣杉枝條，紙條上寫有該植物的基本資訊，明確地記錄採集地點在「林杞埔烏石坑」，時間則為明治三十七年（一九〇四）二月。中下位置的營養枝也綁著紙條，寫著明治三十五年（一九〇二）年臺東方面馬太鞍溪上游溪底採集，並於一旁標籤紙上特別註明「not type」（圖４）。而最右邊的兩小段營養枝，其實不是臺灣杉，而是日本人過去最常將臺灣杉錯認的日本杉枝條。歷經百年，台紙上的配置至今仍留下相互比較的眾枝條，凝視標本，我們與早田共同體會了分類學者面對新植物多方「比對」的嚴謹與苦心。

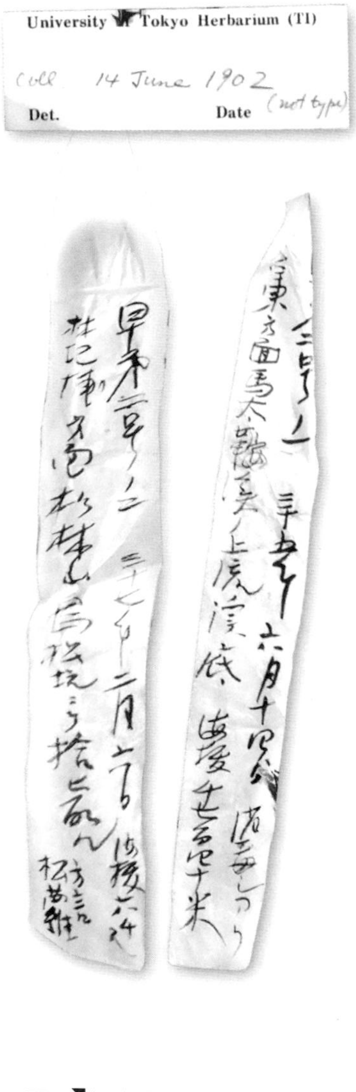

圖４◥標本上的紙條

小西成章的相片

早田在隔一年後的《東京植物學雜誌》論文上，更詳細寫下觀察臺灣杉的歷程。除了對自己的比對結果感到困惑，他還特別提到一件非常特殊的「小」事。他在這篇文章中，除了對小西、川上表示感謝外，還提到小西送給他一張臺灣杉矗立在臺灣山林中的「相片」（圖5）。早田將此相片一併刊出，好讓難以想像這株森林巨樹如何生長在臺灣中心地帶的讀者，可以一睹全貌。

早田即使發表令全世界植物學者吃驚、使日本與臺灣學界都振奮的臺灣杉，但他其實沒有看過臺灣杉自然生長在山林中的樣貌。這也就是為什麼，早田會特別提到小西給他的這張相片，由此可以一窺他內心無法言喻的激動。早田在文中說，過去他僅能依靠這些乾褐色的毬果與枝條來判斷這個新植物，對這種植物的「外觀資訊」是不清晰的。

身處二十一世紀的我們，大概很難想像，在那段旅行不方便、登山不是大眾旅遊且車路甚少的舊時代，植物分類學者的「資料來源」與「影像」是如何取得的？加上當時乾燥與保存技術沒有現代來得好，即使採集者已盡力保持植物壓平、乾燥的樣貌，但結果還是常常無法盡如人意。換句話說，雖然早田在這些乾扁的枝條與毬果中，看出了未來東亞明星植物的特殊性，但當他寫出這篇世界知名的論文時，其實並不知道這棵樹究竟長什麼樣子。

直到小西寄來相片，才讓他終於看到臺灣杉的真正模樣。一九〇八年，亦即早田發表臺灣杉的兩年後，他首次以植物學者的身分來臺（上一次來臺是他高中畢業時），如願以償地在臺灣中部山區親睹這棵令他成名的巨木。透過這些時代的情境與描述，我們始能得知一九一〇年代以前，植物分類學者的工作常態，這也是日治時期臺灣植物學一個很重要的特色：早期的植物學者大都時候是仰賴他人採集的標本來做專業判斷，想要親身經歷，是可遇不可求的。植物分類學者在無法即時看到植物真實全貌的情形下，只能依靠標本來鑑定。而在田野工作的採集者，則可提供植物的生育訊息、四季生長變化與特殊性觀察，兩相補足，缺一不可；至於相片，因為受限於氣候、人力、攝影資源條件，因此更是珍貴的資訊。

FEB. 1907.] HAYATA.—ON TAIWANIA AND ITS AFFINITY. 23

ped. alt., leg. T. KAWAKAMI et U. MORI, (Oct. anno 1906); Taitō: Taironkōsha, ad 8000 ped. alt., leg. U. MORI, (Nov. anno 1906).

A few lines here should be devoted to the description of the locality and of the whole tree. The accompanying photograph will give some fair idea of the habit of this plant. As was reported by Mr. N. KONISHI, the plant grows in the jungle

圖 5 早田投入臺灣杉分類研究，卻要幾年後才親眼望見臺灣山林中的臺灣杉。在此之前，是小西致贈早田一張臺灣杉相片，遠在東京的早田，才得知臺灣杉的全貌。

第三次補述：臺灣杉在一九一〇年代的紀錄

早田對此物種的困惑，不僅是坦承他在分類上難以判斷，或是沒親自看過這棵樹。其實存在更進一步的問題。臺灣杉雖然成為劃時代有名的植物，但當時累積的知識及資訊仍有許多不足，沒有想像中那麼順利。在林奈學會所發表的植物拉丁文特徵敘述中，雄花的特徵其實是以「問號」，也就是「不明」來表示的。而對照到標本，所有採集的臺灣杉枝條與毬果（通常有毬果意味著有雌花），其實沒有包含「雄花」。在物種發表後，一九〇七年臺灣杉已在殖民地臺灣頗具名聲，即使小西、永澤定一、川上等臺灣的採集者給了早田更多材料，但雄花的資訊仍是神祕不可得。有可能是採集者對開花時間難以精確掌握，沒有遇到雄花開放的時節，或是沒有得到足以作為「標本」的雄花。直到一九一一年，這時距《林奈雜誌》發表五年後，早田終於在《臺灣植物圖譜》第二卷（*Icones Plantarum FormosanarumII*）中，「第三次」針對臺灣杉做了補充敘述，將雄花的資訊補足。這是因為一九一一年佐佐木舜一和植松健終於採集到臺灣杉的雄花，並送給早田，這才終於為臺灣杉的植物資訊，補足最後一塊拼圖。

雖然這時日本在植物學的研究上，能力仍不能與歐美並駕齊驅，但不論如何，臺灣杉的發表確實是東方學者在西方世界嶄露頭角的契機。身為日本植物學者的早田，可以說憑藉著臺灣杉「入世」而得到了肯定，從此獲得世界植物研究圈莫大的矚目。而以「臺灣」為屬名的原生樹種「臺灣杉」，證明日本本土植物學者有走向世界的實力，且得到肯定的還是難度頗高的針葉樹研究，甚至是新統治的殖民地植物。

這些因素是歷史與科學的交錯混合，使得臺灣杉在臺灣歷史上的意義更趨複雜。往後，臺灣杉將隨著臺灣植物學術的主體性更趨確立，漸漸被賦予更多意義，漸漸成為大眾所知的樹種。不論是其高聳入雲的不凡身姿，在民族植物中還被稱為「撞到月亮的樹」，或是從臺灣史追尋臺灣杉的崛起，人文、歷史與科學交會，涵蓋了時代的刻痕、植物學者的困惑、許多採集者的努力、與世界的交流，以及在殖民情境下複雜的隱喻，再延伸至今成為象徵臺灣科學的代稱，這也是二十一世紀的臺灣生態不斷在追尋及對話的目標——與地方連結，與歷史連結，也與世界連結。

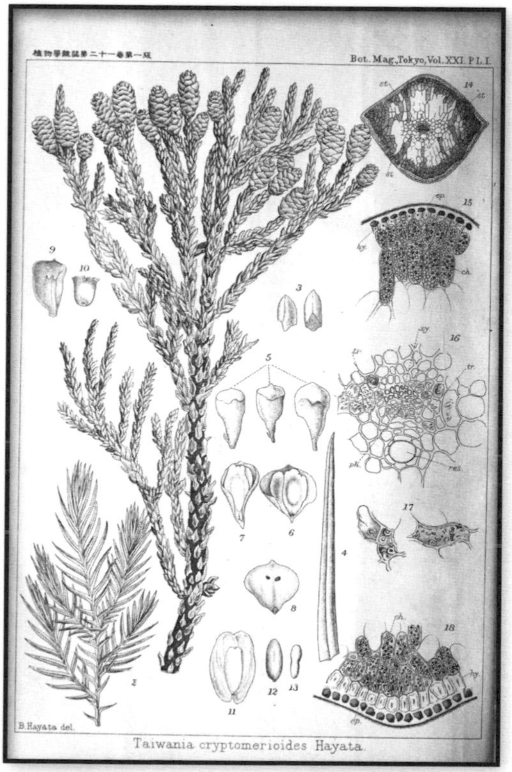

圖 6 早田文藏在 1907 年《東京植物學雜誌》中所附的臺灣杉圖版，已比《林奈學會植物學雜誌》的圖版更為精細。

第七章

莊勝全

殖民地少年的朝聖之旅

葉盛吉的修學旅行及其人生

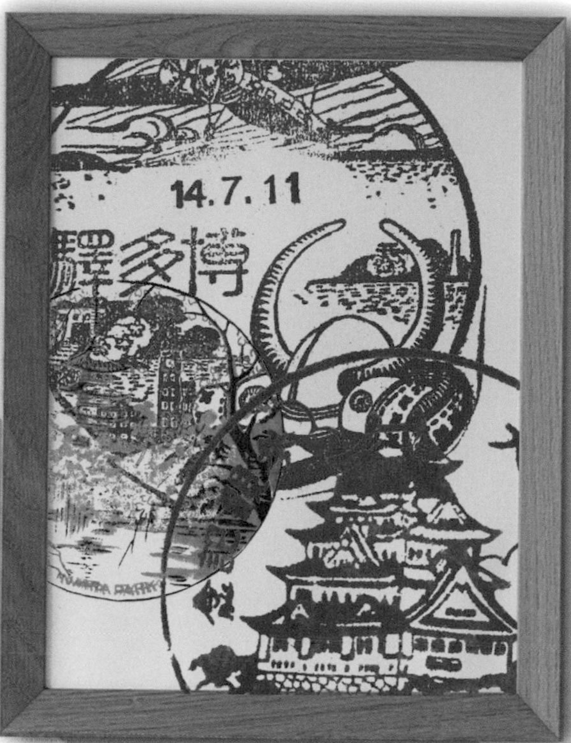

日治時期近代學校教育中具有濃厚教化意涵的修學旅行，乃是制度化的旅遊活動與近代教育體制相互交織下的成果。而在充滿帝國象徵元素的擬製旅程中，學生們懷著興奮喜悅的心情在各個知名旅遊景點所蒐集的旅遊紀念圖章，更是此種富含教育意義的旅遊型態之體現與見證。

本文即透過一系列前後連貫且具有特定時間序列的旅遊紀念章，介紹臺南第一中學校於一九三九年七月，所舉辦前往日本進行為期一個月的海外修學旅行之經過與見聞，並描述這趟類似畢業旅行性質的長途旅行，如何深刻影響一位在中日戰爭的「戰中期」經歷完整的國家教育與人格養成，而在戰後掙扎地面對領土與政權轉移的殖民地少年之人生軌跡。

中學四年級的夏天，由地理科的內田老師帶我們到日本旅行。第一次目睹日本的美麗與繁榮，在我的心中產生了對日本強烈的憧憬。恐怕這是一生中最能滿足好奇心的一次，快樂與感激之情，也是一生之最。或許是十七歲的年齡使然也說不定。事實上，日後我去到上海旅行，儘管也是初履之地，但對於初睹之物的好奇心，相形之下已然淡薄。日本之旅，是充分滿足了我年少時日的好奇心的一次旅行。京都、奈良的名勝古跡，東京、大阪的繁華，還有那閃爍眩目的霓虹燈，時時縈繞在我的腦海，在歸途的船上，每一回想，離愁之情，油然而生。（一九五〇、一〇、二五寫）

——葉盛吉，〈自敘傳〉，一九五〇

「時間恐怕不多了！」一九五〇年十月二十四日，被關在青島東路上臺灣省警備總司令部軍法處看守所第二十七號押房的葉盛吉，趕忙動筆寫下回顧其人生歷程的遺書〈Autobiography（自敘傳）〉。這時，他年僅二十七歲。

就在三天前的十月二十一日，「臺灣省工委會鐵路部份組織李生財等叛亂案」（簡稱「鐵路案」）的李生財、張添丁等臺鐵員工，因涉嫌被中國共產黨臺灣省臺北市工作委員會委員吳思漢、李水井等人吸收，而遭到槍決。與此同時，涉入「臺灣省工作委員會學委會李水井等叛亂案」（簡稱「學委會案」），於一九五〇年五月二十九日被逮捕、同年九月十六日判處死刑的葉盛吉，聽聞鐵路案被告已遭正法的消息，意識到歷史的齒輪已然轉動，估量自身亦來日無多，決定著手撰寫〈自敘傳〉。

考慮到尚未完篇就被槍決的可能性，葉盛吉捨棄在獄中撰寫書信較常使用但並不熟悉的中文，選擇慣用且擅長的日文，用四天的時間，至十月二十七日上筆寫下兩萬餘字的〈自敘傳〉。傳記內文以「獻給忍苦的淑姿，及尚未相見的可愛光毅」結尾，表達他所要傾訴的對象，是結褵未滿一年的妻子郭淑姿，以及剛在十月二日出生，卻終身未能相見的長子葉光毅。

葉盛吉之所以如此年輕便要迎接生命的終局，與他的人生抉擇和思想軌跡密切相關，而這一切要從他在〈自敘傳〉中所描述的，就讀臺南第一中學校四年級時，到日本進行「一生中最能滿足好奇心的一次，快樂與感激之情，也是一生之最」的修學旅行談起。

殖民地「少國民」的養成

葉盛吉在一九二三年十月二十五日出生於臺北，父親為出身臺南鹽水葉家的葉錦文，但出生不久，生母便患染熱病過世，於是過繼給膝下無子的族叔葉聰而成「過房子」。當時葉聰於新營的鹽水港製糖株式會社人事課任職，葉盛吉便在糖廠的日式宿舍長大。

承襲自鹽水的家族文化，葉家的年中行事與歲時祭儀仍遵循漢人傳統，但因為宿舍周遭大多是日本人鄰居，所以葉盛吉的童年過著日臺混合的生活方式。

一九三〇年四月，葉盛吉在殖民地教育體制的規範下就讀新營公學校後，才開始接觸到較多同齡的臺灣人學童，〈自敘傳〉中曾提及「我的周遭大都是日本人，對於沒有玩伴的我而言，上學校是和社會發生關係的開端」，「公學校的朋友中，雖然也有相當交情的人，但因為我的環境的關係，大體上我仍然是孤立／獨立的」。葉盛吉在公學校的成績非常出色，特別是喜愛閱讀日本少年雜誌《少年俱樂部》之故，使他的日文能力較其他同學為佳，並曾代表學校前往臺南參加日語演講比賽。此外，繪畫也是他的長項，但體育與音樂卻不甚在行。

然而，一九三六年自公學校畢業的葉盛吉，仍因日語能力不足而未能考取臺北高等學校尋常科，從而選擇入學臺南州立臺南第一中學校。即便如此，他仍是該年新營考上臺南一中的四名臺灣人學生之一。

入學典禮一結束，葉盛吉便入住學校宿舍，他自言「這是我首度離開雙親。我因為畢業自鄉下的公學校，日本話並不流利，在都是日本人的學寮生活中非常辛苦。不過這對我是一種很好的試煉」。宿舍生活有助於葉盛吉學習聽講日文和了解日本的風俗人情，及至中學三年級，葉盛吉更短暫搬離宿舍一年，到臺南公園附近的日本人家庭寄宿，對他練習日常生活會話及適應日式的家庭生活，有極大的幫助。

葉盛吉開始接受近代教育的一九三〇年代，正好是殖民地臺灣自一九二〇年以來風起雲湧的反殖民運動由眾聲喧譁走向分裂沉寂之時。當時日本在臺灣的殖民統治已邁入第四個十年，在農業改良、工程技術與經濟發展方面均獲致一定成果，處於統治轉趨穩定、社會亦較平和的安定期。反映在殖民地教育上，則是就學率顯著提升、近代學校大幅擴張，而大規模的社會教化和戰爭動員的前置措施也逐步啟動。葉盛吉中學生活的各種活動，正忠實地反映這種時代氛圍。

自一九三七年七月中學二年級的暑假開始，葉盛吉便至臺南飛行場接受滑翔機的訓練，後來他已經能在天空中遨翔數小時，並做出三度大迴環的特技。一九四〇年八月，他更通過二級滑翔機航空士的證照考試，並於九月第一回全臺灣滑空競技會上登場。

一九三八年七月，葉盛吉參與了臺南一中為了讓學生認識海洋、熟悉水性，所安排為期一週的「澎湖臨海教育」。除了游泳訓練外，也參訪了日本海軍基地馬公要港部。

臨海教育是葉盛吉人生首度搭船離開臺灣本島，一九三九年中學四年級的夏天，他與班上同學又在地理老師內田勳的帶領下，第二度離開臺灣前往日本進行修學旅行，前後共計二十一天。

修學旅行原是日本在近代國家教育體制下，為了充實學生身心和校園生活，將旅行賦予教育意義而舉辦的長時間長途旅行。進入戰爭時期，修學旅行更兼具涵養皇國精神、實踐皇民化教育

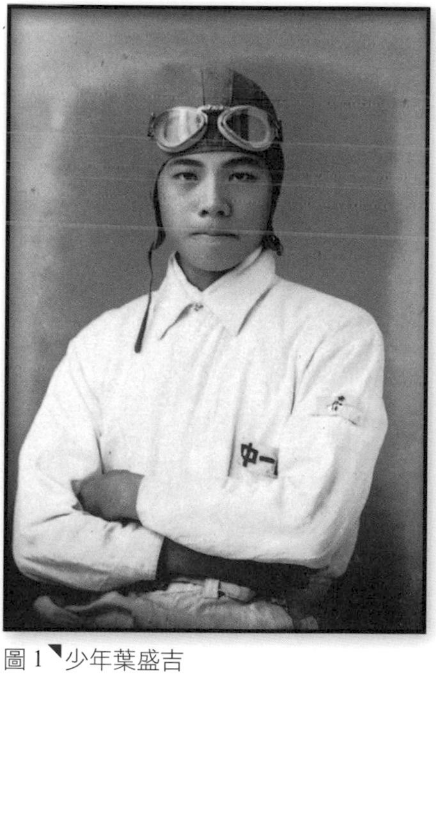
圖1 少年葉盛吉

的意涵，而成為一種培養國民精神的朝聖儀式。葉盛吉的修學之旅，便正因為深具國家主義的性格與傾向，而深刻影響了他的求學之路與人生軌跡。

值得一提的是，一九四〇年以後隨著戰火漸趨激烈，為了學生的安全考量，臺灣總督府全面取消渡海至日本參訪的修學旅行。換言之，葉盛吉此行是日治時期臺南一中所舉辦的最後一次內地修學之旅，若是晚一年入學，他的人生勢必截然不同。

心思細膩、多愁善感，勤於動筆記錄生活周遭的葉盛吉，為了完整收藏這趟長途跨境旅行的回憶，不僅在日記上細緻地描寫旅途的經歷、體驗、情緒感想與心境變化，更特別的是，每到一地，他都會在當天日記上蓋上各式各樣的旅行紀念章，總數達二百三十一個。

這些再現各地著名景點與地方特色的紀念章，樣式多元、色彩豐富，雖然某些圖章的元素與圖案時至今日仍大同小異，但圖章上每日不斷變更的註記日期，讓每個蓋印下去的圖章都成為最獨特的存在，得以在不同的時空下展現不同的紀念價值。紀念章搭配葉盛吉的文字書寫，讓呆板的日記瞬間化身為圖文並茂的遊記，帶來大異其趣的風貌和閱讀體驗。

自帝國玄關航向內地

一九三九年七月九日半夜，葉盛吉和班上同學一起搭乘夜行列車從臺南啟程北上。窗外一片漆黑，除了少數翻閱雜誌的旅客之外，多數人都在激烈搖晃的車廂裡昏睡著。列車行經桃園楊梅的伯公岡後天色逐漸明亮，而後在清晨抵達基隆。

基隆原為傳統漁港，日本領有臺灣後看重其區位特性，積極進行各項調查與投資，整建交通和築港設施，將基隆打造為重要的貨物進出港及臺日航線的主要港口，而成「帝國玄關」。

葉盛吉一行，便是由基隆搭乘日本知名的航運商大阪商船株式會社經營的蓬萊丸❶出航。在出港之際，恰好與兩艘不敢張旗航行，只在船身畫上旗幟的英國船隻擦身而過，據說這是為了避免遭受空襲的替代作法，葉盛吉彷彿聽到戰爭逼近的腳步聲。

過了正午，已在身後的臺灣島在海面上若隱若現，而後四周更只剩一望無際的洋面和飄著白雲的藍天。傍晚時分，海面被染成一片深藍色，葉盛吉驚覺「這是太平洋著名的黑潮！」眾人於是高聲哼唱頌揚帝國海軍的〈太平洋進行曲〉。到了晚間，葉盛吉仍難掩興奮之情，在日記上寫下「有一支能將中國悠長的海岸線封鎖的帝國海軍是多麼值得慶幸的事，如今有了深刻的感受」作為首日總結。

隔日海水依然藍得發黑，不同的是東方洋面上逐漸浮現南行的船隻，夜晚也彷彿可以看見燈塔的亮光，即將抵達日本的感受

❶

本篇的❶符號，代表文中有對應的紀念戳章。

越來越明顯。七月十一日清晨五點，蓬萊丸行經長崎西側的五島列島，東邊可以遠遠望見九州本島連綿的山脈。正午時分，終於抵達北九州的門司港，登陸後旋即前往被四處林立的煙囪熏得漆黑老舊的門司車站，搭乘火車前往位於福岡的博多。「火車沿著海灣行進，是和臺灣大異其趣的另一種美景，和高雄附近的景色也有幾分相像。房屋都是日式房子，有靜寂沉穩的風情，越發給人來到內地之感。」葉盛吉這才確實感受到他已然踏在殖民母國的土地上。

下午四點半抵達博多❷，第一眼的印象是電車來來去去、電線在半空中繞來繞去，以及路上行人熙熙攘攘。到達車站附近的投宿地點東洋館放置行李後，在旅館嚮導的帶領下搭乘電車遊覽博多市區，並前往東公園觀覽曾任第七任臺灣總督的明石元二郎的銅像，及參拜已有四百餘年歷史的官幣大社筥崎宮，晚間十點返回旅館就寢。葉盛吉稱讚博多「不愧是人口三十萬的都市，卻沒有太多大型的建築」。

❷

九州見聞

不同於前三日大都在船上、旅途中奔波，七月十二日在日本的修學旅行才算正式展開。上午九點半自福岡搭乘火車前往長崎③，葉盛吉觀察到「所經之地，不論再小的住宅區都有出征軍人的國旗高高地迎風飛揚」，午間在佐賀的肥前山口站換車，行經有明海的海岸與諸多隧道後（最長的一個隧道歷時兩分半鐘），在下午兩點半抵達長崎，曾在臺南一中任教的兒玉太郎老師現身車站迎接一行人。

同樣先至車站附近的舞賀屋旅館安置行李後，便在兒玉老師帶領下，搭車參觀長崎市區，和以獨特狛犬像和祭典著稱的鎮西大社諏訪神社、被指定為有形文化財的黃檗宗禪寺崇福寺、江戶時代為荷蘭人居留地的出島，以及日本第一間天主教教堂大浦天主堂等處。

「長崎此地名聞天下的特產，長崎蛋糕是也。」晚餐後的自由活動時間，葉盛吉想要一嘗長崎知名的甜點，於是約了同學西田忠國一起外出覓食，還特意詢問兒玉老師，得到「文明堂這家

③

店從前是不錯的，但現在的話，長崎蛋糕是福砂屋做的好吃」的建議，未料這席話「或許就是悲劇的起點」。因為文明堂就在旅館附近，且名聲響亮到在市區各處都看得到廣告招牌，但福砂屋卻位在遠處。

由於路途遙遠，途中葉盛吉不但迷路，更和西田走散，所幸遇到同樣在找路的許瑞後、片山重一、前野光雄三名同學，不死心的四人決意非吃到福砂屋的蛋糕不可，在到處繞路又問路五次，兼強行穿越電車軌道而挨了車掌一頓罵之後，終於抵達福砂屋，此時葉盛吉的腳底已起了水泡。

鬧劇還沒結束，他們將買到的長崎蛋糕帶到一家名為「觀光」的大食堂享用，葉盛吉又點了一份冰淇淋要配著吃。沒想到冰淇淋不但不夠冰又過甜，搭配長崎蛋糕吃起來甜膩不堪，不得不再向店家索要一杯冰水解膩止渴，最後只好狼狽搭乘電車返回旅館。

七月十三日上午九點，葉盛吉一行搭乘巴士前往位於九州中西部的島原半島，造訪長崎縣境內知名的火山群雲仙岳④上的「雲仙天草國立公園⑤」。一路上，車掌詳細解說當地虔誠的基

④

⑤

督徒因為和幕府對抗，最終選擇從容殉教的悲壯故事；而雲仙岳附近所產的雞蛋，則為供應製作長崎蛋糕的原料。當晚留宿國立公園內海拔七百公尺高的宮崎旅館，一放完行李，葉盛吉便與沖沖地和同學前往攻頂雲仙岳的最高峰普賢岳，他落筆形容：「東邊是美麗蔚藍的有明海，遠方是霧島的群山，我們一路走來的山在西邊，風景怡人。天色澄藍，雖有雲飄來，視野仍然開闊，可謂美景，但對於沒見過此景的人到底是難以言傳的境界。」當晚他回到旅館泡了溫泉，一掃連日來的疲累。

七月十四日上午九點二十分，眾人搭乘同一輛巴士，下山前往半島東岸的島原港，途中車掌又介紹了十七世紀上半葉，天草四郎率領農民對抗幕府兵的「島原之亂」。其後，他們搭上了九州商船❻經營的大型蒸汽船，於正午抵達熊本縣的三角港，再轉乘火車至熊本。他們在車站前的藤江旅館❼放下行李，就搭乘電車遊覽著名的熊本城，而後前往水前寺成趣園，並參拜園中的縣社出水神社。過程中，葉盛吉憶起新營公學校時期的恩師角田光男恰好出身熊本，瞬間散落滿地回憶。

七月十五日清晨七點四十分告別熊本後，搭上火車前往九州

❻

❼

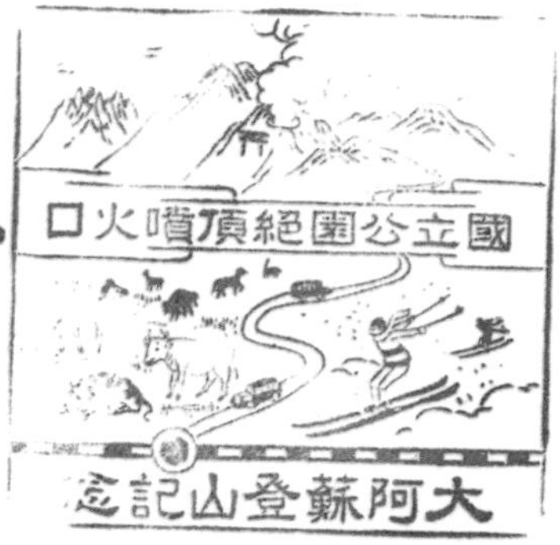

⑨

⑧

阿蘇山麓的坊中車站⑧，再轉乘巴士前往大阿蘇⑨參觀火山景致。眼見黃色的硫磺煙和黑色熔岩砂礫的景色，葉盛吉驚嘆「彷彿將地獄帶到了這個世界」。午間巴士返回坊中，續搭火車前往以溫泉著稱的別府，最終在傍晚五點前抵達，入宿可以眺望廣大別府灣的鶴田旅館。葉盛吉對別府的夜景留下深刻印象，然而「旅行的人是無法在一個地方多作停留的，昨日是熊本，今天是別府，明日又在船中，每日每時不斷變換的場所和風景都讓我們對旅遊不致生厭；山也不同，水也不同，所見的面孔亦不相同。我們所走的就是這奔忙的旅程」。

七月十六日是九州行的最後一天，上午九點半搭乘巴士前往「地獄巡禮」，葉盛吉一行依序參觀別府當地將不同溫泉打造成佛經所描繪的各色地獄：血池地獄、鬼石坊主

⑪

⑩

⑬

⑫

地獄⑩、海地獄⑪、白池地獄⑫、鶴見地獄等場景。然而，這些人造地獄遠不如阿蘇山天然地景所帶來的震撼。回旅館用完午餐後，下午兩點五十分便搭乘大阪商船⑬所經營的一千七百噸輪船「堇丸」號，向大阪前進。

關西之旅

眾人在船上過了一夜，七月十七日上午八點航抵神戶，九點半駛入大阪港，上陸後轉搭市營路面電車前往旅館「西大河屋⑭」。稍事休息後，一行人前往參觀大阪城⑮天守閣的歷史館、造幣局與大阪朝日新聞社，並於報社屋頂拍攝紀念照。當時坐擁三百萬人口的大阪城市風華深植於葉盛吉內心，「夜裡的大阪是霓虹與人的世界；大街上，電

⑮

⑭

16

17

18

車、汽車成排行走。代替交通巡查的警戒燈（信號燈）一變綠，就換人們從街道這頭聲勢浩大地穿過。道頓堀的繁華相當驚人，幾乎是摩肩接踵的人潮，霓虹燈變換著紅、藍、黃、綠！唯一稍感不足的是百貨公司七時就關了門。」葉盛吉的遺憾來自於穿插在愉快旅程中的戰爭陰影，自十七日晚間至十八日上午，近畿地區正如火如荼地進行防空演習和爆彈預演。

隔日上午九點半，葉盛吉等人前往參訪大阪市立電氣科學館，並於六樓觀賞星辰劇場（planetarium）電影。十一點過後返回旅館領取行李，搭乘市電前往正在新建工程的大阪車站，坐上車速驚人的直達列車，於下午一點前抵達京都。

將行李交由投宿的松家旅館所派來的摩托車運走後，直接搭乘火車前往京都市郊的

19

20

22

21

伏見桃山御陵[16]，恭敬地參拜明治天皇、皇后，接著前往乃木神社[17]，這裡奉祀的是曾任第三任臺灣總督並為明治天皇殉死的乃木希典大將。而後再搭乘京都市電返抵市區著名的佛寺建築三十三間堂[18]，再前往祭祀豐臣秀吉的豐國神社，並一覽方廣寺令人驚奇的大鐘，後續又至清水寺[19]俯瞰三十公尺深的山谷，下午四點馬不停蹄地前往正為了紀念來年的「皇紀兩千六百年」而增建中的官幣大社平安神宮[20]。傍晚五點前搭乘市電返回旅館，「途中經過鴨川，河川中央有小小的水流潺潺地流動。京都河水的清澈是有名的，沿著河岸又都種著柳樹，景致甚好。清靜的自然加上山紫水明、令人沉靜的風光，或許就是京都此地出美人的緣故吧！」

七月十九日主要在京都進行史蹟巡旅，八點半搭乘市電至京都御所，參訪紫宸殿與

23

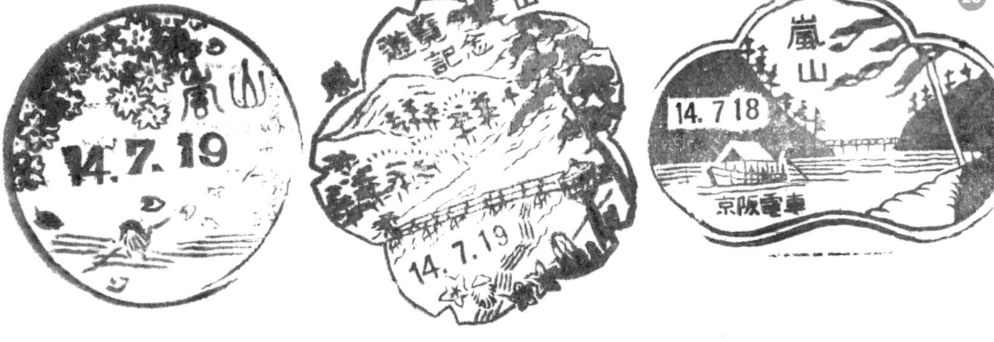

各處御殿、御門，而後前往曾為德川家康居城，大政奉還後成為離宮的二條城㉑，接著再到通稱金閣寺㉒的鹿苑寺，觀賞鏡湖池庭園景致與寺旁足利義滿的茶室「夕佳亭」。正午十二點搭乘省線電車前往嵐山㉓，便解散吃午餐與自由活動。一點半搭省電返回市中心後仍為自由活動，葉盛吉前往大丸百貨店，滿足吹著冷氣逛百貨公司的念想。傍晚五點告別有深厚歷史底蘊的京都，搭乘火車前往同樣歷史感十足的奈良，「六時十五分抵達奈良，連車站都有古風。出了車站首先感覺到這裡沒有電車，連汽車都很少見，是個寂寥、沉靜的城市。沒有大樓，平房或兩層樓的建築很多，是個深具古意又寧靜的城市。」當晚他們投宿在柳樹成蔭的猿澤池畔一家名為「魚佐」的旅館，同樣在修學旅行途中的嘉義中學校學生也投宿於此。

㉔

㉕

㉖

後續兩天是密集參觀文化國寶和參拜國家神道為主的行程，可說是此行的重點。先是七月二十日清晨在導覽人員的帶領下，遍覽猿澤池㉔、奈良公園、鹿苑、春日神社㉕的石燈籠、正倉院寶庫、東大寺（七重塔）㉖、法華堂、二月堂、良弁之杉、興福寺五重塔㉗等名勝古蹟。接近十一點時，又前往全世界最古老的木造建築法隆寺。下午二時過後，再前往奉祀第一代神武天皇，且同樣為了迎接皇紀兩千六百年而大興土木的橿原神宮㉘。葉盛吉等人在老師帶領下，在三點四十分展開奉仕㉙工作，認真幫忙搬運神社內的板材，以親身勞動來表達對於日本皇室起源地的敬畏之心。接下來，前往車站喝水以讓汗水淋漓的身體休息，再搭乘五點半左右的特急電車趕往三重縣伊勢市的山田，晚間七點抵達，入宿車站附近的宇仁館。

㉗

㉘
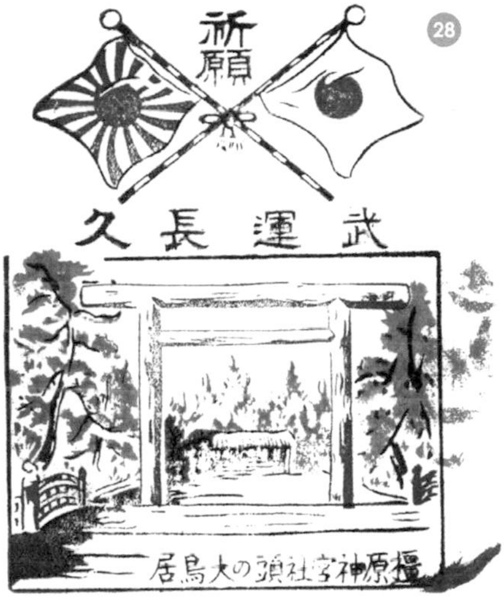

㉙

30

七月二十一日為了接續參拜日本皇室宗廟伊勢神宮，眾人於清晨五點起了個大早，而後按照儀式規定先參拜主祀豐受大御神的外宮（豐受大神宮），再搭乘電車前往參拜奉祀日本皇室祖先天照大御神的內宮（皇大神宮）。葉盛吉不僅「被這神祕的莊嚴所震懾」，走過宇治橋下的五十鈴川時，還「用手輕掬這水，感覺冰涼，就在那一瞬、那一剎那，心只單純地清明而透徹」。參拜結束後，又匆匆趕搭九點半左右的火車，長途跋涉前往位於靜岡的熱海30。列車在一點前抵達日本第三大都會名古屋，在此換乘急行車前往熱海，在抵達終點之前，會行經通過時間長達七分二十一秒的丹那隧道。下車時已是晚間，葉盛吉在投宿的常盤館31泡著溫泉、欣賞溫泉都市美麗的夜景。他們已鄰近關東地區，旅程也迎向最後階段。

31

33

32

告別東京

七月二十二日搭乘八點前的火車自熱海前往鎌倉32，先在由比濱眺望江之島與富士山，接著前往淨土宗高德院觀覽鎌倉大佛，更由小門進入佛身內部一遊，卻因為這天下大雨而覺得難受。而後搭乘電車前往鶴岡八幡宮與源賴朝之墓，接著再去官幣中社鎌倉宮（大塔宮）及護良親王御窟（土牢）33。中午結束鎌倉行程，搭乘電車前往橫須賀軍港，參觀聯合艦隊與海軍工廠，葉盛吉讚嘆「在這個大軍港橫須賀34，我們雖然冒著雨，仍然仔細地參觀了軍艦（二等巡洋艦木曾號），對於艦內設備整頓得一絲不紊，打從心裡折服」。下午四點再搭乘省縣電車直奔東京，晚間入住上野的宇仁館35，當晚有許多日本同學的親友前來迎接會面。出身臺

34

35

灣的葉盛吉舉目無親，只能孤獨跟著老師在街頭漫步，並驚豔於帝都的繁華：「燈火雖然已經減了不少，但東京畢竟還是霓虹之地，不只漂亮，而且很講究。電車來來往往，車速絕對很快。大樓很多，一棟又一棟地矗立著。東京是個美麗的地方。人潮一陣接著一陣。」

七月二十三日上午，眾人搭乘觀光巴士遊覽東京市區，先是前往關東大地震後重建的上野車站，並進入上野恩賜公園，後行經以「銀座之柳」聞名的柳之道（銀座通）前往新橋，再下車步行通過櫻田門與皇居的城壕，抵達二重橋前。回到巴士，前往象徵國家神道的靖國神社參拜，再沿途參觀陸軍省、大本營陸軍部、國會議事堂、各大臣官舍。接著參拜「參道旁都是茂密的樹」、「參道非常地長」的明治神宮，隨後前往位於赤坂乃木神社中的乃木希典故居，參觀乃木大將及夫人殉死的房間。再至位於港區的中國、俄國大使館，因為交戰關係，「中國大使館裡的人都搬走了，只有房子孤單地留在這裡。」午間在高輪的泉岳寺用餐，順道憑弔赤穗義士之墓。餐後前往芝公園，參訪園內的芝東照宮、增上寺和路旁的肉彈三勇士像。後續再車行經過近代設備完善的日比谷公園、東京車站、鐵道省、明治座、兩國國技館、震災紀念堂等景點後，下午一點返回宇仁館。下半天的自由活動時間，葉盛吉把握旅行的最後時光，和同學再到銀座等處走走。

七月二十四日上午八點，一行人搭乘電車前往新宿御苑參訪，其占地約為臺南一中的六倍之廣，並特地前往觀賞庭園裡為了紀念昭和天皇尚為皇太子的一九二四年所舉行的成婚大典，所搭建的閩南式建築「舊御涼亭」（臺灣閣），因為其建材完全使用來自臺灣的檜木與磚瓦。

正午搭乘火車前往栃木縣日光市[36]，將至目的地時，「周邊都是巨大的杉樹，彷彿自然原本的模樣，很有濃厚的自然氣息。」三點半左右抵達日光後轉搭巴士，前往位於馬返的中禪寺湖[37]。據聞在這座湖游泳會引發心臟痲痺，又因為鄰近華嚴瀑布之故，湖水不至於大幅增減。葉盛吉等人「乘汽船遊湖，水非常清澈，非他處所能相較」。可惜當日濃霧密布，不僅划船相當困難，也無法瞭望以山嶽信仰聞名的男體山。接近五點時，抵達位於湖邊、曾為德川家康祈求武運長久的國幣中社二荒山神社「中宮祠」，而後入宿附近的「蔦屋旅館」。雖時值盛夏，卻因位處海拔一千兩百公尺的高地上而不時有寒冷之感。

七月二十五日依然霧氣深重，清晨葉盛吉一行頂著寒冷，搭乘三百五十公尺長的

36

37

電梯下至華嚴瀑布38的深渦處，觀賞這個高低落差達一百六十公尺的大瀑布。因濃霧之故，取消原訂搭乘空中纜車前往展望台的行程，眾人直接搭乘巴士前往關東宗教重鎮日光東照宮參拜見學。八點半抵達後，先至輪王寺參訪一八九五年乙未之役病逝臺灣的北白川宮能久親王之御廟與護王殿，再參拜二荒山神社「御本社」，而後下坡前往主祀德川家康神靈的東照宮。走訪五重塔和宮內唯一未上色的白木造建築神殿舍後，再依序行經陽明門、御門與唐門，即抵達本殿。九點半結束見學賦歸，由巴士送至日光車站39，搭乘火車返回上野。列車駛離日光後，「眼前的景象和臺南雨後的平原有些相似，令人懷念，同時又想到自己與內地告別的日子也一天天地近了。」返回上野後，熱愛閱讀的葉盛吉在晚間特地走訪神田神保町的舊書店街區。

38

39

七月二十六日是旅途的最終日，當日上午八點離開宇仁館，前往日本政治的心臟國會議事堂，「參觀了眾議院，還有因為是從臺灣來的關係，特別讓我們參觀了預算採決會議的實況。」參訪結束後，直到晚間七點以前有很長的一段自由活動時間，葉盛吉意識到「終於到了要告別東京這個城市的時候。電車行駛的聲音、霓虹燈、人潮都要在今晚一次好好地收在眼底。已經走過許多次的這繁華的上野車站樓下，在今日尤其讓人懷念又傷感」。當晚搭乘電車由上野前往東京車站，而後換搭列車展開夜間的火車旅程，依序行經來時的橫濱、沼津、名古屋、大津、京都、大阪等地，在隔日清晨七點半抵達神戶 40。正午「那曾經讓我暈得七葷八素、久違的蓬萊丸」正式啟航，在海上航行三天後，於七月三十日返抵臺灣 41，這趟眼界大開的修學旅行就此劃下句點。

40

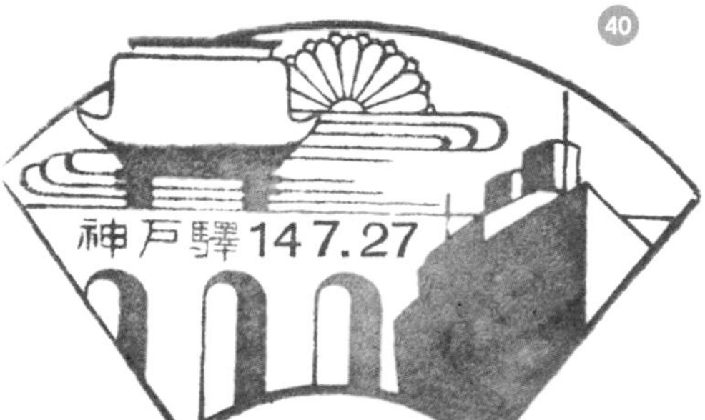

41

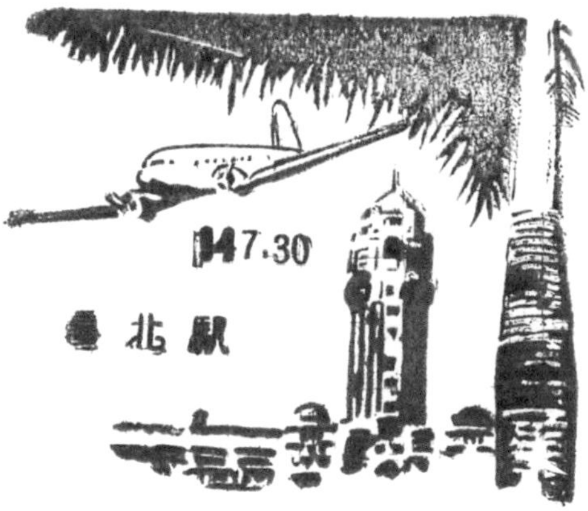

留學與終戰

此次連結臺灣與日本，具有國土巡禮意義的修學旅行所形塑的「內臺一體」感，不僅讓葉盛吉自承「在我的心中產生了對日本強烈的憧憬」，進而立下留學日本、考取進入舊制高校的升學窄門以戴上「令人嚮往的白線帽」，實現經由教育流動而被整合進日本社會的理想。而在修學旅行的過程中，不斷換乘各式輪船、交通船、火車、電車、巴士等交通工具的各種嘗試，也成為日後葉盛吉隻身前往日本應試、求學的先備經驗。

一九四一年自臺南一中畢業前，葉盛吉早已先行報考岡山第六高等學校理科，在二月下旬就獨自前往日本應試，因而缺席三月一日的畢業典禮，他的畢業證書與第二名成績畢業的知事賞，由養父葉聰代為領取。然而，他雖然通過六高筆試，卻在複試時敗北，同年五月投考臺北帝國大學預科又失利，在一中同窗好友郭朝三的鼓勵之下，決定前往日本補習重考，並於九月改名為葉山達雄。一九四二年二月再度報考岡山六高，同樣在複試鎩羽，之後進入東京的城北高等補習學校展開第二年的浪人生涯，且與郭朝三同宿一處、一起重考。

堅持待在日本求學的兩人，終於在一九四三年迎來新進展。葉盛吉在該年春天，考取校風相對保守、國家主義色彩濃厚的仙台第二高等學校理科乙類。剛入學不久，便在八月二十九日發生學長伊藤高殉職事件。伊藤高自東京帝國大學工學部畢業後，選擇入伍擔任海軍造機見習尉官，因所負責的工事無法如期完成，於是身著軍裝切腹謝罪。由於伊藤是畢業自仙台二高，且就學期間同樣住在宿舍明善寮一寮的學長，他的死亡成為葉盛吉心目中為了理想而殉道的一種典型，從而影響了他未來的人生選擇。

後來葉盛吉不僅誠心參與住宿生在每個月二十九日為伊藤舉辦的祭儀與追思活動，也自願擔任明善寮的幹部並熱心投入勤勞奉仕業務。甚至，他還一度沉迷於由思想偏激的二高師生所組織，結合反猶太主義與日本神道的「猶太問題研究會」（簡稱「猶太研」），熱衷響應日本的軍國主義。所幸，最終在畢業前被派往船岡第一海軍火藥廠進行戰時勞動服務時，親身體驗到戰爭的殘酷才逐漸醒悟。

至於郭朝三則未能順利考取心中理想的東京第一高等學校，因而在一九四三年選擇先入學東京物理學校夜間部，日間兼一高副手（戰前日本舊制學制裡的教務輔佐員）。後來，他選擇接受徵召加入日本海軍志願兵，被編入第四海軍經理部，以海軍軍屬身分前往南洋作戰，不幸在一九四四年七月的塞班島戰役中罹難。然而，郭家並未收到任何通知（日本政府遲至一九五四年，才發給郭家戰歿通知），自此完全失去郭朝三的任何音訊。

由於戰爭之故，舊制高校學制由三年縮短為兩年，因而葉盛吉在終戰前的一九四五年四月，自仙台二高畢業進入東京帝國大學醫學部。戰爭結束後，葉盛吉於一九四六年三月十二日，在臺灣同鄉會登記轉為中華民國國籍，接著四月二日自東京啟程返臺，並轉學至臺灣大學醫學院。

人生終局

葉盛吉萬萬沒有料到，闊別五年的故鄉，竟然呈現一幅政治腐敗、物價飆漲、社會失序、生活困頓的幻滅景象。他回到臺灣未滿十天，便在日記上用生硬的中文寫下「理想不能到、人生事事有錯誤、萬事不如意、心境不清涼，我後悔從東京回來」。

一九四七年二二八事件後，知識分子和青年學生對於戰後國民黨統治的不滿更無以復加，紛紛尋求改革臺灣政治前景與社會正義的其他途徑；同時中國共產黨也正以二二八事件為契機，透過「臺灣省工作委員會」（簡稱「省工委會」），大舉吸收對於意識形態特別敏感的知識青年。於此背景下，對於國家社會懷抱著理想與強烈使命感的葉盛吉，自然成為目標之一。一九四八年八月三十日，葉盛吉在同樣自東大醫學部轉回臺大醫學院的學長劉沼光吸收下，加入省工委會學生工作委員會臺大醫學院支部，一九四九年八月劉沼光逃離臺灣後，葉盛吉更成為支部負責人。

就在葉盛吉加入共產黨的這段期間，苦尋郭朝三下落的郭家，得知他在從軍後仍與葉盛吉保持聯絡，一九四八年十月二十五日，郭家長女郭淑姿為了理解兄長生前的狀況，趁著到臺北參加「慶祝第三屆光復節全省博覽會」的機會，得以與葉盛吉碰面，並獲得二十七封葉盛吉與郭朝三兩人往返的信件與明信片，成為兩人結緣之始。

一九四九年六月葉盛吉自臺大醫學院畢業，七月二十七日便與郭淑姿訂婚，後於十二月二十四日在臺南民族路基督長老教會結婚。兩人婚後聚少離多，一九五〇年四月三日，葉盛吉前往臺灣省瘧疾研究所潮州分所任職，但此時國民黨政權已開始大肆搜捕島內的共產黨員，葉盛吉也因涉入學委會案，於五月二十九日下午四點，在屏東潮州遭到逮捕。此時郭淑姿已懷有身孕，在葉盛吉被拘押在軍法處看守所期間，於十月二日生下長子葉光毅。

十一月二十九日，葉盛吉在馬場町刑場遭到槍決，結束短暫的一生。為了讓家人便於認領屍體，臨死前葉盛吉將領帶綁在腰間，裡面包裹著妻子郭淑姿為滿月的兒子葉光毅洗浴的照片，以及他自己的照片和妻子的照片，此外還有一本小聖經，而他寫給妻兒的遺書〈自敘傳〉，就夾在聖經裡。

〈自敘傳〉只有記錄到一九四五年八月終戰前日本時代的人生，至於戰後中華民國統治下的歲月，葉盛吉僅在全文最後一段寫下：「日本的戰敗和中國的勝利，以及臺灣的光復，無論在主觀上還是客觀上，都給我們帶來非常深刻的影響，而且一直持續至今日。」

圖 2 葉盛吉與郭淑姿的結婚照

第八章

形塑「好」農民

《豐年》雜誌漫畫中的行為規範

曾獻緯

《豐年》雜誌於一九五一年創刊，是政府推廣農業技術重要途徑，考量當時農村環境及農民閱讀的習慣，為讓農民能閱讀，引發其興趣，特別開闢漫畫欄位，寫實圖像搭配淺顯易懂白話文圖說，試圖跨越語言藩籬，吸引農民的目光。漫畫家用六格漫畫說一個故事，前半部反映農村現場實況，是官方欲革新的對象。愈到後半部愈具規範意圖，即官方期待農民行為指標，藉此形塑「好」農民的典範，預示理想行為的好處。

稻米是臺灣社會最重要的主食之一，也曾是大宗出口商品，使得臺灣稻米具有食物、商品的雙重特質。一九四九年底，中華民國政府遷臺，大量移民播遷臺灣，多數住臺北市，不僅水、電、菜均供給困難，短時間內也難以供應如此龐大的食米需求量，形成食米短缺的危機。與此同時，臺灣財政狀況岌岌可危，外匯存底告罄，甚至積欠國外銀行的外匯達一千餘萬美元。當時臺灣銀行開發的信用狀被外國銀行拒絕接受，進口物資來源幾乎中斷，政府急需輸出米糧來換取外匯，於是糧食增產成為國家當務之急。

政府為提高糧食生產，向農民宣導農業新知識，精進農民的生產技能，像是在稻作栽培的過程中，講究品種、栽培技術、土壤肥力、植物保護，進而提升糧食生產量，以解決糧食不足的問題。

政府推廣農業技術，《豐年》雜誌是重要途徑，其創刊於一九五一年，由美新處、經合署、農復會所籌辦，設定以農民為主要讀者，是深入農村的重要刊物，扮演政府與民間交流的重要橋梁。

豐年社考慮當時農村環境及農民的閱讀習慣，為了引發農民興趣，幫助他們閱讀，特別開闢漫畫欄位，每期都有圖文搭配的豐富漫畫，不論是連載或單篇都會採用寫實圖像搭配淺顯易懂的白話文圖說，通俗又貼近生活，試圖跨越語言藩籬，吸引農民的目光。這些漫畫既反映當時農村的實況，也看得出規範的意圖。接下來，我們來看政府如何利用漫畫搭配圖說，傳遞新知，並規範農民生產行為，提升農民生產知識與技術，促進糧食增產。

臺灣消息　　豐年　　中華民國四十年八月十五日　—2—

最光榮的義務

本省征兵十日開始

征集票已送各應征役男

本省征兵已自本月十日開始，民政廳已將應征兵額分配各縣市，確實征集日期則由各縣市自行決定。

去年春天，本省曾征集數千人入營，但當時征集的目的是做下級幹部，至於征召普通列兵的命令，這次所發的是第一次。這次所征召的是民國十七年與十八年出生，體格複查，列為甲上或未參加複檢的役男的一部分。

役男入營後，政府對其家族的生活問題，將給以合理的解決。省政府已經撥七百八十萬元作為新兵安家費，預定新兵每家族可得五百六十元，分兩次發放。此外，應征役男的家族，尚有享受子女免費入學，疾病免費治療，優先承墾公地，介紹職業，每逢端午，中秋，春節，發給優待谷二市石及其他慰問品等的權利，如遇意外災害及喪葬事故，尚可申請發放救濟金。

農廳舉辦三項競賽　希望農民踴躍參加

洗蔴　飼牛　養猪

洗蔴：農林廳及工礦公司已經會同擬定一種「精洗蔴增產競賽辦法」其要點如下：①參加資格：以產蔴鄉鎮為單位；栽培面積須有五十公頃以上，每公頃產量在一千公斤以上，能交出黃蔴或洋蔴的精洗蔴五萬公斤以上的。②寫競賽申請書於今年十月底以前呈送縣市政府，轉農林廳和工礦公司。頭等品佔比數等核定分數。③經過審查後在明年新春農民節給獎。對優勝者除由農林廳獎給銀盾外；工礦公司也將發給第一名蔴袋一千個，第二名八百個，第三名六百個，第四名四百個。

飼牛：農林廳為獎勵農民飼養優良種公牛，並改良牛種起見，已經擬定本年度畜牛改良繁殖的獎勵辦法，通令各地按照這個辦法去獎勵農民。這辦法是計劃在全省各縣市，獎勵飼養公牛一千五百五十隻，每隻發給獎金一百元。所以凡是各地農民養有體格壯健的種公牛，而且是合於標準的，都可以向各地方縣或市政府去申請領取。

養猪：農林廳已決定自八月一日起，到十一月底止，舉辦本年度養猪增產競賽。欲參加競賽的農戶要：①養猪至少三隻以上。②猪種須用純伯克夏（バークシャ）種或伯克夏的累進雜種。③六至七個月大。④重五十公斤左右為限。⑤參加競賽時限用兩隻。成績優良的將由縣市政府給獎。對成績最優良的，農林廳也將另外給獎鼓勵。又該廳為消除猪蛔蟲病，特購製畜蟲散四千包，分配給東西部種畜場，農業試驗所，農林改良場，以及各縣、市政府轉送各鎮公所或農會免費分發各地農民應用。

農林廳試辦　養殖吳郭魚

農林廳決定鼓勵本省中南部農民在水稻田裡養殖吳郭魚。今年計劃在第二期稻作時開始試辦，全省養殖十萬五千尾，已由省農會託高雄市農會向郭啓彰（就是最先由南洋帶該魚回本省的人）購買，價格是每壹百尾三元，飼養三個月以後，每尾可賣五角以上。假使試辦成功，明年將要擴大舉辦。（有關吳郭魚的詳細介紹請看本報第一、[illegible]村指導篇）。

高雄賽猪打破最高記錄

高雄縣旗山區日前舉行養猪競賽，內門鄉王天賜所養的猪得到冠軍。該猪體重每日平均增加一·九九臺斤，已經打破日治時代的毛猪增體重一·五臺斤的最高記錄。

可怕的鐵甲蟲　彰化區被害三萬甲

臺中與彰化兩地的水稻已經收割完了，這次因為受鐵甲蟲害，所以收成因受蟲害約減了一成。該兩地區發生鐵甲蟲害已經很久，其中彰化最為厲害，農復會以前雖然補助該地大量DDT殺蟲劑，但是因為災區廣濶，不够應用，於是，蟲害日漸蔓延，最初調查時被害僅為一萬八千甲，現在已經增加到三萬甲了。近來因為市面DDT粉甚少，所以防治工作比以前更困難進行，聞各學校學生正在利用暑假協助農民撲滅鐵甲蟲。臺中地區已經開始種稻，彰化方面要等候殺蟲清楚以後播種。

發展本省漁業　合作金庫將放漁貸

本省合作金庫為了扶助本省漁業發展，最近準備對南部和澎湖方面，貸放養魚貸款和漁業貸款，以促進增加生產。對南部的養漁貸款，總額預定為四百萬元。農復會認為這種貸款，不但應該要急速辦理，更應該將款額增加到五百萬元。所以現在這件事正在和臺灣銀行接洽中，等得到臺灣銀行的支持以後，就可以定期開始貸出，對於澎湖的漁業貸款，總額定為五十萬元，在本月內就可以開始貸放。

青蛙白鷺是朋友　勸你千萬勿捕食

青蛙和白鷺鳥，都是有益於農作物的動物；省政府也早就禁止捕取。但是近來在市場或菜館，仍常常發現有捕捉售賣的事情，這種故意違反政令，來妨害農業，實在可惡。希望大家互相注意禁止捕捉，來保護農業為要。

盟軍總部准日本購台鹽九萬餘噸

東京盟軍總部已經准許日本動用一百七十二萬美元來購買臺灣鹽。價格方面已與我國商定為每公噸美元十七元八角，這是在日本交貨價格，運費保險費在內。這項外銷的臺灣鹽共達九萬六千餘公噸，是臺鹽本年度輸出日本的最大批。

死狗放水流。結果猪咬牛

不久以前，高雄市曾發生一件瘋狗咬猪，猪發瘋再咬牛的怪事。在本省有一種『死貓吊樹頭，死狗放水流』的壞習慣。因此高雄市前鎮前日死一隻狗，那知道那隻死狗就是在高雄縣五甲鄉打死的瘋狗，前鎮區的野狗，食了這隻死狗肉後也就發起瘋來，這些野狗在未被打死以前，就已經咬傷六隻毛猪。其中四隻猪被投入河內，另外兩隻即被宰來賣，共有百餘人食了該死猪的肉，而瘋猪未死前又咬傷兩頭水牛，現在水牛已經被隔離起來，大家應該互相注意，來改除這種『死狗放水流』的惡習慣。

迷信要破除

圖1　《豐年》雜誌上除了新聞報導，也有各種農業知識、衛生教育資訊。

利用正條密植器

臺灣種稻的面積已達到飽和狀態，想要增加糧食生產的目標，當然必須從提高單位面積產量著手。在有限的土地內提高土地利用率，是糧食增產的關鍵。然而，戰後初期臺灣水稻的單位面積植株數均是疏植，卻由於稻株分蘗過多，造成青米與未熟米混合甚多、米質惡劣，單位面積產量甚低。「密植栽培法」即是利用有限的空間插入更多且密集的秧苗，進而使得單位面積產量增加的栽培法。

進行密植栽培需要密植器的輔助，在田中劃出整齊的格子，農民將秧苗插入交會點，可有效規劃田間有限的空間來植入更密集且數量更多的秧苗，植株

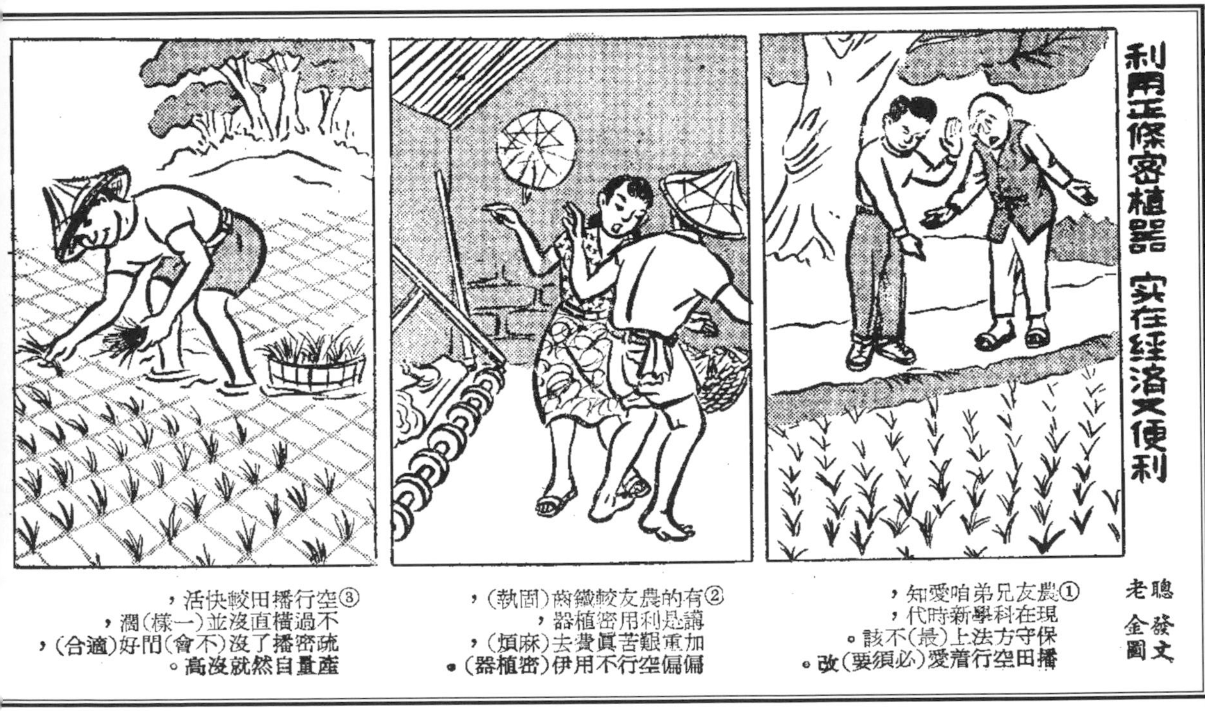

圖 2 推廣水稻正條密植器的宣傳（1960）

分蘖數增加，藉以有效利用土地，提高單位面積產量，增加農民收益。但是栽培密度提高，肥料的施用量勢必要隨之增加。但戰後初期，臺灣肥料十分缺乏、價格昂貴，農民若使用密植栽培，必會增加肥料的施用量與成本支出，導致農民沒有意願採用密植方式栽種。

政府為推行水稻正條密植器，在《豐年》雜誌刊登〈利用正條密植器，實在經濟又便利〉漫畫，漫畫中的人物、服裝、農具等均反映農家現況，利用淺顯易懂的對話，向農民反駁正條密植器費時又不方便的誤解，反而整齊的秧行可提升日後施肥、除草、除蟲等便利性與效率。同時宣導使用正條密植器的多種益處：水稻生育情形遠較普遍農家為優，既節省人力又能增加單位面積產

④一句實話嘉您報(向你們說)，
正條密植是真好，
無論囝仔(孩子)甲(和)老婆，
大家都攏呈好學(可以學)。

⑤正條密植來用起，
種種工作都順利，
無論除草或落肥，
耕田施肥好排比(很便利)。

⑥利用正條密植器，
實在經濟又便利，
冬時卜播(何時要插秧)隨心意，
免請人播真省錢。

量，鼓勵農民擺脫傳統的疏植耕作法，改採密植栽培法。套用現今的說法，這根本就是正條密植器的業配文，對農民來說，應該充滿了吸引力和說服力。

然而，新技術的推行往往只傳達新技術的益處，而忽略其負面的影響，例如密植栽培法會嚴重耗損地力，因而需要大量施肥。但在使用大量肥料的情況下，將會嚴重造成土壤酸化，是追求糧食增產過程的後遺症。

有毒農藥要注意

臺灣高溫多雨的氣候，提供了昆蟲及病菌滋生的良好環境，導致糧食作物極易發生病蟲害。戰後初期，農復會與農林廳合作實施病蟲害防治措施，由農復會自外國引進農藥，當水稻害蟲發生時，可撥發給農民使用，徹底驅除害蟲。然而，由於農民缺乏資料參考，以至於使用農藥的方法錯誤，經常發生農民中毒身亡的悲劇。

例如農民張阿清，在清晨攜帶殺蟲藥劑及噴射器至田中噴灑農藥，以清除稻熱病及蟲害。因為早上風力較強，他不熟悉農藥使用方式，竟逆風噴射，殺蟲藥粉被風吹進口腔，一個小時後藥性發作，在田間昏迷不醒。後經家人發現緊急送往醫院，但因中毒太深，到達醫院即宣告死亡。

圖 3◥《豐年》刊登的農藥廣告

甚至還曾發生誤食農藥致死的慘劇。農民黃阿爐家中平常備有各種農藥，其中農藥「安特靈」為白色粉末狀，外觀與麵粉一樣，有一天竟然誤把「安特靈」混在麵粉中一起煎韭菜，導致全家食物中毒，更因此而造成韭菜、白菜、蔥蒜乏人問津。農民許阿邦在農忙時期，把兩歲大的孩子放在家裡，無知幼童在家裡到處亂翻，誤把農藥當成糖粉而大量吞食，等中午時分阿邦夫婦從田裡返家時，兒子已全身發紫、停止呼吸。由於農藥中毒事件頻傳，引起農民驚慌，在使用農藥防治病蟲害時，無不提心吊膽。

《豐年》雜誌刊登〈有毒農藥要注意〉漫畫，具有強烈的規範意圖，用以勸導農藥正確的使用及貯藏方式，呼籲農民在噴灑劇毒性殺蟲劑時，必須穿戴防毒衣，防

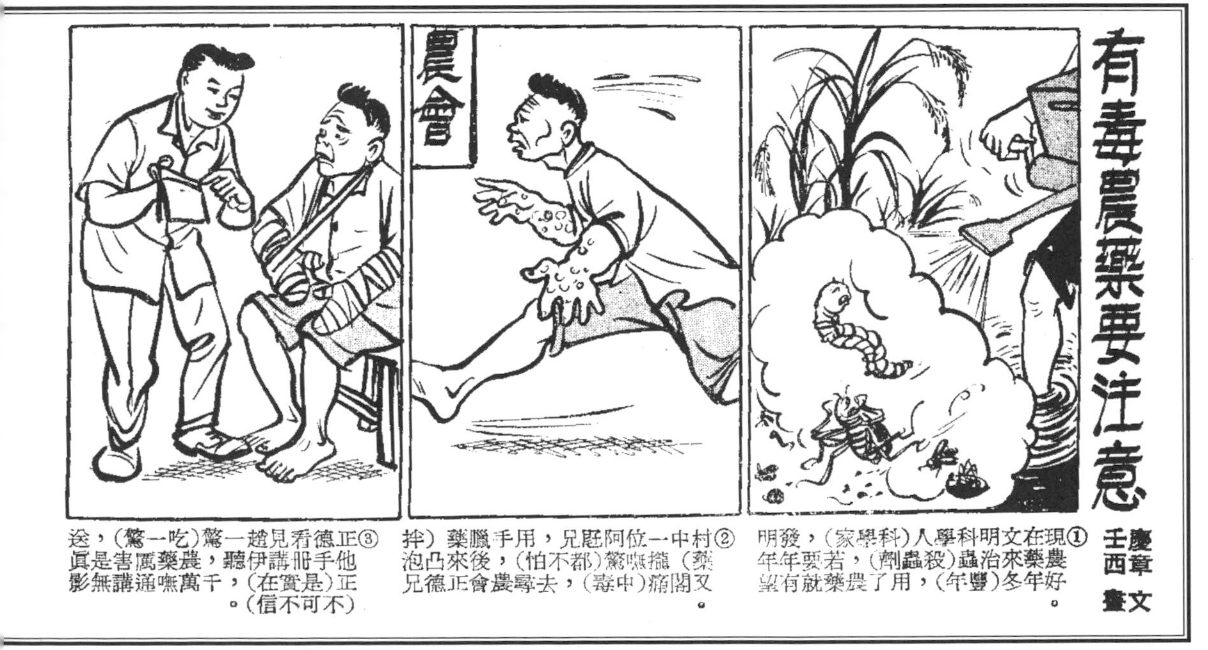

圖 4◥勸導正確使用農藥的漫畫（1957）

止藥劑經皮膚侵入體內，造成感覺神經或中樞神經中毒。此外，存放農藥要更為慎重，不得與食物混置，以避免家人誤食。透過漫畫形式來宣導，更能提醒農民注意，以減少意外事件發生。

糞間嘸通做房間

臺灣地處高溫多雨的亞熱帶，土壤中所含的有機質養分容易流失，加上可耕地每年休耕時間很短，因此造成土壤內所含的肥料消耗迅速。如果不適當補充作物的養分，生產力勢必會降低。而補充地力最常見的方法，就是施用自給肥料或化學肥料。

臺灣生產化學肥料的工廠因戰爭時遭受轟炸，廠房設備破壞嚴重，以致化學肥

④有毒農藥要注意，好食麵作（食用品）要收起，農藥若無收離離（要銷起來），誤食中毒就會死。

⑤噴射農藥要細字（注意），最好穿帶防毒衣，若無小心甲（與）注意，染着皮膚全無醫。

⑥大家小心共細字（注意），農藥嘸通（不可）來輕視，中毒不是無代志（無要緊），輕毒難醫重隨死。

（臺章先生：請示住址，以便奉寄稿費。）

料產量銳減或全部停工，面臨肥料供應不足的困境。為節省化學肥料的使用，農政機構鼓勵農民增產「自給肥料」，一來可減少化學肥料的使用量，二來節省外匯損耗，改善國家財政收支。

自給肥料可分為堆肥與綠肥，堆肥主要取自家畜及人類的排泄物，混合稻草、落葉、雜草等，於「堆肥舍」內發酵而成，在室內製造堆肥的產量高於室外約百分之五十。然而，戰後臺灣大部分堆肥舍受到戰爭破壞，都已不堪使用，農民無法自行修建，導致堆肥產量銳減。為此，農政單位補助農戶修護或新建堆肥舍的經費，或是補助農民購買水泥加固底座，避免肥分流出。

在堆肥舍逐漸修建完成時，卻發現堆肥舍的利用不甚理想，因為許多農民私下

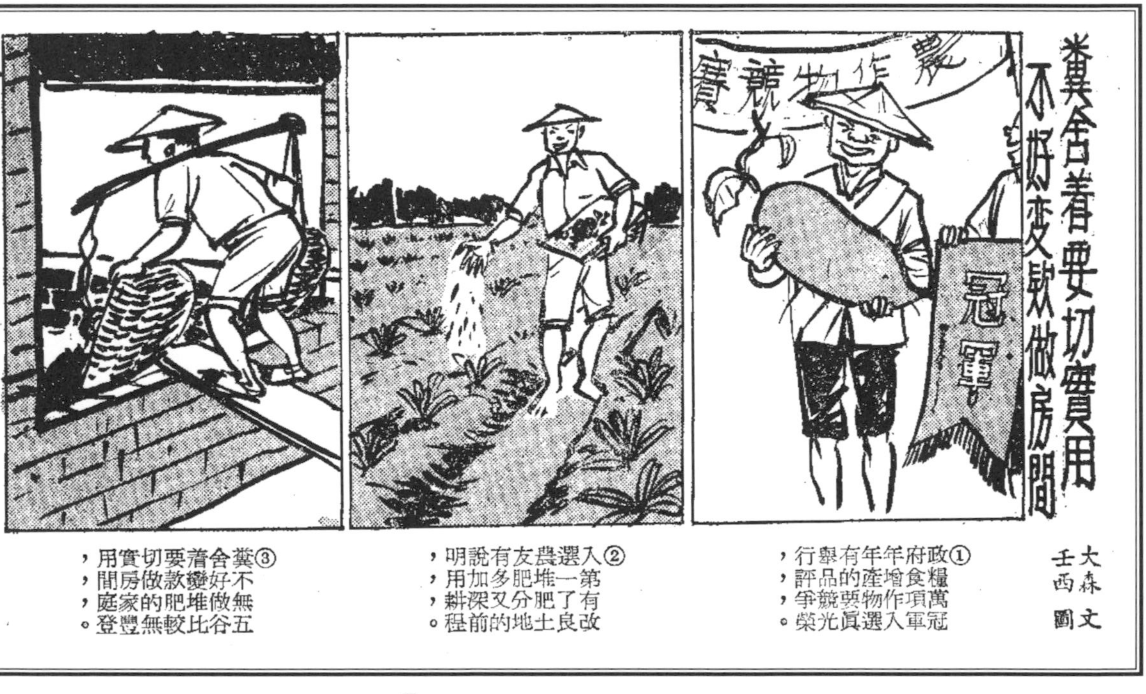
糞舍着要切實用
不好變欵做房間
農作物競賽
冠軍
①政府年年有舉行，糧食增產的品評，萬項作物與競爭，冠軍入選眞光榮。
②入選農友有說明，第一堆肥多加用，有了肥分又深耕，改良土地的前程。
③糞舍着要切實用，不好變欵做房間，無做堆肥的家庭，五谷比較無豐登。
大森 文
壬西 圖

圖 5　堆肥舍不得作為房舍的宣傳（1959）

將推肥舍當作房舍，使用率遠低於預期，此時再向農民追回補助金或徵收罰金都困難重重。農林廳及農復會督導各縣市政府及各級農會切實負責隨時抽查各農戶的修建情形，如有未照規定修建者應賠償全額補助金。

《豐年》刊登〈糞間嘸通做房間〉漫畫，呼籲農民勿將肥舍當作房舍使用，應該落實堆肥舍的原本用途，不得移作他用。此外，室外堆肥由於肥份容易流失，因此宜在室內堆肥來保持肥份，勸誡意味濃厚。

稗子嘸通當米賣

在稻作栽培過程中，常因花粉傳播，導致品種退化或混雜等不良現象。稻田內如果有異品種稻作，除了會耗損地力外，

④農家全靠農產品，所以做糞真要緊，農家產品是財根，大家做糞趕愛(應該)勤。

⑤堆肥做在糞間內，保持肥分者應該，屋外堆肥不好做，後日肥分全然無。

⑥堆肥做甲滿糞間，落糞田園有土(鬆)性，栽培作物真茂盛，農村增產國家興。

也會阻礙水稻生長。更深的影響是收割期不一，造成稻米品質低劣及產量降低。除了異品種侵入，稗草也是常混入稻田間的作物，稗草生長初期的外觀與水稻相似，難以區分。除了會消耗田間肥力外，收成時稗粒常會混入稻穀中，影響商品價值。

政府要求農民徹底拔除稻田中的稗草，卻面臨雙方觀念上的差異。例如督導員至各地督導農戶除稗草時，發現稻田中仍散生異品種及稗草，但農民卻不願除稗草，並認為「糧食局每期收購稻穀時，僅檢驗稻穀之水分，對稻穀有無混雜稗子或異品種並不檢驗」。在此認知下，農民為了增加收成重量，很少會做去偽去雜的額外工作，導致收成的稻穀中經常混雜稗粒。

圖 6 向農民破除「稗子同米價」迷思的宣傳漫畫（1959）

有些農民縱使拔除了稗草，卻忽略稗草拔除的後續處理工作。例如農民將拔除的稗草隨便丟在田埂上，被太陽曬乾後的稗穗種子被風吹散後，反而促進稗草的傳播繁殖。有的農民將稗草丟在灌溉排水溝裡，稗草種子隨著溝水流進稻田，又重新繁殖。有的農民用拔除的稗草或稗粒來餵飼禽畜，但是稗粒外殼堅硬，食用後不被消化、分解，最後混同禽畜糞便排出體外，仍然可以萌發。上述這些不完備的稗草處理方式，都使得稗草對稻田的危害無法根除。

農政機構為了破除農民「稗子當米價」的迷思，除了大規模發起去偽去雜運動外，還動員學校全體學童幫助農民徹底剔除異品種，拔除稗草及不良稻穗。《豐年》還刊登〈稗子嘸通當米賣〉

漫畫，破除農民稗子同米價的迷思。漫畫描述阿牛認真地除稗草，阿獅卻將稗子當作米賣，更嘲笑阿牛何必辛苦拔稗草。阿牛苦言相勸阿獅，不要將稗子當米賣破壞名聲，而且稗草還會影響收成，減產約兩成左右。阿獅聽後覺得有道理，領悟去除「偽雜」對增產的益處，於是也開始認真除稗草。此漫畫用對比法來描寫勤勞與懶惰的農民對最後產量的影響，呼籲不要做目光如豆的農民，不要只看顧眼前利益，高瞻遠矚才能夠永續經營。這是一個帶有寓言味道的故事。

勿捕食青蛙鷺卵

青蛙在水田插秧後大量繁殖，農民會趁著夜晚，手持釣竿、以蚯蚓為餌，插在水草旺盛的水田地區，誘引青蛙（即田雞）上鉤。等到隔天再到田間收取上鉤的青蛙，順道撿拾田間白鷺鷥的蛋，一起拿到市場販賣，或是帶回家烹煮。

然而，青蛙和白鷺鷥可捕食田間害蟲，在農藥短缺的情況下，牠們是田間功臣。政府為抑制蟲害、減少損失，決定回歸自然界生物平衡的力量來防治病蟲害。臺南縣、嘉義市政府認為青蛙及白鷺均是有益動物，可啄食水稻害蟲，有益稻作生長，於是向農林廳提議頒布禁捕田蛙等益蟲法令。

臺灣省政府頒布禁捕青蛙暨禁取白鷺卵的規定，督促各鄉鎮公所、村里長挨家挨戶勸導民眾捕取及販售，並由縣市政府令飭警察局通知各菜館及菜市場不得收購、售食，藉以保護青蛙及白鷺鷥。農政機構要求警務處及各縣市政府嚴格執行取締，如果各地市場、餐館仍有違規情形，甚至打廣告以招徠者而影響糧食增產，一經發現即送警懲辦。

　　農政單位亦積極透過《豐年》雜誌，刊登〈青蛙白鷺是朋友，勸你千萬勿捕食〉圖像，利用淺白易懂的圖說宣傳政令，強調青蛙、白鷺鷥是朋友，勸導農民勿貪口腹之欲，切勿捕捉青蛙及取白鷺卵，以便天然防治田間害蟲。

青蛙白鷺是朋友
勸你千萬勿捕食

青蛙和白鷺鳥，都是有益於農作物的動物；省政府也早就禁止捕取。但是近來在市場或菜館，仍常常發現有捕捉售賣的事情，這種故意違反政令，來妨害農業，實在可惡。希望大家互相注意禁止捕捉，來保護農業為要。

圖 7◥禁捕白鷺及青蛙的宣傳（1951）

大家要緊學國語

從上述故事，可以看到《豐年》透過漫畫與淺白圖說，扮演傳遞知識與行為規範的角色，所用文字十分淺白，甚至直接使用「閩南話」，令人好奇的是，這不是違背了當時推行國語的政策嗎？接下來，我們就來看看《豐年》如何在國家推行國語政策的壓力下，做到以淺白文字讓農民看得懂，取捨之間試圖能夠雙贏。

戰後初期，臺灣人仍習慣使用日文，乘坐火車，甲站與乙站人員之間的通話全是日語；到醫院，醫生和護士的談話也是日語；在國營企業機構裡，更是滿耳日語、滿目日文；其他像郵局、電信局，乃至警察局，也是通行日語。甚至藥袋上面的日期，仍舊使用「昭和」的年月日。街

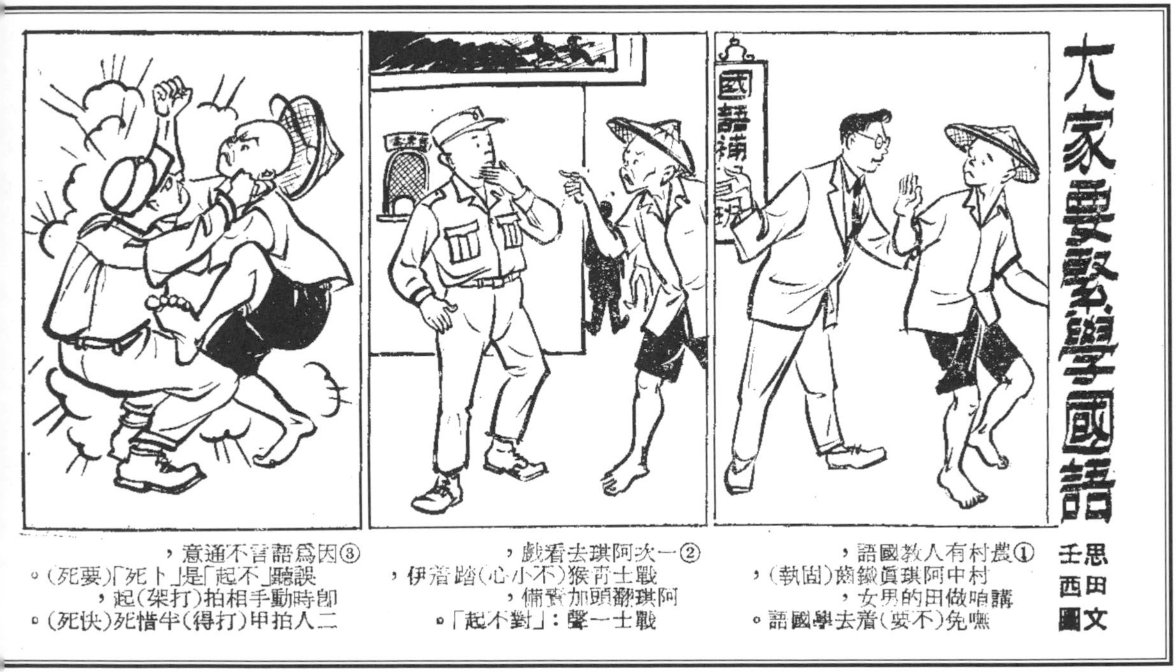

圖 8 在國語政策下窮則變、變則通的「閩南語漢字」（1957）

頭小販穿梭往來，叫賣使用的還是日語，可以說當時的臺灣到處都可聽聞到日語。政府雖然禁止說日語，取締得如火如荼，終究無法根除，這讓外省移民感到如置異族之境。

《豐年》創刊時，考量農民家中沒有無線電，也沒有報紙，即使有機會拿到報紙，也不熟悉報紙所用的中文。許多農民僅懂一些日文，因此《豐年》決定採行多語種形態，不僅「中日文合刊」，為了使農民能夠看懂，甚至還使用閩南語，力求淺白易懂。真實情形就像讀者陳水土來函所說的：每日報紙都是國語，或是純粹白話文，看得懂的很少。但是貴報我們農民都看得懂，希望以後貴報多使用日語或本地土語。《豐年》回覆此為權宜之計，為不懂國語的農友方便閱讀起見，一部分暫

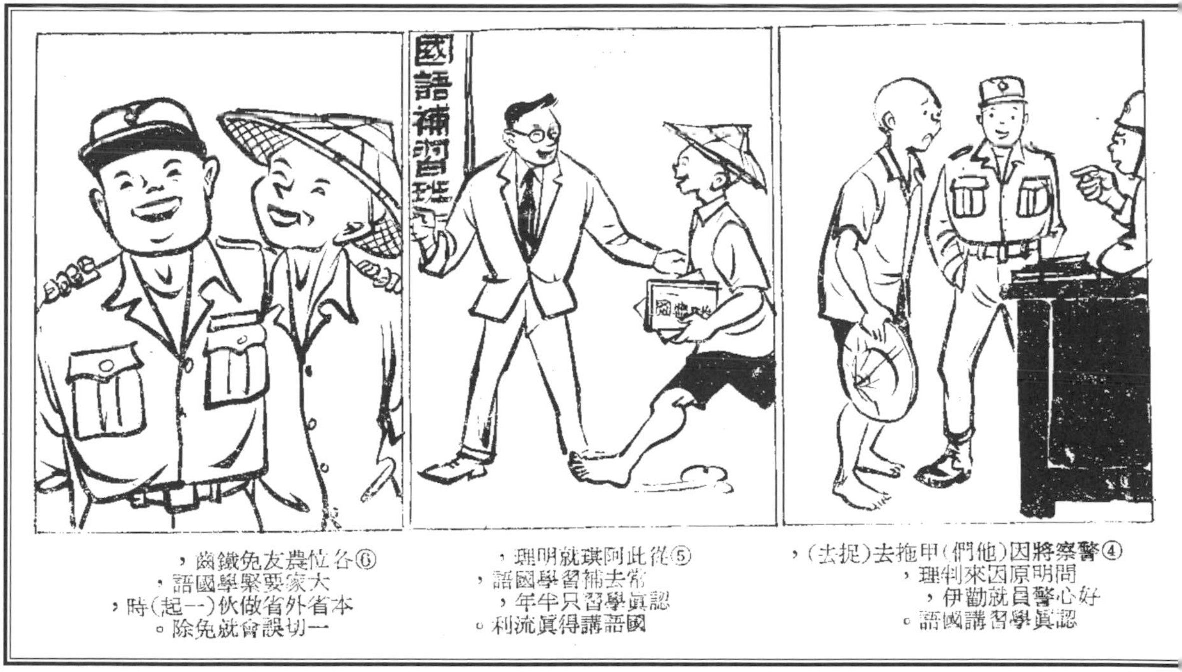

用日文，以後將會逐漸減少，請農友努力學習國語。

政府積極推行國語運動，不斷發布命令取締使用日語的習慣，限縮使用日語的空間。例如一九五五年，臺北縣政府鑒於各鄉鎮公所及部分附屬機關職員在辦公室仍以使用日語居多，於是下令各鄉鎮公所及所屬機關員工應以身作則，嚴禁用日語交談，以免影響推行國語運動。甚至餐館菜單也禁用日文，或是不准在公共場所、商店播唱日本歌曲，私人播唱則不准使用擴音器放送。

隨著國語運動推行日趨熱烈，《豐年》刊登〈大家要緊學國語〉漫畫，描寫阿琪認為學國語沒有必要，不願去國語補習班學習，後來有次去看戲時卻和外省阿兵哥因語言隔閡，將「不起」聽成「卜死」（要死），兩人發生爭執，大打一架。警員趕來勸架，要阿琪應該好好學國語，阿琪在認真學習半年後，國語已經說得很流利。這個故事強調農民要趕緊學國語，當本省外省做伙（一起）時，一切誤會都能免除。我們可以看到，圖說雖然是中文，卻是以方言（閩南語漢字）書寫，這樣做既能符合國語政策，又能讓農民看得懂，可以說是一個不得不的變通之舉。

形塑好農民

豐年社考慮當時農村環境及農民閱讀的習慣，雜誌中特別開闢漫畫欄位，每期都有生動有趣的圖文漫畫來吸引農民的興趣。《豐年》雜誌把對農民行為規範的文字轉變為漫畫，圖像保存豐富的歷史訊息，透過漫畫和農業政策的比對，可以看出政府為提高糧食生產，不斷透過以文搭圖的漫畫形式，向農民宣導農業新知識，精進農民的生產技能。

《豐年》雜誌的漫畫家都是用六格漫畫說一個故事，內容帶有寓言性質，富有道德說教的意味。漫畫前半部反映農村實況，呈現的大都是負面形像，將農民刻劃成善於鑽漏洞、遊走於灰色空間，是官方欲革新的對象。愈到後半部則愈具規範意圖，也就是官方期待農民展現的行為指標，比如注意農藥使用方式、按時去除稗草、妥善使用堆肥舍等。最後則是強調，只要去除舊有習慣，立即就能大豐收、化戾氣為祥和，形塑一個「好」農民的典範。這樣循規蹈矩的好農民，必定會有好的結果，預示理想行為帶來的好處。

《豐年》雜誌的漫畫透過舊／新、壞／好的強烈對比，誘引農民群起汰舊換新、改頭換面，意圖讓農民朝著政府預設的理想方向前進，藉此改變及規範農民的行為。只不過，這些看似「有利無害」的宣導，其背後要付出什麼代價卻沒人能說清楚。

第九章

太空飛鼠大戰牛角金剛

漫畫裡的臺灣史

黃悠詩

說到漫畫，一般人可能最先想到的是當紅的日本漫畫，比如許多人書架上都有的《七龍珠》、《NANA》、《獵人》、《黃金神威》。進階一點的漫畫讀者則可能直接聯想到日本的漫畫之神——手塚治虫。手塚治虫最知名的作品大概就是《原子小金剛》，不過你知道《原子小金剛》是什麼時候進入臺灣人的視野嗎？其實，探究原子小金剛飛入臺灣的歷史，也等於是在揭示一段不為人知的臺灣史。以下就讓我們用漫畫的故事來看臺灣歷史，換個角度看我們最熟悉的事物。

每一個看到漫畫《太空飛鼠大戰牛角金剛》的人一定都忍俊不禁：黑色緊身褲、綠色腰帶加上紅色長靴，這分明是日本漫畫大師手塚治虫的經典角色——原子小金剛，但是小金剛原本應該是錐狀的頭髮卻被老鼠耳朵取代了（圖1）。這令人懷念的滿滿山寨味，從小喜歡看漫畫的臺灣讀者一定不陌生，這本奇葩漫畫正是臺灣業者於一九六五年出版的漫畫，也許它就曾出現在你過去經常光臨的租書店呢。除了喚醒大家的童年回憶外，事實上，這本漫畫也承載了一段鮮為人知的臺灣史，而且還不只是僅限於臺灣的臺灣史，它超越了國界，更穿越過去與現在。

故事要從封面說起

既然要以這本小書為起點，那麼我們就從一本書的「臉」來談起。《太空飛鼠大戰牛角金剛》的整個封面構圖，其實是取自日本光文社於一九六五年六月出版的「原子小金剛」系列單行本第二卷第六號《地表上最大機器人卷（地上最大のロボット卷）》下冊。構圖前景，是原子小金剛加老鼠的混合體；後面的「牛角金剛」，則是原子小金剛系列裡的布魯圖（プルートウ）。布魯圖第一次現身，是出現在一九六四年至一九六五年光文社《少年》雜誌上連載的《原子小金剛》系列第五十五話〈史上最大機器人（史上最大のロボット）〉。年輕讀者可能沒聽過布魯圖，不過當代日本漫畫家浦澤直樹在《PLUTO～冥王～》中，就曾用「史上最大機器人」的角色講了一個浦澤風格的原子小金剛故事。

標題「太空飛鼠大戰牛角金剛」封面的正上方，寫有「太空飛鼠」的字樣。太空飛鼠（Mighty Mouse）是美國漫畫家兼卡通師保羅．泰瑞（Paul Houlton Terry，一八八七至一九七一）所創造的角色，這隻老鼠超人似乎很早就飛進臺灣了，成為早期許多臺灣漫畫家改編的對象，例如宜昌出版社的《太空飛鼠宇宙人》、文鋒出版社的《鼠國雙雄》等。巧合的是，手塚治虫也曾經表示自己在創造原子小金剛的外型時，其實受到太空飛鼠很大的影響。不知道《太空飛鼠大戰牛角金剛》的封面繪者，是否因為知道了這段淵源，所以才結合這兩者？另外，這也顯示了這本臺灣出版的漫畫，還受到太平洋對岸美國流行文化的影響。

封面下方的「電視卡通」或許是當時漫畫出版社為了吸引讀者，利用電視卡通的名號來為作品增光。而兩部相關的作品，事實上也早在電視上亮相了：原子小金剛在一九六三年就由株式會社蟲製作（株式会社虫プロダクション）改編成卡通，太空飛鼠則是早在一九四二年就飛向美國家家戶戶的電視螢幕了。除了利用卡通噱頭宣傳之外，當時臺灣漫畫還經常搭臺語電影、布袋戲或民間傳說的順風車，可見許多臺灣漫畫家都走在時下娛樂的最前端，精準地掌握了同時代臺灣人的娛樂品味。

接著打開漫畫，進到《太空飛鼠大戰牛角金剛》的故事內容。第四、五集的內容大致就與一九六五年光文社《少年》雜誌所連載的《原子小金剛》系列第五十六話〈機器人形人篇（ロボイド）〉一致，另外第五集後半及第六集的內容，則大致與一九六〇年於光文社《少年》雜誌上連載的第四十一話〈死亡十字架殿下（デッドクロス殿下）〉一致。但是，可以看見每一頁的格子數都變少了，變成「一頁三段」的表現方式，如此一來故事的時間感變得比較稀薄，而較複雜的機器人也消失了。

單純觀察此漫畫書的外表，我們可以摸索到部分臺灣漫畫發展的獨特歷史背景，但在進到漫畫故事細節的討論之前，我們應該先從《太空飛鼠大戰牛角金剛》的故事原作——手塚治虫開始。由此著手，除了讓《太空飛鼠大戰牛角金剛》的故事回歸歷史脈絡外，也可以看到為什麼臺灣漫畫與日本漫畫之間有這麼多的糾葛。

圖 1◥《太空飛鼠大戰牛角金剛》第四集封面

圖 2◥《原子小金剛》臺灣版第八卷內頁

臺日漫畫文法分歧

手塚治虫本名手塚治，出生於一九二八年。他從小就喜歡看漫畫、電影及戲劇，同時也是一位小小漫畫家。喜歡漫畫的手塚治虫從小學就開始在班上傳閱自己畫的漫畫，長大之後也是創作不輟。後來考上大阪帝國大學附屬醫學專門部後，手塚治虫卻沒有忘記自幼的漫畫夢，試著向各報社毛遂自薦自己四格及長篇漫畫。終於在一九四六年於《少國民新聞》上展開〈小馬日記（マアチャンの日記帳）〉的連載，也開啟他今後的漫畫家人生。

但是真正讓手塚治虫成為日本漫畫界震撼彈的，還是非一九四七年出版的《新寶島》莫屬。單純看每頁格子的形狀和數量，大家可能會覺得《新寶島》沒什麼了不起的，跟前面提到臺灣的《太空飛鼠大戰牛角金剛》一樣，都

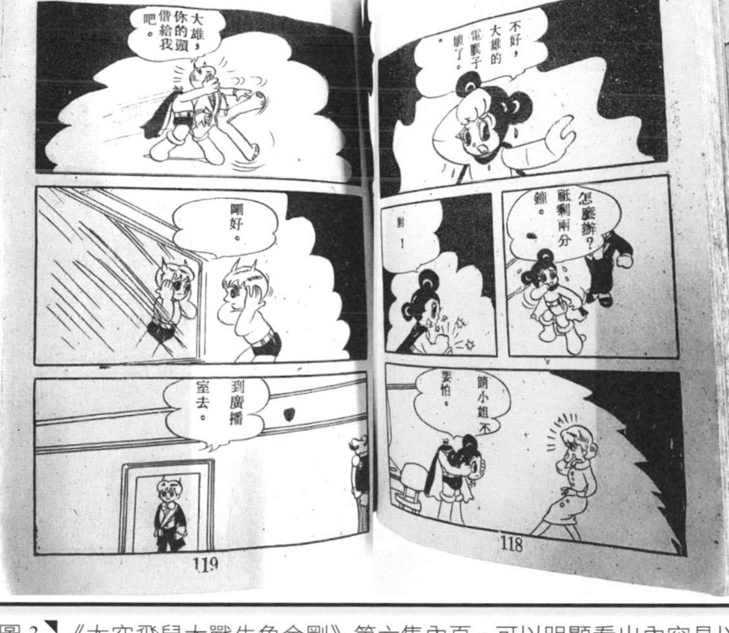

圖 3 《太空飛鼠大戰牛角金剛》第六集內頁。可以明顯看出內容是以《原子小金剛》第八卷內頁原稿加以修改與重新編排。

是一頁大約三格，而且三格都是平均分配、非常工整的長方形，比起現在常見的商業漫畫遜色多了。但是，讓我們還原一下戰後日本漫畫出版的現場，大家就可以體會為什麼《新寶島》這麼厲害。

第二次世界大戰後的日本物資非常匱乏，連紙都非常珍貴，因此當時的紙張使用的量是分配的。報社或老牌出版社當然會分配到絕大部分的紙，戰後初期新成立的小出版社就只能使用碎紙漿製作、品質非常粗劣的紙。這種紙被稱為「仙花紙」，新興的小出版社就使用仙花紙來印製「赤本漫畫」。「赤本」原本是指江戶時代廉價的娛樂用書籍，當時封面常常是紅色的，因此就以「赤本」稱呼，之後漫畫也成為赤本的常見內容之一，所以發展出「赤本漫畫」這樣的分類。戰後因為娛樂缺乏，一度掀起了赤本漫畫風潮，小出版社及漫畫家大量創作、出版赤本漫畫，狠狠地大賺了一筆。這些赤本漫畫多數會在玩具店一類的地方銷售，如果是受歡迎的作品，也有可能出現在百貨公司等地。這種赤本漫畫沿襲了戰前的格式，每頁大都由三個平均分配的長方形格子組成，雖然《新寶島》也承襲了這項傳統，但如果仔細比較每個格子的內容，就會發現差異之處。

在《我是漫畫家》一書中，手塚治虫提到舊式的漫畫跟《新寶島》之間漫畫文法與分鏡的差異，他認為早期的漫畫比較像是劇場式的構圖，也就是單一平視的視角，角色在左右用對話方式推進劇情。但是，從小看電影長大的手塚治虫認為這樣的方式無法表現戲劇張力，因此就把電影的語言帶進赤本漫畫的世界裡，於是就出現了《新寶島》少對話、多視角的敘事方式，也成為日後漫畫文法重要的養分，我們今天習慣的漫畫分鏡從此開始發芽茁壯了。

有趣的是，一九六〇年代臺灣的漫畫從報紙與兒童雜誌上獨立出來，新成立的出版社開始大量出版漫畫單行本。這些單行本不像現在會在書店陳列供讀者購買，而是放在租書店租借。根據漫畫研究者李衣雲的統計，當時臺灣的漫畫單行本仍舊與早期的日本赤本漫畫一樣，是一頁三格左右的形式，而且視角也停留在《新寶島》前的劇場式觀點，較少見電影式的敘事方式。

換句話說，從一九六〇年代開始，臺灣漫畫的表現方式開始跟日本漫畫的表現方式岔開。當日本開始嘗試破格、不同視角等等的分鏡方式時，臺灣的創作者則是繼續沿用一頁三段的敘事方式，一直到一九七〇、一九八〇年代才重新接軌。我們要討論的《太空飛鼠大戰牛角金剛》，正好展現了一九六〇年代臺灣漫畫分鏡的特性。《太空飛鼠大戰牛角金剛》應該是當時臺灣的出版業者請人重繪《原子小金剛》的內容，刻意把手塚治虫一頁超過三格的複雜分鏡，改成一九六〇年代臺灣漫畫單行本常見的一頁三格左右的布局，原本緊湊的劇情也變得比較鬆散，因為一頁的格子變少了，單一格子的面積就變大了，使得描圖的人必須幫忙補充背景。幾位年紀較長的漫畫產業前輩都曾經提到，一九五〇、一九六〇年代臺灣出版社要翻印日本進口漫畫時，都會請助手或打工的學生用描圖紙就著日本漫畫描圖，之後才製版印刷。在這個加工過程中，有些比較講究的出版社就會減少日式元素，加入臺灣特色，例如把和服改成漢服，或者把長髮的男性角色改成短髮造型。許多的前輩漫畫家也是在描圖過程中，慢慢地磨練自己的畫技，最後開始創作自己的原創故事。

日本英雄的誕生

但是基本上，《太空飛鼠大戰牛角金剛》仍然保留了原子小金剛的特色，故事充滿人與機器人之間的歧視及壓迫，太空飛鼠（在《太空飛鼠大戰牛角金剛》裡原本是原子小金剛的角色被稱為太空飛鼠）總是會與破壞和平的壞機器人戰鬥，但是戰鬥結束後，太空飛鼠都會看到對手的無奈或善良的一面，而反派也多會道歉。從衝突到和解、原諒，一直是《原子小金剛》故事裡常見的套路，似乎與日本戰後的情境非常類似。原子彈帶來了致命性的破壞，但也結束了戰爭，原本是侵略性的原子，卻因為戰後美日簽訂和平條約的關係，而變成和平、正義的守護者，至於遲遲沒有得到的道歉，現在則從漫畫家筆下的反派角色口中吐露。

《原子小金剛》故事中的許多概念，與手塚治虫個人的經歷息息相關。二次大戰結束後，日本作為戰敗國受到美軍占領，連手塚治虫成長的寶塚也開始出現美軍宿舍，街上經常看得到坐在吉普車上的美國軍人。當時手塚治虫曾因為語言不通，而被一群美軍暴力相向，但是身為日本人的他是無法對占領者還手的，因此他開始思考不同人群之間的誤解及衝突，最後將這樣的想法反映在機器人和人類之間，成為貫穿《原子小金剛》且不停被探問的主題之一。

有趣的是，同一時期，臺灣人在日本的感受卻可以說是正好相反的。出身臺灣、日後成為臺日外交要人的張超英，那時正巧在日本的明治大學求學，也因此目睹了美軍占領日本的時期對日本產生的影響。他提到當時日本社會被分為美國人、日本人及非美、非日的「第三國人」，臺灣人戰後脫離日本的控制，因此得以成為第三國人，享受比日本人更多的自由。當時身為第三國人的張超英，可以自由進出日本人不得其門而入的美軍福利站，有時一些臺灣人還會趁著日本物資管制，偷偷盜賣福利站的糖或食物給日本人，從中海削一筆。滯留於日本的臺灣人突然一夕之間成為了戰勝國國民，看著被美軍當成次等公民的日本人，自己居然可以隨美國人平起平坐，感受到新時代的來臨。對手塚治虫來說，這是刺激他反思不同族群之間衝突的占領時期，對許多在日臺人來說，卻是短暫地享受了戰勝國待遇的奇異時光。

手塚治虫受光文社的《少年》雜誌邀稿連載漫畫，構思出一個叫做〈原子大陸〉的故事。但是編輯建議還是將故事限縮於人物上，因此最後決定以〈小金剛大使（アトム大使）〉之名在一九五一年四月的《少年》上開始連載，這是一個描述外星移民與地球人交流、衝突，最後和解的故事。故事中負責調解的角色就是原子小金剛，但當時首次登場的小金剛只是配角，而且遲至第四回才登場。雖然〈小金剛大使〉的連載最後黯然收場，但小金剛這個角色卻大受歡迎，當時擔任編輯的金井武志就建議手塚治虫把小金剛塑造得更人性化，並用這個角色作為主角重啟連載，現在大家熟知的原子小金剛才就此飛上天際。

飛越大海的原子小金剛

小金剛除了在日本的天空翱翔，被小孩崇拜，被家長唾棄外，其實也悄悄地飛進臺灣。手塚治虫的作品其實很早就進入臺灣了，《東方少年》雜誌在一九五〇年代就曾經刊登過手塚治虫的作品。當時臺灣的漫畫作品主要有兩個曝光的管道：一個是報紙，另一個則是兒童雜誌。在兒童雜誌的戰場，主要可以分成兩個系統，一個是官辦的系統，《小學生》就是一個例子。為了在戰後臺灣推行「國語」，臺灣省教育廳在一九五一年創辦《小學生》雜誌，因為是官辦兒童雜誌，當時在各個國小都找得到。《小學生》的內容以偉人傳記、科學新知等文章為主，但仍有漫畫連載，包括劉興欽、童叟等人的作品。

不同於官辦的兒童雜誌，《東方少年》雜誌則是由民間的東方出版社於一九五四年創刊，其中許多撰稿人都受過日本教育，因此選材和排版都跟日本的兒童雜誌有些類似。除了科學普及、歷史故事、趣味小說外，《東方少年》裡面也載錄了不少漫畫，其中包括臺灣本土作家陳定國等人的作品，也有手塚治虫的漫畫。例如，一九五七年《東方少年》第四卷第四期所收錄的一篇漫畫〈綠色的貓〉，就是翻畫自一九五六年刊登於集英社《有趣書》（おもしろブック）附錄的手塚治虫作品〈綠貓（緑の猫）〉。李衣雲也觀察到《東方少年》在轉錄手塚治虫的漫畫時，有時會將作者名字更動為「海馬」或「泉机」等筆名，之後才看到像〈綠色的貓〉一樣標示「治虫」的作品。

作為早期臺灣讀者接觸手塚治虫作品的平台，《東方少年》雜誌也刊登其他手塚治虫討論原子彈的作品。例如，一九五五年在《東方少年》第二卷第八期中被譯成《地下都市》的故事——其內容就是一九五四年手塚治虫在《冒險王》刊載的《地球的惡魔（地球の悪魔）》——

開頭是這樣的：「原子彈的威力，使人們天天都在恐怖著，科學家們為人類的安全打算，開始建築地下都市了。」另外，在一九五六年《東方少年》第三卷第十一期刊登的〈大洪水時代〉，也是手塚治虫一九五五年刊載在集英社《有趣書》附錄裡的作品。劇情來到兩兄弟為了是否應該協助發展「原子力要塞」而反目成仇，最後「原子力要塞」反而招致大洪水，險些造成人類及地球物種大滅絕。在這些故事中，除了反映原子武器及技術為戰後美蘇冷戰下的世界帶來新的張力外，也顯示從日本人的角度看待原子是既恐懼又期待的態度。然而，這樣的思維隨著漫畫進入到臺灣，不知道是否也給臺灣的讀者帶來了什麼反思？

另外，比較一下上述兩本《東方少年》雜誌的出版時間及手塚治虫作品的出版時間，就會發現臺灣的出版業者似乎亦步亦趨地緊盯日本的漫畫流行趨勢。雖然目前尚未發現《太空飛鼠大戰牛角金剛》的第一到第三集，還不能確定文昌出版社是否有將〈地表上最大機器人篇〉完整收錄於《太空飛鼠大戰牛角金剛》裡，但是一九六五年出版的《太空飛鼠大戰牛角金剛》第四到六集，居然就在封面印上一九六四年登場的布魯圖，甚至在第四集、第五集收錄同年連載的〈機器人形人篇〉。由此可見，當時臺灣的漫畫出版業者都密切注意著日本漫畫流行的動態。這也顯示這些從業者的背景，他們很多可能都在日治時期受過日本教育，除了熟悉日語外，更可能從小看日本的兒童雜誌、漫畫長大。

出版《太空飛鼠大戰牛角金剛》的文昌出版社，其實與前面提到的《東方少年》雜誌有著前後接棒的關係。在《東方少年》熄燈休刊之後，由曾經在雜誌社負責印刷、管理相關業務的廖文木糾集老同事重出江湖，以文昌出版社之名，闖蕩臺灣漫畫出版界。他們從日治時期自幼看的兒童雜誌中汲取靈感，決定學習日本出版社的模式。當時他們為了要看到日本的出版品，還得特別申請才能進口，但也讓文昌出版社可以極快速地跟上日本雜誌出版的潮流。蔡焜霖還在《逆風行走的人生：蔡焜霖的口述生命史》中提到：「……（我們）也會直接引進像是手塚治虫所畫的暢銷漫畫書拿來銷售，但因為日本漫畫被改來改去的成分很高，書皮通常也不會標示原作者的名字，所以讀者恐怕也並非是以原作者是誰去做閱讀的選擇。」由此可知，《太空飛鼠大戰牛角金剛》應該就是在這樣的脈絡下產生的作品。

裝上遙控器的臺灣小金剛

一九七〇年，臺灣的義明出版有限公司出版了一部叫做《金剛王子》的漫畫書，封面上也看到一個非常類似原子小金剛的機器人，但它的頭髮不是角的形狀，而是圓圓的、類似米老鼠耳朵的形狀。在故事裡，這個機器人叫做「迷你小金剛」，有一個叫做「金毛虎傑米」的人類會操縱迷你小金剛，協助警方打擊犯罪。雖然迷你小金剛跟原子小金剛長得很像，絕招也很像，但是迷你小金剛單純只是道具，是由人類拿著遙控器操控。它沒有自己的意志，不會想要擁有家庭，也不會為了人與機器人的衝突而煩惱。雖然沒有繼承到《原子小金剛》故事中令人感動的精髓，但有趣的是，義明出版社當時出版的漫畫書背面，都會有一個手塚治虫的漫畫形象幫忙拿著「國立編譯館連環圖畫審定執照」，彷彿在感嘆臺灣漫畫出版社對自己漫畫的熱衷。

《金剛王子》與《太空飛鼠大戰牛角金剛》非常不一樣的地方，就是封底上卡通手塚治虫拿著的「國立編譯館連環圖畫審定執照」，這可能也是為什麼《金剛王子》裡的迷你小金剛是一個沒有感情和意志的遙控機器人。在這之前，我們可以先談談機器人阿金，劉興欽除了《小聰明》、《阿三哥與大嬸婆》、《小村故事》等作品外，他的「機器人」系列也非常受歡迎。但其實機器人阿金差點無法和讀者見面，卡關的原因居然是因為審查不通過。劉興欽在《吃點子的人：劉興欽傳》裡提到：「沒有想到，審查漫畫的人卻質疑：機器人怎麼可以飛動？要我補畫一支遙控器才行。我對這種審查十分不服，又無法反駁，只好依命行事。」

這裡說到的審查就是依據《編印連環圖畫輔導辦法》所執行的，這個辦法是一九六二年在行政院院會通過，一九六六年由教育部先執行一年後，轉由國立編譯館辦理，一直持續到解嚴

圖 4　《金剛王子》封面上的主角機器人「迷你小金剛」與操縱機器人的人類「金毛虎傑米」

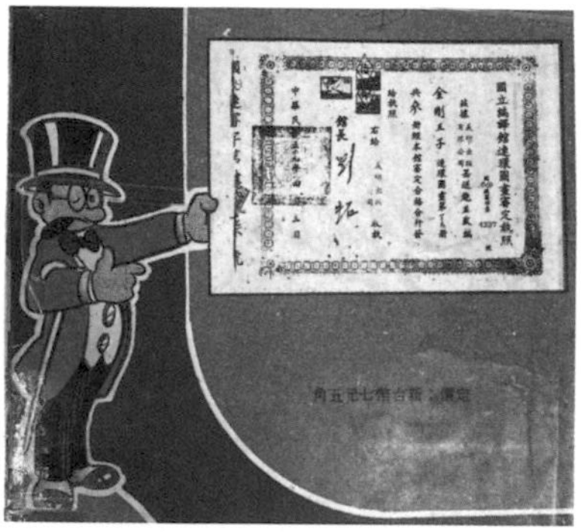

圖 5　《金剛王子》封底版權頁上有拿著「國立編譯館連環圖畫審定執照」的手塚治虫漫畫形象人物

後，臺灣才告別漫畫必須送審的命運。也許就是這段漫長的審查時光，讓《金剛王子》的迷你小金剛不再擁有感情與意志，只能被遙控器左右。前面提到原子小金剛的掙扎與人性反映了日本戰後矛盾的心情，而迷你小金剛是不是也成為戒嚴體制下臺灣人的象徵呢？

雖然臺灣走入漫畫審查的時代，但是手塚治虫其實仍舊陪伴著臺灣的漫畫業者及讀者，一起邁進一九七〇、一九八〇年代。仔細看看一九八一年虹光出版社出版的《怪童小精靈》，不就是我們現在熟悉的手塚治虫的《三眼神童》嗎？沒錯，而且仔細看內頁就會發現，與日本原版的漫畫相差無幾，不像前面提到的《太空飛鼠大戰牛角金剛》還得重新描圖、排版。這也揭示了，臺灣讀者一向習慣的一九六〇年代的三段式漫畫敘事方式，將開始受到日本高度感官刺激的新式分鏡模式影響了。

圖6《怪童小精靈》封面

結語

《太空飛鼠大戰牛角金剛》裡長著原子小金剛的臉，卻有著圓圓老鼠耳朵的太空飛鼠，正好反映戰後臺灣的大眾文化受到日本及美國的影響。用臺灣的眼光看手塚治虫，一個戰後臺灣漫畫出版史也隱然顯現：一九五〇年代的《東方少年》延續了日治時期臺灣人的童年記憶；《太空飛鼠大戰牛角金剛》濃縮了一九六〇年代受美日影響的臺灣流行文化；一九七〇年代的《金剛王子》反映了僵化的漫畫審查制度；以及最後一九八〇年代的《怪童小精靈》，則展開全新的文化刺激。

用《太空飛鼠大戰牛角金剛》重新發現臺灣與日本曾經一起經歷的過去，並不是要強調臺灣漫畫只會抄襲日本漫畫，而是要從臺灣漫畫與日本漫畫這樣剪不斷理還亂的關係中，看到歷史上臺灣與日本的各種糾葛，而且這個糾葛並沒有止步於過去，直到今天，我們仍舊可以感受到相關的影響。臺灣漫畫的處境在某個程度上，就如同生於戰前的臺灣人一樣，他們很多人接受了日本教育，習慣以日文接收現代化知識，也有很多日常生活中的習慣受到日本深刻的影響。遺憾的是，他們在戰後卻被貼上「奴化」的標籤，使這些人內部的差異、過去的掙扎、個人的認同等都被抹去了。受到類似文化、教育孕育的日本人在戰後發展出揚名國際的「マンガ（日本漫畫）」，而被「奴化」的臺灣人則受困於戒嚴、漫畫審查的枷鎖裡，失去了創作的自由。臺灣漫畫與日本漫畫，其實很像臺灣與日本在戰前戰後的關係，它們曾經共享許多養分，如今卻又有點陌生。從觀察《太空飛鼠大戰牛角金剛》這本奇妙的漫畫出發，也許我們正在翻開一本不曾被提起的臺灣史，但這也將是一段最靠近每一個人的臺灣史。

第十章

視線的角力

日治時期到一九七〇年代畫家眼中的蘭嶼

楊淳嫻

蘭嶼，這個原本不屬於臺灣的小島，從何時開始進入臺灣畫家的視野？那些出現在過往美術作品當中，讓人熟悉的蘭嶼意象是如何產生？那些被描繪的事物，或者沒有被描繪的，何者才反映出蘭嶼的真實面貌？抑或只是文明人投射於原始文化的想像？

畫家眼中的蘭嶼，與提問

二〇一九年我加入了由財團法人福祿文化基金會贊助，顏娟英教授所主持的「風華再現——重現臺灣現代美術史研究計畫」，與研究團隊一同進行臺灣美術作品的田野調查，在收藏者家中第一次見到了畫家張義雄的靜物畫作品《蘭嶼紀念》（圖1）。五十號的偌大畫布上，以藍色提袋、棕色的陶甕及圓形木盤上那尾黑色大魚，形成簡潔的三角構圖，提袋上紅黃相間的植物，白色背景上以寥寥數筆勾勒出半片貝殼，讓畫面增添了一些活潑趣味。我負責介紹這件作品，看起來這並不是一件困難的任務。很顯然的，畫家是以他造訪當地時所見，具有代表性、紀念性的事物入畫，例如當地的魚類、植物、達悟族使用的器皿等，我只需要將這些日常物件一一辨識出來，將之還原至它們原本的文化脈絡中。

在解讀過程當中，很快的，我便發現事情沒有那麼簡單。首先，這是一件有著野獸派風格的作品，筆觸大膽、用色強烈。換言之，不見得會呈現出物件的正確外形，在辨識畫中的魚類與植物時，尤其讓人感到棘手。一般而言，在蘭嶼文化中最有名的，不是飛魚嗎？畫中那尾口牙外出、全身黑鱗遍布的大魚，怎麼看都不像是飛魚；插在提袋上的植物，即便翻閱當地的植物圖鑑，也無法確定其種類。藍色的提袋，儘管映現著海水般清澈多變的色澤，卻不具有什麼辨識度。畫面中與當地文化較為相關的事物，看來只有那片白色的五爪貝，以及傳統的陶甕與木盤而已；五爪貝是製作蘭嶼家家戶戶必備的貝灰（mabcik）的材料。

這些物件似乎日常到過於平凡，一點也不像是現在人手一台的高畫質拍照手機，隨手記錄下來的美食與美景。但對於一個從未造訪過蘭嶼，僅試圖從畫面或書面資料去認識它的研究者來說，這些物件的排列組合又顯得太過陌生，也不同於十七世紀荷蘭靜物畫中那些誘人的昂貴佳餚、龍蝦、鮮花、美酒，意圖明顯地炫耀著當時漸趨富裕的世俗文化。當然，靜物畫並不是只關乎餐桌享受而已，英國藝術史學家宮布利希（E. H. Gombrich）在《藝術的故事》（*The Story of Art*）中提到這是「畫家實驗特別問題的一個美妙的領域」，要挑選什麼東西擺在桌上，完全是由藝術家來決定，例如想要表現光線、色彩或材質之美。英國史學家彼得．柏克（Peter Burke）則在《歷史的目擊者：以圖像作為歷史證據的運用與誤用》（*Eyewitnessing: The Uses of Images As Historical Evidence*）一書中提醒我們：「圖像並未直接給予通往社會世界的管道。」畫中可能隱藏著不只一個文化脈絡，或者畫家未曾意識到的弦外之音——包括關鍵的「缺席」。

這給了我一個全新觀點去思考《蘭嶼紀念》中令人費解的謎題：何以在畫面中找不到那些出現在過往美術作品中，讓人熟悉的蘭嶼意象？例如：造型優美、色澤鮮明的拼板舟，兩端高高向上翹起的船首船尾有著特殊的裝飾圖案；身材健美、身著傳統服飾的當地居民；半穴居的茅屋、波濤洶湧的大海，以及深愛蘭嶼的畫家顏水龍以充滿熱力的橘、黃色，描繪出高懸於海面的太陽。更進一步地追問：蘭嶼這個原本不屬於臺灣的小島，從何時開始進入臺灣畫家的視野？蘭嶼的「圖像」是否透過畫家的筆下所產生，抑或是另有其他影響？

關於第二個問題，日本畫家河合新藏於一九一六年發表的文章〈台灣的蕃界〉提供了部分

圖 1 《蘭嶼紀念》，張義雄。1978 年，油畫，116.5x80.0 公分，私人收藏。

答案，在這篇文章中以相當篇幅介紹了畫家最感興趣的紅頭嶼（蘭嶼）雅美族，認為他們是所有蕃人中「最原始且愛好和平的」，不知菸酒，還有巧妙的手工藝技術。不過，河合新藏並未親自造訪這座小島，他的印象是透過當年在臺北舉行的「臺灣勸業共進會」與來參加的蕃人交談而獲得。日治時期臺灣最大的美術盛事——一九二七年至一九三六年的臺灣美術展覽會（簡稱「臺展」），以及其後六回的「府展」，原住民始終是代表臺灣「地方色彩」的題材之一，但並不是每位畫家都對「原始藝術」有興趣。例如，在一九三〇年第四回臺展的一篇評論中，對於「未能意識到時代性的地方色彩」提出批評，並措辭強烈地表示「那還不如勉強畫家們只要繪製蘭嶼的人偶」。或許言者無心，但偏偏是蘭嶼被拿來作為「代表」，事實上在當年的臺展當中，也還沒有描繪蘭嶼的畫作展出。

被科學所記錄的蘭嶼

蘭嶼的第一個「影像」，應是日本學者鳥居龍藏（一八七〇至一九五三）於一八九七年十月所拍攝的一組照片，他當時來臺調查臺灣東方海域上的紅頭嶼：「島上的番人爭先恐後似地駕著獨木舟過來，每一個人都喊著：『Parek！Parek！（銀幣！銀幣！）』，我連忙拍下了這個鏡頭。」也就是在這次的調查當中，鳥居依當地的語言，將島上民族定名為Yami（雅美）族。無論正確於否，雅美一名就此成為日治時期至戰後國民政府時代對島上民族的正式稱呼。

鳥居龍藏所拍攝的雅美族影像，後來整理為《人類學寫真集——臺灣紅頭嶼之部》，所呈現的是人類學家的科學觀點，透過一張張島上居民的正面、側面及身形照，還有服飾、屋舍、漁舟、陶器、工具等照片，鉅細靡遺、有條不紊地拼湊出「雅美人」的集體形象。

在鳥居龍藏之後，先後又有曾擔任鳥居龍藏助手的森丑之助（一八七七至一九二六）、博物學家鹿野忠雄（一九〇六至一九四五）前往蘭嶼進行科學調查。相較於鳥居龍藏與鹿野忠雄基於學術研究立場所打造出來的人類學視角，森丑之助更加意識到「理番」的重要性。科學調查是為了日後要有效經營這塊土地，雖然日本官方在調查後認為蘭嶼並無太多的殖產利益，加上實行上遭遇交通不便、水土不服等多重困難，致使對蘭嶼並未積極開發，也始終未能有效管理。一九三三年出版的《東臺灣展望》中對蘭嶼做了如下描述：「島民的日常生活中，有著令人無法想像的珍奇習慣和傳統，都自原始時代起就反覆不斷地流傳下來。」充分彰顯其作為人類學研究對象的價值。然而，就開發的觀點而言，蘭嶼未能進入到現代化的脈絡當中，這意味著文明發展的落後，特別是在醫療與教育等項目上，像是島上有「赤蟲（即恙蟲病）與瘧疾」的恐怖，以及島上居民「智能低」、「行動遲鈍」等負面形象。

臺展中的紅頭嶼意象

一九三五年的第九屆臺展上，一口氣出現了三件以蘭嶼為主題的油畫作品，分別是：顏水龍的《紅頭嶼の娘（紅頭嶼少女）》與《汐波》，以及明石哲三的《ヤミの母子（雅美族的母子）》。日後被尊為「臺灣工藝之父」的顏水龍，對於原住民服飾與工藝的興趣，早在他從東京美術學校畢業後便已萌生，首度造訪蘭嶼則是在他從法國返臺以後。畫家明石哲三（一九〇六至一九七三）畢業於東京農業大學，對動物學、地質學、人類學

圖 2 〈原始境——紅頭嶼の風物〉，顏水龍圖、文。

有研究，曾受日本總督委託二度前往蘭嶼進行動植物與雅美族調查。無獨有偶，兩位畫家不僅在這一年的臺展上發表了描繪蘭嶼的作品，也先後在報刊上發表文章，記述自己造訪當地的心得。

顏水龍在刊載於《週刊朝日》的文章〈原始祕境——紅頭嶼風物誌〉中，提到：「老早就想探訪這神祕的原始祕境。」行前他特地前往臺灣大學人類學教室，做足了準備。對當地資料的調查，文中也有許多地方呈現出近似人類學的客觀視角，詳述了島上居民的社會組織、宗教與婚姻、生產與死者、音樂與舞蹈、衣食住與習慣等等。特別的是他以畫家身分與島民之間的

圖 4◥土偶

圖 3◥番屋

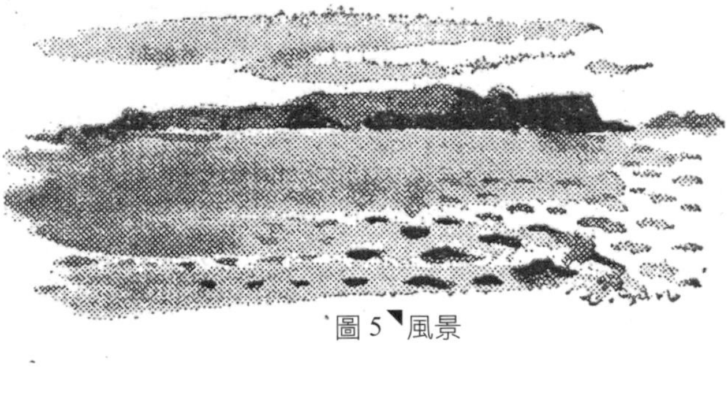

圖 5◥風景

圖 7◥女孩

圖 6◥男人

互動：畫家先展示自己的畫作來引發島上居民的好奇心，為他們畫素描成為交流的契機。文中附上了這趟旅行中的幾件素描作品，包括番屋、土偶、風景、男子與女孩的人像速寫（圖3至7）。相較於理性客觀的報導文字，顏水龍為居民所畫的速寫充滿了感情，他捕捉了頭戴藤帽的男子靦腆溫和的眼神，少女則低垂著頭略顯羞澀。這些細膩的小幅速寫，似乎更加坦率地流露出畫家對於這塊原始祕境的喜愛。

在同年舉行的臺灣美術展覽會上，顏水龍其中之一的參展作品《汐波》（圖8），所描繪的是畫家在蘭嶼所觀察到的有趣景象「汲海水」，在他的文章中特別提到此景「宛如印象派畫家的作品」，並附上一幅筆觸活潑的速寫。改為油畫版本後，更加出色地以印象派的風格表現出蘭嶼海邊的空氣感，以及女孩們列隊行進的動態。另一件參展作品《紅頭嶼少女》（圖9），或許因為畫家在構圖安排上，採取了與法國畫家高更的名作《我們從哪裡來？我們是誰？我們往哪裡去？》（*D'où venons-nous ? Que sommes-nous ? Où allons-nous ?*）左下角人物相似的姿勢，而更為人所知。不過，顏水龍筆下的蘭嶼少女並沒有高更畫中那種晦澀曖昧的寓意，她斜坐於海濱，以翻騰的大海與拼板舟為背景，表現出清新、健美的氣息。藉由她的穿著打扮，畫家也得以對自己感興趣的傳統服飾與手工首飾細加描繪一番。

顏水龍曾經表示：「蘭嶼島上眼睛所見的都是原始的風物，神祕而濃烈。相似的題材已被高更、梵谷、畢卡索等名家以各種技巧多面的表現過，因此想到要以畫家的手來表現我的風格，壓力甚大，頗感困難。」最終畫家所呈現出來的畫面，不只是依循西洋藝術史傳統下訓練出來

圖 8◥《汐波》，顏水龍，1935 年。

圖 10◥《雅美族的母子》，
明石哲三，1935 年。

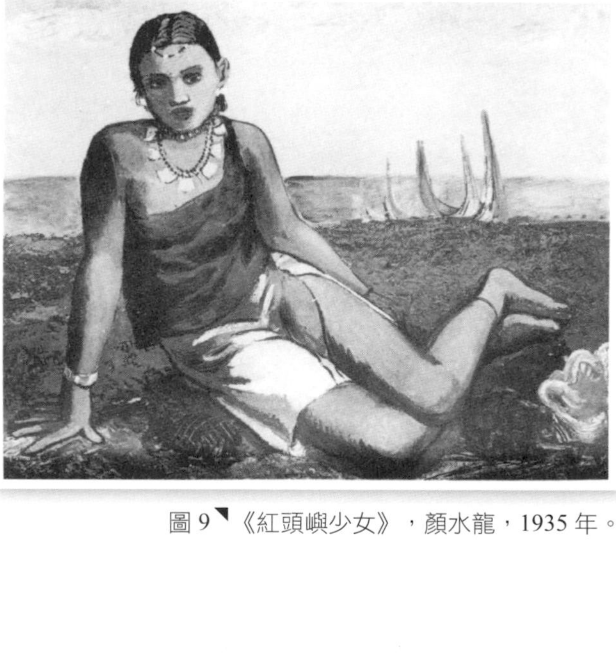

圖 9◥《紅頭嶼少女》，顏水龍，1935 年。

的繪畫語言，也不只是跟隨科學知識系譜下對「雅美人」的定義，而是更加有血有肉、共情可感的人物。

從被支配、被觀察的「物」到當成活生生的「人」，這樣的視角轉換，亦可在明石哲三畫作《雅美族的母子》（圖10）中發現。這件作品被評論為「畫番人卻不覺得像番人」，帶有野獸派的風格，雖然從黑白的展覽圖錄中，無從得知畫家使用的色彩，但率性的筆觸與線條一再向觀者暗示，畫家所關心的重點在於這對母子親密依偎的姿態，那些能夠讓觀眾辨識出原住民特色的服飾、器物、背景等細節，皆一概被省略了。如此獨特的表現手法，其背後的意圖，從明石哲三於同年十一月所發表的文章〈談幸福——紅頭嶼觀察〉中或可進一步去推論，他在文中談及了自己如何從在島上所經驗到的生活方式來反思現代文明的生活：

> 我們是大自然的叛逆者，也是悲哀的文明人，在此也只能飽受折磨，而他們卻從出生以來便這樣生活著。他們以芋頭為食糧而心滿意足，我們卻感到不滿。然而我們所享受的電影或歌舞娛樂，對他們而言可能是突然的浪費。當月亮升起時，他們所感受到的美麗，我們卻可能無法欣賞吧？

這篇文章以「確實了解他們的幸福，便了解文明人追求的幸福並不是放諸四海的絕對標準」為結論。對於曾多次前往南洋旅行，將原始生活視為自己的「第二故鄉」的明石哲三而言，原始與現代，只是兩種形式不同的文明，並沒有所謂的優劣之分，這或許正是讓《雅美族的母子》看起來如此單純又幸福的原因吧。誠然這純屬畫家的個人關懷，然而無可否認地，明石哲三與顏水龍兩位畫家，不僅親自造訪這座島嶼，且在第九屆臺展為其留下了有別於科學治理觀點的人文意象。

原始樂園或化外之地？

日治時期對蘭嶼所形成帶有矛盾的雙重形象，一方面來說，未能讓這座島嶼成為不受開發干擾的人類學保留地；另一方面，卻又讓蘭嶼在此種「朦朧統治」的狀態下，得以保持若干自主性。到了戰後，蘭嶼從被日本帝國統治，換

圖 11《蘭嶼頭髮舞》，楊英風。1949 年，木刻版畫，15.5x25cm，家屬收藏。

成為國民政府所接管，地名從「紅頭嶼」也改為「蘭嶼鄉」，取自當地所盛產的五葉蝴蝶蘭。一九四五至一九四六年間，由臺灣大學地質系主任兼臺灣省立海洋研究所所長馬廷英為團長組成的「蘭島科學調查團」前往蘭嶼進行調查，亦有日本學者金關丈夫、山本由松、國分直一等人加入，後由臺灣省電影製片廠將調查過程剪輯為一支長度約七分多鐘的影片。影片旁白一開始便介紹此地的「原始風貌」、「與世無爭」，也不忘強調「具有開發價值」，除了透過新聞影片的方式，將這個海外祕境公諸於眾外，也宣告了國家將開始扮演積極治理的角色。

在這支影片中，特別記錄了蘭嶼的「頭髮舞」。按蘭嶼當地習俗，舞蹈是婦女專擅的權力，分為巫術用與娛樂用，而頭髮舞屬於後者。由二至十幾人的女性排成列，雙手用肘部互相拉緊，上半身成九十度快速地前俯後仰，髮絲飄揚如大海波浪，歌聲如海濤起伏，舞蹈中的牽手、勾臂等動作象徵著團結與親愛。一九四九年，畫家楊英風便以蘭嶼頭髮舞為主題進行創作（圖11）。曾在一九五〇年代經常被用於反共戰鬥文宣及表現庶民生活主題的木刻版畫，其簡潔有力的線條，相當適合用來展現原民舞蹈動作的優美活力。由於沒有楊英風於該時期登島的紀錄，且從畫面中婦女們圍成圓圈而非排成列、並未牽手勾臂等細節來看，有可能是他從新聞影片或根據其他紀錄想像取材。有別於影片中以紀錄式的觀點來呈現原始民族的舞蹈，畫家在舞者周遭增加了一群圍觀的男女，有裸身的當地居民，亦有穿著西式服飾的男子（可能是調查團的成員），彼此之間正共享著一種同樂的歡愉氣氛。

臺灣本島一般民眾與蘭嶼的第一次接觸，則要從一九五〇年代救國團所舉辦的「暑期青年戰鬥訓練」說起。在救國團於一九五二年成立之前，已有由中國青年反共抗俄聯合會及軍人之友社所主辦的「暑期青年軍中服務運動」，號召大專及高中以上的青年學子透過為期數週的勞軍活動以體驗軍事生活。在救國團成立之初，更加入了技能與體能訓練等項目，例如中央山脈探險大隊、玉山登高隊、海上戰鬥隊、海濱游泳隊、單車旅行隊、滑翔隊、跳傘隊等。而這些訓練地點都是在戒嚴時期受到嚴格管制，無法輕易進入的山地與沿海區域。

一九五二年國民政府設立「保安司令部蘭嶼指揮部」，蘭嶼雖設有鄉公所與鄉長等行政編制，但實際上被納入了軍事管理的範圍。兩年後，蘭嶼被列入了救國團探險大隊的活動項目當中，編組成共四百人的隊伍，分為兩組出發，預定進行為期兩週的訓練。當年報名參加蘭嶼探險的共有七百多人，為原本預定人數近兩倍之多。初次探險活動的過程也詳細披露在報紙上，但報導中也出現了如下無關活動的感想：

看過《非洲探險記》及《所羅門王寶藏》電影的人，來到這裡，就可得到一個引證，就是太平洋的各島中今日所留存的土人今日仍然過著，一種極原始的生活，蘭嶼的山（胞）就是一個例子。

不再只滿足透過科學調查所呈現的帶有距離感的客觀印象，媒體記者的報導中，硬是多加入了一些來自於西方旅遊文學、小說及影視作品對於原始部落的「刻板印象」，除了突顯當地居民對於文明物質（如罐頭、香菸）的索求外，另一重點便是對於赤身露體的強調：

> 由於氣候特別炎熱，雅美族的山胞不論男女，終年是沒有穿衣服習慣的，男的僅有一個丁字形的布帶把下體遮住，女的也只用一塊布遮羞。每一男女山胞雖然皮膚油黑，身體卻都非常強壯，尤其是女的袒胸露背，使在文明都市習慣了的人自然認為是奇跡，一位同行的人說：如果瑪麗蓮夢露來到此地，可能還自嘆弗如哩！

是否總是要透過「裸體」這種羶腥話題，才能刺激讀者的興趣？還是因都市文明對於身體裸露的保守禁忌，而使得大眾只能輾轉透過在文學影視當中的既有印象，才能降低面對陌生風俗的尷尬？在對於蘭嶼的各種報導中，赤身露體的形容總是或有意或無意地出現在字裡行間，例如「從門外進來一個赤身露體的小男孩」，或將蘭嶼穿丁字褲的鄉長視為「滑稽趣事」：「其部屬科長們均是衣冠楚楚，而獨鄉長上司一絲不掛坐到辦公廳內。」隨後在同年的十月、十一月便出現了「新衣贈裸胞」的新聞，報導中提到省政府為此撥款數萬元訂製了一萬四千套，男服為香港衫，女衣則是白衣花裙，蘭嶼成年男女皆可獲贈一套。接下來陸續幾年，亦可見全臺各地的民眾服務處、各級學校主動發起「捐贈衣物，濟助蘭嶼山胞」的活動。

電影中的天堂，現實中的「農場」

救國團舉辦的戰鬥訓練營，只是蘭嶼被開發的起始。隨著政府各級單位及大專院校教授的調查團、美國的專家學者、記者，或甚至駐華外交官員與其眷屬等，越來越多人頻繁地造訪蘭嶼，在一九五六至一九五七年間，開始出現了「開放蘭嶼作為遊覽區」的提議。一九五八年公布實施的「臺灣省山地管制區內申請進入風景區遊覽辦法」當中，蘭嶼被列入了甲種管制的風景區。而另一個對蘭嶼的開發計畫，即由行政院國軍退除役官兵就業輔導會使用美援所設置的「蘭嶼農場」多處，藉此安置除役官兵展開對蘭嶼的各項開發工作。然而，後來的研究指出，一開始被安置到蘭嶼農場的，其實是「有案在身」的犯人或「異議思想」人士。一九五八年政府在蘭嶼成立了「管訓隊」，開始將重刑流氓從臺灣本島移送至此，進行長期管訓，在蘭嶼的「農場場員」與「管訓隊員」最多曾高達千人。其中經媒體披露者，有「小泰山」李江與「飛賊」高金鐘等人。

軍方、重刑犯與蘭嶼居民就此比鄰而居，造成不少糾紛，包括侵占居民原本使用的耕地、引進原本島上沒有的牛隻進行放牧、任憑牛隻踐踏當地的水芋田、亂砍島上的龍眼樹當柴火，以及偷竊、毆打、強姦婦女等惡行。諷刺的是，也是因為這些人力進駐，在蘭嶼開闢公路、建設港口及飛機場等現代化的交通設施，讓蘭嶼的觀光事業開始發展。儘管尚有管制，但從一九六〇年代開始，知名畫家如林玉山、楊三郎、洪瑞麟等，便已透過寫生團的方式造訪蘭嶼，在當地特有的人事物當中尋找新的創作題材。

林玉山的《蘭嶼少女》（圖12）便是在一九六三年完成的作品，畫家以彩墨描繪立於樹下、身著白色傳統服飾的達悟族少女。她一身古銅色的肌膚，身姿挺立，頭髮用白色髮帶整齊束起，衣裙上有金色條紋裝飾，頸脖上還佩戴著貝殼飾品，一手扶著頂在頭上的陶壺。林玉山將這名少女描繪得端正秀麗，神情凜然，絲毫沒有當時媒體報導所扭曲的裸露形象，或者向文明刻意賣好的描寫。另一受到畫家青睞的當地題材，是達悟族獨特的拼板舟。在達悟文化中，船是男子的身體，造船是神聖的使命，也是生命的一部分。造船要在特定的季節，使用特定的樹材，完全由手工拼接製作，船身所雕刻的花紋來自父系群的傳統標誌，以紅、黑、白三個顏色上漆。一九六四年洪瑞麟的淡彩速寫《蘭嶼獨木舟》，可以看到船身上明顯的同心圓紋飾、鋸齒狀的波浪紋，以及翹起兩端上的雞毛裝飾。畫家可能不盡然了解其中的文化意涵，但還是深深被那美麗的造型所吸引，而留下眼中所見的忠實紀錄。

圖12◥《蘭嶼少女》，林玉山。1963年，彩墨、絹，56.0 x 43.0 cm，私人收藏。

一九六四年，香港邵氏兄弟電影公司宣布拍攝彩色電影《蘭嶼之歌》，成為當年的轟動大事，由知名導演潘壘擔任編導，當紅影星鄭佩佩、張沖領銜主演。電影內容描述留美醫學博士何維德來到蘭嶼，尋找太平洋戰爭時期到紅頭嶼研究恙蟲的父親，從而與當地達悟族女孩雅蘭相戀。媒體報導強調電影的兩大賣點為：「蘭嶼海底的熱帶海洋景色，全部攝入鏡頭，沙灘上奇形怪狀的岩石，也一覽無遺」，以及「蘭嶼土著的原始生活，第一次搬上銀幕」。片中動員全島居民一千三百人參與臨時演出，自一九五〇年代起便來到蘭嶼服務的白冷會神父紀守常，也應允演出片中神父一角，以換取電影中搭建教堂布景的木材，用來建造野銀（Ivalino）天主堂。

遺憾的是，作為首次將蘭嶼風光搬上銀幕的電影，《蘭嶼之歌》卻可說是集合了過往媒體對蘭嶼刻板印象之大成，例如居民駕駛多艘十人大船的拼板舟出海，只為了迎接來自臺灣的何醫生一行人；似是而非的「傳統」服裝、配樂、舞蹈動作，以及刻意強調「朋友摩背」、「情人磨鼻」等土人習俗。片中自然少不了再度以「裸舞」為噱頭，邵氏公司更將片中歌舞剪成兩個版本，將有裸露上身的版本在臺灣之外的地區放映。

若我們將同時期林玉山筆下的蘭嶼少女與《蘭嶼之歌》女主角雅蘭（見圖13）放在一起，馬上就可發現一個明顯的不同：片中飾演雅美族少女的鄭佩佩，披著一頭烏黑亮麗的垂肩長髮，宛如高更筆下的大溪地女郎（或許長髮飄飄更能展現原始之美，又或是為了方便表現蘭嶼的頭髮舞？）而林玉山所描繪的蘭嶼少女卻整齊地束著頭髮。根據鳥居龍藏在二十世紀初期對紅頭嶼所做的調查：「女子的頭髮向兩邊分開，從前額到後腦部用一根麻線圈住，用這條線在後腦部挽起一個髻，剩餘的下垂頭髮也用這條線夾住，這種髮型從七、八歲的小女孩到老婦人都一樣。不時用清水洗頭，並用竹梳。」（見圖14）披頭散髮，只是現代人對於「原始」想當然耳的想像。

圖 13《蘭嶼之歌》電影劇照，邵氏兄弟有限公司出品，8.8x12.7cm。

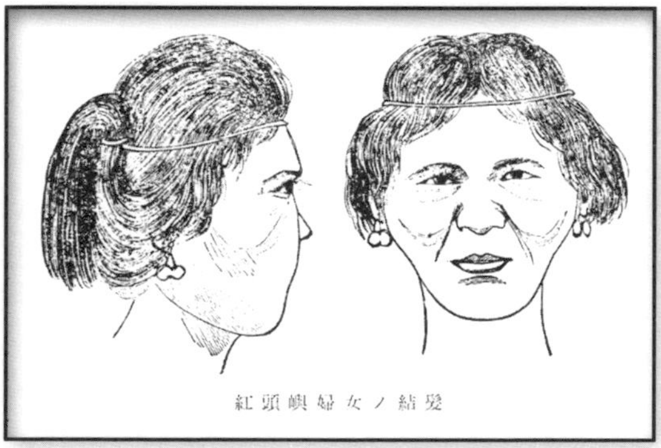

圖 14〈紅頭嶼婦女之結髮〉，鳥居龍藏。

儘管電影《蘭嶼之歌》對蘭嶼的描寫有諸多誤解，不過，當年隨劇組前來拍攝劇照的攝影家謝震隆則利用這個機會，自行拍攝一系列有別於電影的矯揉造作，更為自然、日常的蘭嶼人影像，甚至記錄到一次真實的「示威」——拼板舟下水前的傳統儀式。然而，不管是這本電影外的攝影集，或是那些前來當地觀光寫生的畫家們，都有著視野所不能及的地方，比如實為管訓監獄的蘭嶼農場，或是由當地居民所組成的「青年服務隊」與「文化工作隊」。前者是由派出所編組管理的類軍事服務團體，後者是國民黨「蘭嶼民眾服務站」設置的表演團體。其中的年輕男子負責協助警察巡邏、撿柴、搜山、救災、捕捉逃逸隊員、長官視察時列隊歡迎等；而女子則是負責為警察煮飯、表演歌舞迎賓，要到結婚後才能退出。達悟作家夏曼・藍波安曾經回憶，這些從他這一代的蘭嶼人自國小前便存在、反覆進行的「表演活動」，讓達悟的青年男女逐漸遠離了傳統生產與勞動的場域，也模糊了那些被畫筆、相機所記錄下來的過往記憶。

過於個人的，過於日常的

時近一九七〇年代，隨著政府積極發展國內的觀光事業，前往日月潭、太平山或甚至來一趟橫貫公路之旅，對一般民眾而言已非難事，畫壇也掀起一波描繪家鄉風土的寫生風潮。當蘭嶼與臺灣之間的交通往來漸成常態，許多畫家像是洪瑞麟、張萬傳、陳景容、陳銀輝、沈國仁、顏水龍、攝影家王信等均多次前往蘭嶼取材（見圖15），而全省美展也開始出現以蘭嶼為主題的參展作品。張義雄的《蘭嶼紀念》便是完成於一九七〇年代，他一共畫了四件構圖相似的作品。在一張畫家於埼玉縣自宅畫室所拍攝的照片中（見圖16），可以看到畫家身旁的小桌上擺著作畫用的靜物，像是陶甕、木碗等，應該是從蘭嶼帶回來的紀念品吧?!其中也包括一件魚的模型。這不禁又讓我的思緒回到當初對於《蘭嶼紀念》的疑問：畫中的那尾黑色大魚，若不是飛魚，會是什麼魚種？

在遍翻圖鑑仍無法確定的狀況下，我突然想起一位

圖 15◥《蘭嶼即景》，洪瑞麟。1972 年，水彩，31.3 x 40.7 公分。

在蘭嶼任教多年的友人，於是火速將圖片傳給她過目。她又與蘭嶼當地朋友討論後，告訴我這是「剝皮魚」，同時加上一句：「朋友說畫得很好，看起來很好吃。」

剝皮魚（kolitan）泛指單棘魨科（Monacanthidae）魚種，主要棲息於沿岸、近海底層，不只是蘭嶼，在東北角近海也很常見。在蘭嶼這種魚經常會出現在海上漂流木下方，在捕獲飛魚期間，可以划著拼板舟用拖釣方式捕獲。剝皮魚的皮質粗糙堅硬，要剝去才能食用，也常被部落族人當成標本，掛在當地小賣店門口販售。

「很好吃」這句評語，讓我對於達悟族吃魚的文化產生了好奇。根據夏曼．藍波安所述，蘭嶼人對食用魚有特殊的分類法：oyud 是女人吃的魚；rahet 是男人吃的魚；angsa 則是老人吃的魚。為何有這樣的分類呢？原來在達悟族人的眼中，五彩繽紛的、漂亮的魚，象徵女人的美麗、嬌柔與慈母的形象，而男人吃的魚除了長得「醜」，還代表粗獷與堅韌。夏曼．藍波安〈達悟族吃魚的文化〉文中是這麼說的：

> 達悟人吃魚，是吃魚在海裡的曼妙游姿，吃魚的漂亮，吃魚的聰明，吃魚的堅韌性格，吃魚的團結，吃魚在海裡的習性被我們賦予的文化意涵。

原來，反映在達悟族的吃魚文化背後，有著更深的意義，關係到了達悟社會的「次序」如何透過吃魚這件事，建立起一套「共享」的原則。從女人吃的魚類，反映出達悟社會對女性的尊敬。透過祖先累積的經驗與知識，透過日月潮汐的律動來認識海裡的魚類，魚撈能力也成為男人建立社會地位的基本要素。一個要透過「吃」這個最為日常的行為才能一窺究竟的文化意涵，會是如觀光客般短暫逗留的畫家所能「捕獲」的嗎？

張義雄之所以選擇剝皮魚作為畫中的主角，或許是出於一個非常「個人」的選擇。他出身臺灣嘉義的書香門第，因仰慕當地出身的畫家陳澄波而立志習畫，並追隨其腳步赴日求學。然而，他卻未能如同前輩陳澄波一樣，考取心目中的第一志願東京美術學校。戰後回到臺灣的他，或許也因為缺乏學術光環，或因天生叛逆使然，雖然曾斬獲幾項美術大獎，並獲得省展免審查資格，但始終未有穩定的美術教職，轉為經營鳥店與開設私人畫室維生。

在張義雄生活最艱困的時期，也形成了他繪畫上的「黑線條時期」。在他筆下，物體與物體之間出現了又黑又粗的線條，將空間圍困，畫面看起來顯得陰暗，就像是反映現實生活所面臨的壓迫與困難，又像是他叛逆、不服輸的個性，堅決地不願與主流妥協。一九六四年他對臺灣畫壇心灰意冷，決定舉家移民巴西，卻在途中發現被仲介所騙，只好改留在東京。初期，靠著全家人到處打工維生，後來終於生活穩定下來，並在五十五歲時買下了生平第一棟屬於自己的房子。

張義雄完成《蘭嶼紀念》是在一九七〇年代，他正式成為日本美術聯盟會的會員，也成為臺灣第一位與畫廊建立經紀制度的畫家，並在省立博物館（今國立臺灣博物館）辦了兩次個人畫展，在經濟上與名聲上都獲得了肯定。《蘭嶼紀念》畫中的其他物體上，已經不太看到過去

圖 16◥張義雄攝於埼玉縣自宅畫室

圖 17◥達悟族民族動植物剝皮魚標本

那種粗硬的黑色線條，而是大量的藍色、白色，宛如蘭嶼的碧海白沙，讓畫面顯得開朗、明亮，提袋上的紅黃果實格外畫龍點睛。不過，為了要如實描繪這種「男人吃的魚」，畫家再度大量使用不討喜的黑色，並以厚重的油畫肌理突顯魚皮的粗糙，強調牠尖銳的牙齒及眼睛後方的背鰭棘。或許正是這種醜卻粗獷、堅韌的大海男兒意象，讓老年方才得志的畫家由此產生了深切的共鳴。也因為他選擇了一個冷僻卻又如此日常的題材，反而創造出一個讓觀者得以窺見達悟族海洋文化的微小契機。

文化脈絡中的視線角力

在這段對於蘭嶼圖像的漫長探索中，圖像的產生並非來自於單一脈絡，而是處於科學調查、經濟開發、軍事管理、觀光產業、大眾媒體等等不同時期複雜且多重的視角下，其中自然也包括了藝術家的筆墨風光。推究其中因緣，若沒有日治時期科學調查的成果，顏水龍、明石哲三等畫家或許無法登上他們心儀已久的原始祕境；若沒有一九六〇年代的國土開發與觀光發展，也不會促成一九七〇年代藝術家前往蘭嶼的寫生風潮。被視為原始之島的蘭嶼，不論在戰前或戰後，都無法阻擋來自現代化的凝視，以及實際上對於土地、文化的侵入。

然而，我們更可以發現，藝術家在其中所扮演的角色並非「美化」，相反的，從這些畫作展現出來的獨特個人視角，我們可以發現在視線角力所鋪陳出來的脈絡中，或多或少提供了些許「彌補」或「修正」的作用，例如顏水龍、明石哲三對蘭嶼的造訪與描繪，讓科學調查所形成的「物」之視角，多增添了一些對「人」的關懷，以及對於「文明人」的反思。林玉山筆下端嚴秀麗的蘭嶼少女、謝震隆與王信的攝影，也為戰後在國民政府強力開發及大眾傳媒誤導下被刻板化的蘭嶼，提供了不一樣的歷史圖像。張義雄畫中的剝皮魚來自兜售給觀光客的小賣店，卻不經意地觸及了達悟族不對外人開放的文化日常。

無可否認地，這些視角都屬於外來者的觀看。當了解到這段從日治時期到戰後，蘭嶼如何被觀看、被治理與被描繪的歷史後，再重新觀看這些畫作，不免注意到被畫者的視線似乎總是平視著畫面外的透視點，作為觀者的我們，也似乎不會去懷疑這些原始而天真的目光究竟望向何方。這或許正是適合在最後提出的問題，面對來自現代的凝視，蘭嶼人看到的又是什麼呢？

> 他們的神情難以言喻，是送行，抑或是不捨，混雜著初民部族對大島臺灣一切的茫然，如是心脈隨著海浪拍擊水泥沿岸的律動，時升時沉。乍看，他們集體性的臉部表情，多了許多無奈……

許多年後，在夏曼・藍波安書寫的《大海之眼》當中，追述了這個在一九七〇年代的關鍵畫面，地點在一九六七年至一九七三年間，蘭嶼興建的現代化碼頭「開元港」，碼頭盡是前來送行的親友，穿戴著驅逐惡靈的傳統裝扮，而他與出生於戰後的蘭嶼年輕人，即將由此啟程，投入彼時正處於經濟蓬勃發展，急需大量勞動力的「大島」臺灣。在這個敘述的畫面中顯示出過往的視角中最欠缺的部分：不安的情緒。蘭嶼不再只是畫中曾經存在，傳統逐漸消失的原始樂園，它也凝視著正在迎接現代化的臺灣，將一同參與、創造接下來的歷史。

附錄

一、美麗誤會的歷史考證——簡宏逸 295
二、岸裡潘家與《敦仔衣冠盛粧圖》——鄭瑩憶 305
三、平定臺灣得勝圖——盧正恒 309
四、相映成趣——博物學、博物畫面面觀——林紋沛 318
五、日治時期的原住民攝影——陳偉智 327
六、生物圖像與標本中的臺灣史——蔡思薇 331
七、修學旅行、紀念章與《葉盛吉文書》的圖像史料——莊勝全 337
八、「啟蒙」農民的讀物——《豐年》雜誌——曾獻緯 346
九、何謂漫畫？又該如何看待漫畫研究？——黃悠詩 356
十、乘隙而入：美術作品作為歷史材料的可能性——楊淳嫻 363

一、美麗誤會的歷史考證

簡宏逸

一個美麗的誤會

導演魏德聖在二〇一八年接受《風傳媒》專訪時，談到發想《臺灣三部曲》的緣起，是因為他在二〇〇一年左右看到「四百年前的一張畫」，也就是正文主題提到的這張畫。魏德聖認為，畫家依照為荷蘭東印度公司服務的傳教士干治士描述的西拉雅族男人，畫出了這張《福爾摩沙人》。這張畫讓魏德聖陷入了浪漫的想像，「感覺畫裡的人是守城武士，在災難來臨前，閒散地等待一個衝突的到來，哇！多棒的一個時代。」最後終於發展出製作中的《臺灣三部曲》[1]。

但事實上，這是個美麗的誤會。

正如正文的說明，這張《福爾摩沙人》的圖像，出自一八四三年比利時檔案學家奧古斯特・瓦倫[2]所編纂的圖文作品《世界各國人民的禮儀、習俗和服飾》[3]，而且是根據法國耶穌會士馮秉正一七一四年訪問臺灣的旅行報告所繪製。此外，馮秉正見到的是臺灣南路原住民，以現代的分類應該是住在高雄、屏東一帶的馬卡道族[4]。所以這張《福爾摩沙人》描繪的既不是西拉雅人，根據的也不是干治士的報導，更不是守城的武士。這位「福爾摩沙人」其實是馮秉正為了將臺灣原住民的形象傳達給讀者所做的描述，經過一百二十九年的傳遞後，才在一八四三年由瓦倫聘請畫家，以精巧的畫藝呈現出的理想形象。

對照比馮秉正晚八年，於一七二二年造訪臺灣的首任巡臺御史黃叔璥所觀察的「南路鳳山番」，我們也可以看到類似的描述。黃叔璥說今天高雄一帶的原住民本來「男裸全體」，但在清帝國合併臺灣後，男子以「青布圍腰下，即桶裙也，名鈔陰，武洛曰阿習」。而他們都赤腳，喜歡以野花或雞羽裝飾頭頂，「插雞羽，名莫良；武洛曰伊習，力力曰馬甲奴葛」，用漢語說就是整齊的意思。他們也用螺錢作為項鍊，稱為「興那」，男女都手戴銅鐲或鐵環，「名圭留；力力社曰勞拔。腳帶鐵鐲，名石加來。皆以飾美，故男女並帶之」。原住民認為金屬飾品發出的聲音，在服勞役傳遞公文時，可以幫助他們排除惡物，為自己壯膽[5]。

對照黃叔璥幾乎同時代的描述，我們可以確信馮秉正的觀察確實反映了臺灣南路原住民的形象。但各位一定想知道，這位耶穌會士又是個怎樣的人呢？

遠渡重洋的馮秉正

馮秉正本名 Joseph-Anne-Marie de Moyriac de Mailla（簡稱 Joseph de Mailla），一六六九年生於法國東部大城里昂東方六十六公里的貝萊（Belley）教區的貴族世家。但他不眷戀貴族之榮華，於一六八六年進入里昂教區修道院，發願前往中國傳教，並於一七〇三年三月抵達澳門。

在中國傳教之初，馮秉正就在江西省遇到嚴重的排斥天主教事件，不久後又面臨中國儒教與天主教間禮儀之爭最為嚴重的時候。這些事情都讓馮秉正心力交瘁。禮儀之爭是對於中國的儒教是否與天主教教義衝突的爭議，當時羅馬天主教教皇認為與教義衝突，並派遣特使到中國向信徒發布禁止敬拜祖先的教令。一七一四年，馮秉正寫信給里昂的耶穌會士多明尼克・德・科洛尼亞神父，信中開頭充滿了哀怨之情，並委婉提及當時耶穌會中國教團的分裂，所描述的，就是他抵達中國十餘年來所面臨的衝突。

但是馮秉正的運氣不錯，他從一七一〇年起參與了康熙皇帝繪製《皇輿全覽圖》的計畫，與其他八位傳教士奉命繪製涵蓋清帝國版圖的地圖。《皇輿全覽圖》是讓康熙皇帝與歐洲學者都引頸企盼完成的重大計畫，對康熙皇帝來說，這個計畫能將他統治的廣袤版圖盡收眼底；而對歐洲學者來說，這不只讓他們認識這位「韃靼皇帝」統治下的帝國，也是更新東亞地圖的絕佳機會。馮秉正參與的部分包括河南省、江南省（今江蘇與安徽）、浙江省、福建省及清帝國沿岸所有島嶼，其中就有他在致科洛尼亞神父的信中花上最多筆墨的臺灣島。後來這封信被刊登在耶穌會士杜赫德編輯的《外方傳教會書信集》。

馮秉正在造訪臺灣的次年才在江西九江寫信給科洛尼亞神父，此時他四十六歲，測繪《皇輿全覽圖》的工作也進入收尾階段。後來馮秉正返回北京覆命，康熙皇帝命令他住在京師，在內廷裡工作。至馮秉正約五十歲時，康熙皇帝命令他學習滿語，並透過翻譯成滿文的《資治通鑑綱目》與其他資料，以法文完成一部《中國通史》，原稿於一七三七年送達里昂圖書館。

馮秉正雖然在宮中受到重用，但同時間耶穌會士在清帝國卻飽嘗艱辛。一七二四年，他感嘆天主教在清帝國中已經被全面禁止，除了居住在北京受朝廷任用的傳教士，其他各處的傳教士都被驅逐出境。在北京的傳教士也不敢為他們的弟兄說話，因為要是惹怒龍顏，自己可能連北京這僅存的立錐之地也待不下去。馮秉正在如此艱困的情況下，仍完成了許多宗教著作，並在北京洗禮許多信徒。最後他在一七四八年病逝於北京[6]。

馮秉正對臺灣的報導自一七二〇年出版後，至十九世紀臺灣開港之前，都是西方人認識臺灣的最重要史料。但馮秉正所描述的臺灣原住民形象，卻要到一八四三年才由比利時檔案學家瓦倫轉化為精緻的圖像，呈現在世人面前。此時離馮秉正提筆寫信給故友，已經過了一百二十九年。

圖文並茂的十九世紀民族學叢書

以精緻圖像描繪世界各國風土民情，爭取讀者青睞的做法，在十九世紀中葉的歐洲蔚為風潮。這類圖書收錄大量插畫，給人圖像為主、文字為輔的感覺。插畫在印刷時沒有彩色，但出版社也聘請兒童為插畫著色，讀者只要多付一點錢就可以買到彩色版本，是個成熟的出版產業。在西歐的新興國家比利時，瓦倫創立的出版社「歷史藝術圖書館（Librairie Historique-Artistique）」是這類圖書的重要出版社。收錄《福爾摩沙人》圖像的《世界各國人民的禮儀、習俗和服飾》從一八四二年開始籌備，全套四冊在一八四三年至一八四四年間出版完成。這套書的文字由達利（Nicolas Dally）撰寫，圖像則以安德利克（Henri Hendrickx）領銜的諸多比利時畫家負責[7]。

《福爾摩沙人》這幅插畫是安德利克的作品[8]，繪製時，他除了參照書中源自馮秉正報導的相關文字外，也參考了義大利學者朱利歐．費拉里歐（Giulio Ferrario）的《古代與現代服裝》（*Il Costume Antico e Moderno*，1817）。在這本百科全書般的鉅著中，費拉里歐同樣參考了馮秉正的報導，以插圖描繪臺灣南北路的原住民。南路原住民赤裸上身，北路原住民則因氣候較涼，所以穿著用鹿皮做成的無袖衣服[9]（圖1）。安德利克讓在費拉里歐的畫中背對讀者坐姿的原住民站了起來，以正面朝向讀者，並讓他拿起放在地上的弓和箭，呈現的是一位閒適冷靜的原住民戰士形象。

國立臺灣歷史博物館收藏的兩張《福爾摩沙人》都是單張插圖，與原出處《世界各國人民的禮儀、習俗和服飾》分離。筆者推測，瓦倫也將《世界各國人民的禮儀、習俗和服飾》中的插圖分開販售，以獲取額外的利潤。現在古物市場上也可以找到許多瓦倫《世界各國人民的禮儀、習俗和服飾》的單張插圖，可支持筆者的推測。

瓦倫的出版社「歷史藝術圖書館」在一八四〇年代出版了許多類似《世界各國人民的禮儀、習俗和服飾》的圖文書，引領圖文民族誌的風潮，卻只經營了五年，就在一八四七年停止營運。但在「歷史藝術圖書館」結束前，瓦倫已經將《世界各國人民的禮儀、習俗和服飾》的圖版轉讓給其他出版商。一八四四年作為文字作者的達利，以同樣的圖版出版《世界各國人民的禮儀、習俗和服飾》的義大利文版[10]。一八四五年，瓦倫又將同一批圖版轉讓給在布魯塞爾和萊比錫都有生意的德意志商人卡爾・慕夸特（Carl Muquardt），讓他以這批圖版出版類似的著作[11]。

慕夸特的合作對象是德意志學者海因里希・貝格豪斯（Heinrich Berghaus）。貝格豪斯出身自普魯士的領地克列夫（Kleve，位於今天德國西部），靠近今天德國與荷蘭的邊界。他接受的專業訓練是成為土地測量師的大地測量學，而他最重要的作品也是反映其訓練的《自然地圖集》（*Physikalischer Atlas*, 1845），以及他為德意志學者亞歷山大・馮・洪保德（Alexander von Humboldt）著作所繪製的各式地圖。

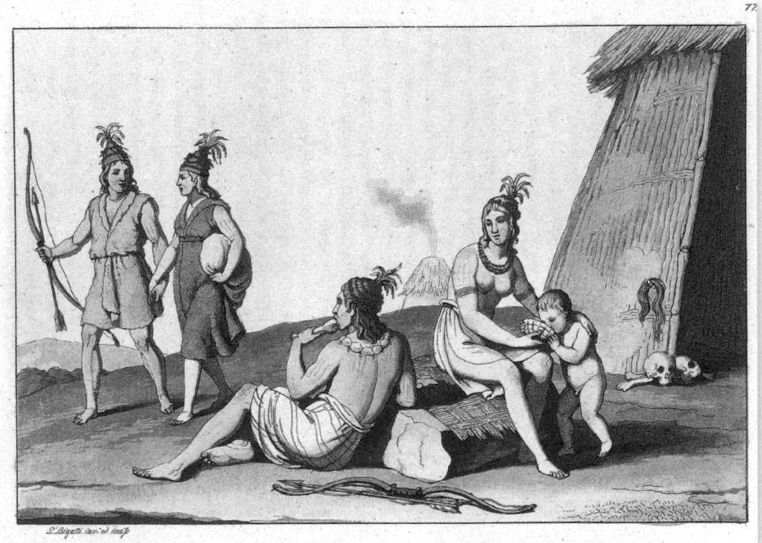

圖 1◥費拉里歐所著《古代與現代服裝》中的臺灣原住民。

雖然貝格豪斯的專業與民族學沒什麼關係，但因為他本人對於民族學的興趣，也投注心力在普及民族學知識上。他在這方面的最重要著作，是一八三七年至一八四六年間分為五冊出版的《普通地理與民族學》（*Allgemeine Länder- und Völkerkunde*）。這套書有個副標題「為各階級所寫的學校或家庭用書」，是一套以一般人為對象，供有興趣的人隨時閱讀，用以普及地理與民族學知識的書籍[12]。

貝格豪斯另一套重要的民族學著作，就是與慕夸特合作，運用瓦倫的圖版所出版的《地球上的民族》（*Die Völker des Erdballs*）全套兩冊，有德語和荷蘭語兩個版本。瓦倫《世界各國人民的禮儀、習俗和服飾》與貝格豪斯《地球上的民族》，在編排方式上有很大的差異。瓦倫依照國家編排章節，所以清帝國統治下的臺灣，就被編排在「中國」（Chine）之下。貝格豪斯以「民族」編排章節，於是臺灣原住民就被編排在「馬來種族」（Malay）之下。因此，我們會在描述臺灣原住民的段落前後看到同樣被歸類在馬來種族的兩個部族，分別是居住在今天菲律賓中部群島的比薩亞人（Bisaier），以及居住在馬里亞納群島的查莫羅人（Chamori）[13]。現在，我們會稱這些族群為「南島語族」（Austronesian）。

將臺灣原住民歸類為「馬來種族」的學說，是由普魯士東方學家柯恆儒（Julius Klaproth）所提出。他曾經與貝格豪斯通信交換關於中國地圖的意見，兩人都認識對方[14]。一八二二年至一八二四年間，柯恆儒曾連續發表三篇關於臺灣的研究。在一八二二年和一八二三年間發表的研究中，柯恆儒引用荷蘭牧師一六六二年出版的《臺灣西拉雅語基督教信仰要項與註釋》中保留的臺灣原住民語言，將臺灣原住民依照語言歸類於馬來種族[15]。到了一八二四年，柯恆儒又採用《大清一統志》等漢文史料來描述臺灣的地理環境和行政建置，並穿插馮秉正的報導作為補充，其中也包括描述臺灣南部原住民樣貌的段落[16]。

柯恆儒綜合東西方資料的臺灣研究，更新十九世紀初葉的歐洲臺灣研究現況，成為當時多數人引用的資料。他的研究不只影響了本文提及的瓦倫和貝格豪斯，也被歐洲鼓吹殖民臺灣的宣傳家引用，以證明臺灣是一座位於中國海洋邊疆的寶島，吹起了外國勢力在十九世紀末葉競逐臺灣商業利益的前奏。

又過了一個半世紀，臺灣已經從清帝國的海外領地，發展成一個民主自由的新國家。在形塑臺灣國族意識上扮演著重要角色的魏德聖導演，偶然機會下遇見了瓦倫的《福爾摩沙人》圖像，引發了一場美麗的誤會，進而發展成《臺灣三部曲》的劇本。如果《臺灣三部曲》能成為代表臺灣的史詩電影，瓦倫聘請畫家繪製的《福爾摩沙人》，必然會成為大眾焦點。屆時美麗誤解與歷史考證的對決，哪一方才會被大眾所擁抱呢？且讓我們拭目以待。

注釋

1. 鄭景雯，〈魏德聖的大航海夢：一張肖像畫啟動《臺灣三部曲》〉，《中央社》，2018年。
2. 有文獻指出瓦倫的本名是Jean-François-Nicolas Loumyer，但兩人生卒年不同。存疑待考。
3. Auguste Wahlen, ed. *Moeurs, Usages Et Costumes De Tous Les Peuples Du Monde: Asie* (Bruxelles: Librairie Historique-Artistique, 1843), 220.

4. 杜赫德（Jean-Baptiste Du Halde）編，鄭德弟譯編，《耶穌會士中國書簡集（二）》（鄭州：大象出版社，2005），頁 169-170。
5. 清・黃叔璥，《臺海使槎錄》，收入《臺灣文獻叢刊》，第4種（臺北：臺灣銀行經濟研究室，1957[ca. 1724]），頁 144-145。
6. 費賴之（Louis Pfister）著、馮承鈞譯，《在華耶穌會士列傳及書目》（北京：中華書局，1995），頁 607-615。
7. Jan Henri Marie van der Marck, *Romantische Boekillustratie in België* (Roermond: J. J. Romen & Zonen, 1956), 153-155.
8. 此為 akg-images 編目學家所做的考證，見 https://t.co/Bjkczmp9hd
9. Giulio Ferrario, *Il Costume Antico E Moderno Di Tutti I Popoli L'asia*, vol. 1 (Milano: Tipografia dell' Editore, 1817), 345-364。
10. Nicolas Dally, *Usi E Costumi Sociali, Politici E Religiosi Di Tutti I Popoli Del Mondo Da Documenti Autentici E Dai Viaggi Migliori E Più Recenti: Asia*, vol. 1 (Torino: Stabilimento tipografico Fontana, 1844).
11. van der Marck, *Romantische Boekillustratie in België*, 157.
12. Daniel J. Gelo, Christopher J. Wickham, and Heide Castañeda, *Comanches and Germans on the Texas Frontier: The Ethnology of Heinrich Berghaus* (College Station: Texas A & M University

Press, 2018), 35-50.

13. Heinrich Berghaus, *Die Völker Des Erdballs*, 2 vols. (Brussels and Leipzig: Carl Muquardt, 1845), 420ff.

14. Hartmut Walravens, ed. *Julius Klaproth* (1783-1835) Briefwechsel Mit Gelehrten: Grossenteils Aus Dem Akademiearchiv in St. Petersburg (Wiesbaden: Harrassowitz, 2002), 137-140.

15. Julius Klaproth, "Sur La Langue Des Indigènes De L'île De Formose," *Journal Asiatique* 2 (1822): 196.

16. Julius Klaproth, "Description De L'ile De Formose, Extraite De Livres Chinois," *Mémoires relatifs a l'Asie* 1 (1824): 342.

二、岸裡潘家與《敦仔衣冠盛粧圖》

鄭螢憶

清代岸裡社群，原是以居住在后里臺地的蔴薯舊社為中心，逐漸遷移擴散成為包含岸東、岸西、岸南、葫蘆墩、西勢尾、麻里蘭等九社的血緣部落。在康熙、雍正年間，岸裡社群逐漸由大甲溪北岸擴居至南岸，並與海岸的熟番社群在埔地資源上產生競爭關係。

在雍正八年（一七三〇年）的大甲西社抗清事件中，岸裡社群在土官敦仔與通事張達京的主導下，率領族人加入助官平亂的行列，並反擊了鄰近的樸子籬社、阿里史社等社。與此同時，敦仔（後稱潘敦）與來自廣東大埔縣的通事張達京聯合其他漢人一起組成六館業戶，透過著名的「割地換水」方式興修水力。此次割地換水的施行，讓岸裡社群得以排除海岸番社的勢力，順利控制大甲溪南岸的地權。亂平後，官方進而將樸子籬社、阿里史社交予岸裡社託管，後來又加上烏牛欄社、掃束社，形成以「岸裡大社」為主的「岸裡行政社群」。

潘敦身為岸裡社群部落勢力擴大的重要推手，當時是岸裡社群的第三代土官，因為協助平定亂事有功於朝廷，而獲得賞賜蟒袍。乾隆八年（一七四三年），敦仔又被選為祭祀孔廟的樂舞生，在當時熟番尚無學額可參與科舉考試之際，這是莫大的殊榮。乾隆十二年（一七四七年），岸裡社另一頭人勢力——社主郡乃大由士，私自發出請帖，以自己年邁、子孫沒有能力管理為由，將社地經公議後交給敦仔掌管。接著，乾隆二十三年（一七五八年）通事張達京因私墾界外埔地而被官府勒令回籍，在熟番社自舉通事的官方政策下，潘敦開始身兼通事、社主及土目等部落公職，此舉使得潘敦家族成為岸裡地域社會最有勢力的豪門鄉紳。

潘敦育有二子，長子潘士萬為抱養粵人，次子潘士興為血緣親生。乾隆三十六年（一七七一年）潘敦病逝後，潘家子嗣雖然沒再出任岸裡社通事一職，但因家族掌握大量番租，在部落會議中仍有一定程度的影響力。同時，潘春文、潘捷文分別擔任貢生、屯千總的職位。由此可見，岸裡潘家在乾隆、嘉慶年間仍有舉足輕重的影響力。

本文所依據的主要材料《敦仔衣冠盛粧圖》，便是在此時期繪製的。依據潘薏卉研究指出，該圖可能是乾隆三十五年（一七七〇年）時，由北路理番同知張所受連同「率類知方」匾額一同贈與潘敦的，授匾隔年，潘敦隨即過世。

《敦仔衣冠盛粧圖》現今典藏於國立臺灣博物館，該館前身為一九〇八年成立的「臺灣總督府民政部殖產局附屬博物館」。此一畫像為臨摹作品，於開館成立前一年入藏，原件則保留在潘敦子孫輩、岸裡社最後一任總通事潘永安家中，據悉該圖原件很可能已經佚失。

目前常見的《敦仔衣冠盛粧圖》，是在「百年物語：臺灣博物館世紀特展」中所展出的畫作，為二〇〇六年林煥盛所修復，並留有《AH1632 岸裡社頭目修理竣工報告》一書。而現今臺博館典藏的岸裡社相關文獻，並不僅有潘敦家族畫像，還包括「岸裡大社相關文書與契字」共二六八件。這些物件絕大部分是民國五十三年該館接收自省立臺中圖書館的典藏，另有十八件則是承接原臺灣總督府博物館的藏品，而《敦仔衣冠盛粧圖》便是其中一件。

回到圖像本身，這幅因戰功而由官方賞賜下來的潘敦畫像，很可能在潘敦去世後，被後代子孫當作祖先畫像而保留下來。這幅畫像，若按照繪圖技法來看應是屬「重彩肖像畫」，而重彩畫源自於中國宋代以來民間人物畫像。這種祖先像又被稱為「大影」、「冠靴像」、「衣冠像」等，是民間社會祖先畫像最為流行的類型之一。

這類祖先畫像並非真正參考亡者或祖先本人臨摹繪製，而是參考某些固定的形制，以「追容」方式重繪。雖然，潘敦畫像可能是在其生前就已繪製而成，但並無任何證據可以說明此肖像畫是根據潘敦的實際容貌。清代由於祖先畫像的盛行，甚至有畫師留有《追容像譜》一類的肖像畫稿合輯，用以規範這類畫像的使用材料與相關技法。重彩畫的特色是以細毛筆作畫，並用丹青為顏料，在肖像底部先塗上深色顏料，然後為了製造亮面效果，又重層塗上顏料。

在臺灣漢人社會的喪葬祭祀中，祖先畫像通常被用來代表祖先本人，以進行相關儀式。同時，漢人們也將祖先靈魂視為接近神明的靈體，因而將祖先視為具有「神格化」的形象。這也導致在傳統重彩肖像畫中，畫師會將亡者以自然正常死亡的理想形象呈現，因而肖像穿著官服的比例甚高，甚至有未曾當官者，卻在肖像繪製時出現借用官服繪製的情況。

這類畫像所借用的官服，通常是在補子上繡「白鷴」圖案的五品官服，究其目的，一是為了彰顯門楣，二是神格化的展現。現今臺灣民間社會常見的「重彩肖像畫」大都是清末繪製保留下來的，在日治時期這類肖像畫的傳統，已逐漸被「炭精肖像畫」（看起來就像是黑白照片）所取代。

可惜的是，我們並無直接證據可以說明《敦仔衣冠盛粧圖》是否被潘家子孫「神格化」後，當成祭祖時的儀式圖像。但可以確定的是，敦仔肖像畫即使是在光緒年間岸裡潘家改信基督教後，仍然被保留於家中，並於近代被轉繪至潘家家族的墓碑上。潘敦畫像，不僅代表了岸裡潘家在清代以來輝煌的家族歷史，同時也承載了後代子孫對於先祖的追思。

就目前所知與岸裡潘家的相關人物肖像，還有典藏於國立臺灣博物館的《敦仔行樂圖》（圖1）、日本天理大學附屬天理參考館的《潘敦仔夫人畫像》、《潘士興畫像》、《潘士興家庭團樂圖》、《潘士萬家庭團樂圖》可供參考。

圖 1〈敦仔行樂圖〉：圖上文字描述潘敦仔常乘坐馬車去郊外遊玩。

三、平定臺灣得勝圖

盧正恒

《得勝圖》的歷史背景

一如所知，乾隆皇帝自稱「十全老人」，在每一場戰役後，乾隆皇帝往往要求宮廷畫師繪圖以宣揚帝國武功、不世偉業。在其統治期間，先後繪製過《平定準噶爾回部得勝圖》、《平定兩金川得勝圖》、《平定臺灣得勝圖》、《平定安南得勝圖》、《平定廓爾喀得勝圖》等。學界對於這些《得勝圖》的分析甚多，展現了豐富多樣的研究面貌。

由於兩岸故宮博物院是收集清宮銅版畫的大本營，不少研究都在相關刊物上發表，包括《故宮博物院院刊》、《故宮文物月刊》與《故宮學術季刊》等。華文世界中，最早介紹銅版畫的學者是莊吉發，此後如曾嘉寶、翁連溪、莫小也、盧雪燕、李泰翰、高宜君和周維強等多位學者，關注重點在於製作過程及戰事介紹，對各種《得勝圖》展開以介紹性質為主的分析，進而將豐富的圖像公布給大眾。[1] 這些紮實的研究基礎，讓學者得以進一步將圖像與更大的歷史脈絡結合，如馬建春與謝婷等將《平定準噶爾回部得勝圖》視為一種政治宣傳品，以及對於帝國版圖政治合法性的政治權力表述，主張乾隆皇帝主導編繪的圖冊帶有強烈的政治宣揚意圖。[2]

《得勝圖》是政治宣傳品，也是中外交流下的產物。根據《平定準噶爾回部得勝圖》的製作過程，先由包括郎世寧在內的宮廷畫師繪製圖樣，接著通過廣州十三行與法國東印度公司簽約，將圖樣分批送往法國製作，經歷數年後完成銅版、銅版畫送返北京。迄今，關於《得勝圖》的重要研究成果或推馬雅貞教授。馬雅貞教授以其藝術史專業分析，不僅把《得勝圖》編繪的脈絡上溯到明末地方戰功圖像編繪的傳統，也用來闡述清代編繪帝國功勳圖像的傳統不只是融貫帝國傳統與西方技法的成果，更在帝國武功宣揚和政治工具之外，還蘊含強烈的滿洲族群尚武文化建構的重要意涵。[3] 簡言之，乾隆皇帝時期編畫《得勝圖》，既具有強調滿洲尚武文化的功能，也是自明末有關武功圖像的延續。

那麼，需要編畫什麼樣的《得勝圖》呢？換個方式來問，什麼樣的戰爭場景、樣貌會需要被派往戰場的將領特別關注呢？

學術界已理解圖樣製作、銅版製作、銅版畫印製的過程，但在此費工製作之前，初稿繪製的一貫做法為何？例如，乾隆四十年到四十一年（一七七五至一七七六年）間，乾隆皇帝下令阿桂、明亮等領軍主帥，繪製《金川戰圖》進呈，其繪製標準在於：「山川險惡之地」、「官兵出力攻克地點」。由此可知，「險惡地形」與「重要戰役」兩項要求，無疑是乾隆皇帝對於這幅畫作未來樣貌的想像和規畫。[4] 因此，我們可以認識到乾隆皇帝期待這些圖像所具有的「功能」，在於宣揚國威、展示滿洲尚武文化，而參戰的將領在繪製圖樣時，自然也會在這樣的脈絡下進行。

從彩圖、銅板畫到雕漆掛屏的《平定臺灣得勝圖》

過去，《平定臺灣得勝圖》與《平定臺灣戰圖》名稱上往往交替使用。不同於《平定準噶爾回部得勝圖》是中外交流下的產物；《平定臺灣得勝圖》是第一幅從圖稿到銅板、印製，都在宮廷自製的產品。現在已知存世的材料，包括《平定臺灣得勝圖》的銅版畫與彩圖版本。銅版畫版本迄今知道至少在國立臺灣歷史博物館、國立故宮博物院、德國柏林民族博物館（Ethnologisches Museum Berlin）均有收藏；而彩圖版本則藏於北京故宮博物院。

《平定臺灣得勝圖》的研究，或以李泰翰最為重要，他以檔案為基礎，釐清如何從福康安上呈的十六幅圖變成御製詩的十二幅版本，除了追索製作過程外，也介紹各圖像象徵的事件。[5] 相較於李泰翰聚焦於製作過程，鄭維明指出《得勝圖》的藝術層面較為粗糙，人物面相上並無突出繪畫性質，因為這些圖冊的主要目的是政治宣揚。[6] 另一位具有前瞻性的研究者是詹鎮鵬，他將焦點從《平定臺灣得勝圖》圖冊，移到《平定臺灣得勝圖》雕漆掛屏。該掛屏是在乾隆皇帝把完成的銅版畫賜給諸省大員收藏後，江蘇巡撫奇豐額交由蘇州織造所聘僱的漆工製成雕漆掛屏，並在一七九五年作為貢品敬獻給皇帝，成為帝國紀勳和地方貢品交織下的產品。此後歷經輾轉，由德國皇帝威廉二世所收藏。[7]

福康安「稿本」：《平定臺灣得勝圖進呈副本》

二〇一九年，筆者於美國哈佛大學燕京圖書館（Harvard-Yenching Library）發現該館所藏的十六幅《平定臺灣得勝圖進呈副本》。此圖是福康安在臺灣繪製，上呈給乾隆皇帝圈選，用以製定最終版本。[8]過往已有李泰翰、詹鎮鵬、宋冠美等人分析，提到在《平定臺灣得勝圖》繪製過程中福康安曾提交十六幅畫作的稿本，但此敘述仍僅出現於奏摺，從未見過其原始版本，因此上述學者僅能用文字粗略帶過。

乾隆五十二年（一七八七年），乾隆皇帝派福康安取代那些無法鎮壓臺灣叛亂的主帥們。從承德避暑山莊南下後，福康安花了不少時間候風、籌集物資、等待各省軍隊匯集，然後才渡過臺灣海峽，於鹿港登岸。乾隆五十三年二月十九日，乾隆皇帝知悉擒獲林爽文，意識到即將迎來勝利，於是下令正在進剿莊大田的福康安，在臺灣聘僱畫工繪製在臺灣的八場戰役：「平林仔、小半天、集集埔、斗六門、水里社、水沙連、大里杙及逆首林爽文被擒之老衢崎等處，將其地形山勢，即于臺灣地方選畫工，詳悉各繪圖樣呈覽，以誌戰功。即日擒獲莊大田，其南路險要地方，亦照此辦理。」[9]

福康安在臺灣待了三個月處理後續事宜，並於乾隆五十三年五月九日啟程返回，途經風浪於十四日順利抵達廈門，這三個月應該是《進呈副本》完成的時間。同年七月，抵達北京接受凱旋宴席。[10]福康安回京時，已將在臺灣完成的底稿交由內地畫匠裝裱完成，第一批八幅圖於七月十四日送交御前過目。乾隆皇帝瀏覽後，又參閱福康安從臺灣發送的奏摺，並徵詢參與戰爭的海蘭察等人意見，然後要求宮廷畫匠重新繪製。這個過程頗為重要，因為皇帝肯定也發現福康安進呈的圖像，就是奏摺中對諸場戰役所特別強調的元素之圖繪版本。

八月四日，福康安又上呈另外八幅圖：「嘉義縣城、斗六門、水沙連、大里杙、集集埔、小半天、老衢崎、琅嶠八處……臣福康安又於八處之外，添畫興化店、大排竹、大埔林、攸五乃社、大武壠、牛庄、枋寮及拿獲林爽文家屬之水里社等八處，共十六幅，謹一併呈覽，恭備聖明揀擇。俟欽定後，臣等即遵旨於圖內黏貼領兵大員姓名，並摘敘畧節具奏，俟御製詩發下後，再交如意館刊刻戰圖。」[11] 在十六幅圖中，乾隆皇帝揀選中意的十幅圖繪：大埔林受到青睞取代原定的水沙連，同時把水里社和大武壠納入。但同日，乾隆皇帝又以枋寮之戰替換水里社，理由是因前者「殺賊較多」；從這點也可看出乾隆皇帝挑選時想要闡述的「尚武文化」。自此，十二幅題材底定。[12] 八月六日，大臣在皇帝詩作的基礎上，於八幅之外，又加上凱旋圖和凱旋宴，形成十幅有御製詩的版本畫作：

> 臣等遵旨，酌擬平定臺灣戰圖共用十幅內，已有御製詩者六幅，請補御製詩者二幅，又已有御製詩，請補圖者二幅，分繕清單進呈，俟發下照從前平定西域、金川圖式繪畫，至臣福所進原圖十六幅可否即將所敘戰蹟說片分寫各圖對頁，作為藁本存貯，並將原進略節，一併黏簽進呈。[13]

換言之，在八月六日大臣們建議撰寫新的御製詩，就是因為欠缺的是八月四日才圈選的大埔林、枋寮、大武壠三場戰役。因此，八月四日，福康安第二次上呈八幅畫供皇帝從中揀選，後進呈的八幅畫作中，有三幅入選最終版本。八月六日，福康安進呈的十六幅畫被指示以稿本收藏。八月十七日，一份十六幅圖的版本被送到圓明園的如意館收藏，皇帝指示：

> 圖內人物、繪畫尚未合式，將原圖十六幅寄京交如意館，著伊蘭泰將從前畫過得勝圖尺寸查清，再畫一份。其原圖十六幅內，已選定十幅，著繆炳泰照依尺寸起賜宴圖稿一幅，著姚文瀚起渡海凱旋圖稿一幅。其原圖十幅，亦照尺寸另起稿，共十二幅。其山川形勢與打仗情形，照福康安所進之圖一樣，人物畫法照西域、金川戰圖尺寸大小一樣起稿。[14]

於是福康安所進呈的十六幅圖，就作為稿本收藏——或許目前哈佛大學燕京圖書館所收藏的，就是這份版本。與此同時，也開始以西洋技法繪製彩色紙本的工作。乾隆五十三年九月二十日，納入姚文瀚所繪製的渡海凱旋圖稿，皇帝批准繪製整份《平定臺灣得勝圖》的製作。由宮廷畫家楊大章、賈全、謝遂、莊豫德、黎明等人分畫圈選的十幅圖，繆炳泰則負責賜宴圖稿。同年十月五日，已完成的彩色戰圖陸續交由照辦處製作銅板，於乾隆五十四年（一七八九年）十月一日左右，陸續完成十二幅繪畫，乾隆五十七年（一七九二年）十一月十九日製作完成銅版畫。[15]

綜言之，《平定臺灣得勝圖進呈副本》將有助於完善過去關於《得勝圖》研究中重要的一環，揭露了從乾隆皇帝下令繪製、將領如何挑選，到如何繪製的過程，也可以看出在遙遠地區主導戰事將領的眼中看來，他們應該呈現什麼樣的圖像給皇帝。透過《平定臺灣得勝圖進呈副本》的內容，我們或許更能看出在林爽文事件發生當時，臺灣的地景與樣貌；同時也能看出在功臣眼中，那場天翻地覆的叛亂，要如何用靜態方式來呈現，好上呈給遙遠北京城那個坐在龍椅上的十全老人。

注釋

1. 莊吉發，〈得勝圖—清代的銅版畫〉，《故宮文物月刊》，第 15 期（1984），頁 102-109；曾嘉寶，〈紀豐功、述偉績—清高宗十全武功的圖像紀錄功臣像與戰圖〉，《故宮文物月刊》，第 93 期（1990），頁 38-65；翁連溪，〈清代內府銅版畫刊刻述略〉，《故宮博物院院刊》，2001 年第 4 期，頁 41-50；莫小也，〈銅版組畫《平定苗疆戰圖》初探〉，《故宮博物院院刊》，第 3 期（2006），頁 52-64；盧雪燕，〈鏤銅鑄勝—院藏清宮得勝圖銅版畫〉，《故宮文物月刊》，第 293 期（2007），頁 40-51；李泰翰，〈清乾隆年間臺灣戰圖製作經緯〉，《故宮學術季刊》，第 25 卷，第 2 期（2007），頁 139-178；高宜君，〈毫芒之測—乾隆平定準噶爾回部得勝圖銅版畫探微〉，《故宮文物月刊》，第 392 期（2015），頁 70-82；周維強，〈銅版汗青—欽定平定準噶爾回部戰圖之委法製作〉，《故宮文物月刊》，第 393 期（2015），頁 4-17。

2. 馬建春、謝婷，〈《平定準噶爾回部得勝圖》與乾隆政治權力之表述〉，《中南民族大學學報（人文社會科學版）》，第 4 期（2012），頁 79-84。

3. 馬雅貞，《刻畫戰勳：清朝帝國武功的文化建構》（北京：社會科學文獻出版社，2016）。

4. 慶桂等奉敕修，《清高宗實錄》（北京：中華書局，1986），卷 984，頁 134；卷 1004，頁 473；卷 1006，頁 505。

5. 李泰翰，〈清乾隆年間臺灣戰圖製作經緯〉，《故宮學術季刊》，第 25 卷，第 2 期（2007），頁 139-178。

6. 鄭維明，〈清《平定臺灣得勝圖》藝術表現特點與歷史背景綜述〉，《文物鑒定與鑒賞》，第 2 期（2019），頁 28-31。

7. 詹鎮鵬，〈帝國紀勳與地方貢品：乾隆朝《平定臺灣得勝圖》雕漆掛屏考〉，《國立臺灣大學美術史研究集刊》，第 45 期（2018），頁 189-243。

8. 此幅畫為絹本，經摺裝，長 65 公分、寬 79.2 公分，封面有《平定臺灣得勝圖進呈副本》字樣。目前仍未知此進呈副本為何為哈佛大學燕京圖書館所收藏，唯一線索為該圖冊最後有以鉛筆書寫 Cornell 的字樣。

9. 雖然該年二月五日皇帝下令編繪圖冊時，尚未得知福康安已經擊敗並擒獲莊大田。捕獲報告約在一個月後才送抵北京為皇帝過目。參見張翔等編，《清代臺灣檔案史料全編（八）》（北京：學苑出版社，1999），頁 1706。

10. 慶桂等奉敕修，《清高宗實錄》，卷 1306，頁 581；卷 1309，頁 631。

11. 「攸五乃」曾在其餘檔案中作「攸武乃」、「悠武乃」等各種寫法，《進呈副本》本身寫作「攸武乃」，而「水里」也曾作「水裏」、「水裡」等。但此份檔案寫為「攸五乃」和「水里」，文中也將瑯嶠寫作「琅嶠」，此處依照檔案原文書寫。參見洪安全總編輯、沈景鴻等編輯，《清宮諭旨檔臺灣史料（二）》（臺北：國立故宮博物院，2005），頁 1177-1178、1279-1281。

12. 李泰翰，〈清乾隆年間臺灣戰圖製作經緯〉，頁 142-148。

13. 洪安全總編輯、沈景鴻等編輯，《清宮諭旨檔臺灣史料（二）》，頁 1282-128；李泰翰，〈清乾隆年間臺灣戰圖製作經緯〉，頁 142-148。

14. 參見中國第一歷史檔案館、香港中文大學文物館合編，《清宮內務府造辦處檔案總匯》（北京：人民出版社，2005），第 50 冊，頁 659。

15. 參見詹鎮鵬，〈帝國紀勳與地方貢品：乾隆朝《平定臺灣得勝圖》雕漆掛屏考〉，頁 198-199；李泰翰，〈清乾隆年間臺灣戰圖製作經緯〉，頁 142-148。

四、相映成趣——博物學、博物畫面面觀

林紋沛

西方博物畫家與東方畫師

一幅博物畫之完成，除了有賴採集標本的博物學家，更有賴畫技精湛的博物畫家。博物學家的英雄形象加上精美博物畫傳達的異國風情，或許是博物學風靡西方的原因。這門顯學不只為時代造就一批又一批職業或業餘的博物學家，也讓繪製博物畫成為可以營生的職業。受歡迎的博物畫冊獲利頗豐，博物畫於是開創出另一片有別於傳統繪畫的新天地，而倫敦則成為博物學家、博物畫家

圖 1 古爾德

薈萃的中心。

為藍腹鷴作畫的古爾德（John Gould）是博物畫界的一大巨頭。他一生出版四十卷著作，包括三千幅鳥類及哺乳類畫作。畫作出版前，必須先經過雕版、印刷、手繪上色等步驟製成圖版（plate），再與其他內頁一起裝訂。當時流行的技術是石版印刷，古爾德的畫作直到妻子伊莉莎白過世前都由她雕製石版。一本本畫冊不只帶來經濟收益，也奠定他博物學家的地位。

古爾德僱用多位藝術家為他工作，協助將素描稿畫成完整的水彩畫，或為印刷後的畫作上色。這些畫家形成職業團體，其中不乏特地從歐陸各地前來倫敦者，來自德國的約瑟夫・沃爾夫（Joseph Wolf）也是其中一員——正文引用的臺灣獼猴和小彎嘴畫作正是出自其筆下。他們一邊磨練畫技，一邊累積作品，希望有朝一日也能成為像古爾德一樣有名的博物畫家。

對博物學家和博物畫家而言，海外探險是重要的成長儀禮。雖然未必人人都有機會前往海外，但無疑是大家亟欲爭取的機會，例如古爾德也將畫冊收入用於澳洲旅行。不過相較於澳洲、非洲、美洲，隨同探險家前往中國、印度等地的西方藝術家較少，因此博物學家大都僱用東方的當地藝術家作畫。受僱於西方人的中國畫師，原本的畫風或許更接近風俗圖、物產圖，可以想像他們被要求採用另一種風格作畫時，可能會和雇主的想像產生落差。

西方博物學家往往抱怨中國畫師的博物畫不夠精確、不夠科學。從下面這張博物學家約翰・里夫斯（John Reeves）收藏的丹頂鶴畫作（圖2），熟悉水墨畫的讀者確實可以看見水墨畫那種「閒雲野鶴」的影子，與西方博物畫大異其趣。這種「不夠科學」的抱怨，反映出不同

圖 4◥《蘇利南昆蟲之變態》書封上使用的圖片名為：《嬌嫩的紅花》。此圖是作者進入蘇利南的叢林，找到當地人也不知名的嬌嫩紅花，還找到一隻美麗的大型紅色毛蟲。畫面上方和右方的醒目蝴蝶是細帶貓頭鷹環蝶（*Caligo idomenueus*），右下是蝴蝶的蛹。蘇利南惱人的常見野蜂位於畫面中央，紅色毛蟲下方是野蜂的幼蟲。

圖 5◥藍腹鷴的雛鳥、雌鳥、幼鳥及雄鳥。（李政霖繪）

圖 2◥約翰．里夫斯收藏的丹頂鶴

圖 3◥《臺海采風圖》之倒掛鳥、金瓜茄。無法肯定斯文豪是否看過這類風俗圖、物產圖，不過他能解讀不同知識體系所描述的物種特徵，比對出各種「鳥獸」的拉丁文學名，著實令人佩服。

文化、不同知識背景所投射出的不同圖像與想像。然而，西方博物畫就「比較精確」嗎？許多西方博物畫家只能參考標本繪圖，再依素描稿、文字描述或想像力畫出背景棲地。也許精確與否的判斷，並不如西方博物學家以為的那麼涇渭分明。

博物學家踏足的「未知之地」

到世界各地探勘的博物學家，常常感嘆自己踏上的是一片「未知之地」（terra incognita），十九世紀來到臺灣的斯文豪（Robert Swinhoe）也不例外。這樣的喟嘆固然大有英雄冒險的浪漫想像，但博物學家面對的從來不是一片空白，和有文字的文化圈相遇時，這點更為明顯。

在西方博物學家到來之前，清代官員出於「採風問俗」的傳統，已編繪不少志書和采風圖（圖3）。斯文豪無疑意識到這些資料的存在，他逐條翻譯余文儀《續修臺灣府志》〈卷十八：物產二〉[1]提到的各種鳥獸，記錄臺灣、廈門方言的鳥獸名，根據自身觀察經驗比對出拉丁文學名，挖掘清代文人的「博物學」知識。

至於正文主角「藍腹鷴」是否在《續修臺灣府志》中現身呢？斯文豪翻譯之際或許也對此感到好奇。不過志書只提到同屬的「白鷴」，斯文豪評注說臺灣沒有野生的白鷴，占據相應生態位置的是當地漢人口中的「華雞」，亦即他所發現的藍腹鷴。

斯文豪毫不客氣地指出，志書有些地方根本把好幾個物種混為一談（例如鵂鶹被當成鴟鴞的別名，但這分明是兩種不同的鳥），或說自己從未在臺灣看過志書所列的某種鳥，抨擊志書不經查證就照引前書。不過斯文豪的批評未必全然正確，他所踏足之地畢竟以臺灣沿海地區為主，認識有限。以「鴛鴦」為例，斯文豪說自己從未在海岸見過鴛鴦，無法想像臺灣有野生的鴛鴦，但鴛鴦確實是臺灣的不普遍留鳥和稀有過境鳥，棲地位於內陸至山區的河川湖泊。然而，這裡到底是志書被斯文豪「冤枉」了，還是「歪打正著」，恐怕又是個複雜的故事。

從《續修臺灣府志》的引用書目出發，可以看到過去已有不少相關文獻，像是《諸羅縣志》[2]、《臺海使槎錄》[3]、《臺海采風圖考》[4]等。加上與這些著作同時（或同時期）出現的《諸羅縣志》「番俗圖」、《臺陽花果圖》、《臺海采風圖》等，就博物學來說，臺灣從來不是一片空白。面對清代方志、風俗圖、物產圖等「異質」的知識，斯文豪和另一知識體系的對話確實激盪出有趣的火花。

斯文豪博物學的突破與局限

斯文豪豐富的採集和觀察經驗，使他成為臺灣早期博物學的奠基者。他認為臺灣的哺乳動物和喜馬拉雅山區關係密切，應該也和中國更有關聯，可惜目前對中國內陸了解不足，否則應可發現臺灣和喜馬拉雅的中間種。鳥類狀況類似，臺灣的鳥種接近中國，與日本幾乎沒有關聯，山區物種則更接近喜馬拉雅，甚至可以看到同種。乍看令人驚訝，但這可能是因為目前對中國山區所知甚少的緣故。據此，斯文豪主張臺灣島過去與中國本土相連，反對部分地質學家認為臺灣島過去北連日本、南連菲律賓的說法。

依據今日的世界動物地理分布區，臺灣位於東洋界（華南、南亞、東南亞等地）內，山區物種則有古北界（溫帶亞洲、歐洲、喜馬拉雅山脈等地）的特色。斯文豪的推論基於深刻的觀察，放在今天一樣禁得起考驗。

不過細觀斯文豪發表的內容，可以看出其知識仍以解剖為主，對許多物種的認識仰賴當地人為他採集的標本，未曾在棲地親眼觀察。斯文豪關心的是發現新物種、了解物種分布，因此他也想窮盡可探索之地，渴望深入內陸和山區。斯文豪屢屢提到未知之地必有更多新物種等待發現，彷彿博物學知識的推進也要仰賴「開疆拓土」一樣。

博物學的發展和西方帝國擴張息息相關，斯文豪這種開疆拓土的想像似乎也隱約透出帝國和殖民的影子。但這並非博物學必然的樣貌，比斯文豪更早的德意志博物學家瑪麗亞・西碧拉・梅里安（Maria Sibylla Merian，一六四七至一七一七）前往荷蘭殖民地蘇利南（Suriname）研究昆蟲，完成《蘇利南昆蟲之變態》（*Metamorphosis insectorum Surinamensium*）一書（圖4），精美的畫作和入微的觀察讓她一舉成名。梅里安在字裡行間流露出對當地知識的關心，畫面呈現同一棲地的各個物種或昆蟲生命史，其對空間與時間的觀照，並非一般靜態快照似的「動物肖像」可比。或許這個學科內的比較，可以讓我們從不同角度反思斯文豪的博物學。

從博物畫到科學繪圖

繪圖一直是傳遞知識、記錄見聞的重要方式。像《臺海采風圖》這樣的風俗物產圖，雖然不符合「科學分類」的要求，但仍為臺灣當時的物種留下寶貴紀錄。自十九世紀下半葉開始，來到臺灣的西方博物學家開始記錄、命名臺灣物種，將臺灣納入博物學的認識版圖，關於臺灣的博物學自此蓬勃發展，一幅幅精美的博物畫構成西方人福爾摩沙印象的一部分。

十九世紀同時也是科學攝影發展的濫觴，今日攝影技術更加發達，許多研究領域甚至運用顯微鏡或 DNA 分析等技術，來深化我們對自然界的認識。儘管如此，攝影並未取代繪畫。繪圖不只能如實呈現研究者的觀察，更能傳達出研究者眼中的世界，畫出所欲強調的特徵，因此繪製而成的圖鑑依舊擁有無可取代的地位。科學繪圖不只能輔助說明，有時甚至能作為鑑定物種的證據。從過去的博物畫到今日的科學繪圖，繪畫始終占有一席之地。

今天，望遠鏡已經取代獵槍，標本製作也常利用路殺的動物遺體，未必會特意獵取活生生的動物；把物種移離原生地的作法也遭到質疑，動物園、水族館等圈養機構都面臨新一波的倫理挑戰。時移世異，但細心的觀察、分析、比較，仍是科學研究，以至於任何知識探求的基礎。或許我們也可在博物學與博物畫的啟發下，嘗試著觀察周遭，然後提筆記錄、作畫；認識環境的同時，也反思人與環境的關係。

延伸閱讀

1. 胡哲明、王錦堯、向麗容、郭昭翎，《繪自然：博物畫裡的臺灣》（臺北：國立臺灣博物館，2019）。
2. 朱蒂絲．瑪吉（Judith Magee）著，張錦惠譯，《大自然的藝術：圖說世界博物學三百年》（新北：暖暖書屋，2017）。
3. 瑪麗亞・西碧拉・梅里安（Maria Sibylla Merian）著，杜子倩譯，《蘇利南昆蟲之變態》（新北：暖暖書屋，2020）。
4. 陳政三著，《翱翔福爾摩沙：英國外交官郇和晚清臺灣紀行》（臺北：五南，2015）。
5. 范發迪著，袁劍譯，《清代在華的英國博物學家：科學、帝國與文化遭遇》（北京：中國人民大學出版社，2011）。

注釋

1. 《續修臺灣府志》由臺灣知府余文儀主修，編纂於一七六〇年至一七六二年間，一七七四年刊行。
2. 《諸羅縣志》由諸羅知縣周鍾瑄主修，編纂於一七一六年至一七一七年間，一七一七年刊行，卷首附有十幅「番俗圖」。

3.《臺海使槎錄》為巡臺御史黃叔璥所著，黃叔璥一七二二年至一七二四年間在臺，此書於一七三六年刊行。黃叔璥還雇人繪製《番社圖》與《臺陽花果圖》，前者推測可能是現藏於國立臺灣圖書館的《臺灣番社圖》，但仍有爭議；後者惜已亡佚。

4.《臺海采風圖考》為巡臺御史六十七所著，六十七在一七四四年至一七四七年間在臺，一七四五年左右先雇人繪製《臺海采風圖》，再損益圖之題詞而成《臺海采風圖考》。之後又在一七四六年左右完成《番社采風圖》、《番社采風圖考》。

五、日治時期的原住民攝影

陳偉智

一部相機不會自己飛到特定的地方，不會自己決定拍攝的時間和角度。照片都是人為的結果，不一樣想法的人拍出不一樣的主觀景象來。

——黃明川

臺灣的攝影史，與攝影技術被帶到臺灣來使用有關。當臺灣人學會使用此一十九世紀新興的技術以前，為臺灣留下最初的影像紀錄的，是來到臺灣的西方人與日本人。攝影技術的發展，正好與近代西方社會的科學知識發展、近代國家制度的形成、資本主義和帝國主義的發展與海外擴張，處於同一時代。因此，當西方國家的海軍、領事、探險家、傳教士、探險家、商人在十九世紀中葉臺灣開港後來到臺灣時，先後在港口、內陸，留下了第一批的影像史料，而臺灣的原住民也開始在照相機中留下了身影。

臺灣最初的影像史料，也多與開港港口、傳教士在內陸的據點、探險家的路徑有關，這些路徑與區域的自然地景、漢人與原住民的身影，也紛紛被留在了照相機的玻璃底片中。最初留下的這些臺灣攝影史料，相對而言是比較隨機的，並不是有系統的拍攝。比較有系統性地拍攝臺灣的風土與人物，是在日治時代期間。

日本統治臺灣之後，攝影技術是用來記錄臺灣總督府在臺展開統治的一種工具，從一八九五年的乙未之役，到之後五十年官方在教育、交通、產業、都市、建築、公共衛生、山地開發等各項政策的推動，殖民政府有意識地留下了影像紀錄。從這個角度來看，攝影技術似乎是殖民主義的一種視覺工具。日治時期官方出版的寫真帖中所呈現的臺灣特色，原住民常常是重要的主題。臺灣總督府的官方攝影留下的影像，也被呈送到東京，幾次對原住民武力討伐的影像紀錄，更是由天皇的侍從武官來臺灣視察後，直接帶回到宮內廳進呈天皇御覽。另外，總督府針對重要事件（例如理番事件），往往也會派遣攝影師同行，隨後並出版寫真帖。在原住民統治政策上，總督府在隘勇線推進與五年理蕃計畫期間，都留下許多軍事討伐行動的紀實攝影。分布在宜蘭、新竹、桃園、臺中一帶山區的北部泰雅族、東部太魯閣族、阿美族、南部排灣族、魯凱族等，都曾經在殖民政府的槍砲與鏡頭中被射擊與被拍攝（shooting）。如同一八九五年的征臺之役所留下的《征臺軍凱旋紀念帖》，這些理蕃事件的軍事討伐影像紀錄，如一九〇二年的《南庄蕃匪討伐寫真帖》、一九一二年的《臺灣生蕃種族寫真帖附理蕃實況》、一九一二年的《蕃匪討伐紀念寫真帖》、一九一三年的《討蕃紀念寫真帖》、一九一三年的《大正二年討伐軍隊紀念》、一九一四年《太魯閣蕃討伐軍隊紀念》、一九三一年的《霧社討伐寫真帖》等，除了記錄事件之外，也在見證理蕃計畫的成果。這些理番事件的影像，呈現總督府調派軍隊與警察隊的動員實況、山區戰略兵要地形、山區布陣與戰術運動的紀實攝影。

日本統治臺灣，除了建立殖民地政府外，當時日本正在發展中的帝國大學各學科代表的各種近代知識，也將調查研究的觸角延伸到臺灣來，而影像紀錄則成為這些近代知識的重要工具。例如，當帝國大學人類學教室派遣助手鳥居龍藏來臺灣時，他便有意識地攜帶了照相機來輔助田野工作。一九一〇年代的臨時臺灣舊慣調查會的原住民調查，以及一九二八年臺北帝國大學成立後的人類學調查，在這些學術性調查中，攝影都是重要的方法與工具，生產出許多強調文化特質與體質特徵的影像。除了鳥居龍藏、森丑之助外，臺北帝國大學的學者們也留下了數量不少拍攝原住民的玻璃乾版底片，如《人類學玻璃版影像選輯》。學者們在田野拍攝的影像，日後也被整理出版，如博物學者鹿野忠雄拍攝的蘭嶼雅美族（達悟族）、生物學家瀨川孝吉拍攝的布農族與鄒族，以及語言學者淺井惠倫的平埔族影像。

日治中晚期之後，一些新世代原住民菁英，如同時代的漢人社會一樣，逐漸有蒐集自己就學、工作經歷、家庭與社會參與的影像，做成相簿。雖然這些影像很少是自己拍攝的照片，但是這展現了相對於官方或人類學的視角的影像使用，從團體、體質特徵或文化類型的族群影像，逐漸形成已相當具有近代性的自我發展、家族以及社會參與為主的族群影像。從影像使用來看，這也翻轉了先前的族群影像的被攝影被觀看的經驗，而是影像成為保留自己成長史與社會活動的一種主動形式。

近二十年來，國內外的圖書館、博物館、檔案館，積極推動將館藏數位化典藏，這些典藏數位化的資料也包括影像在內。目前國內外有不少與攝影、影像及原住民有關的影像資料庫，透過以下這些數位資料庫，可以進一步探索臺灣與原住民影像再現的相關議題。

延伸閱讀

1. 文化部「國家文化資料庫」 http://newnrch.digital.ntu.edu.tw/nrch/
2. 國立臺灣大學圖書館數位典藏館「伊能嘉矩手稿」https://dl.lib.ntu.edu.tw/s/ino/page/Home
3. 國立臺灣大學圖書館數位典藏館「臺灣舊照片資料庫」https://dl.lib.ntu.edu.tw/s/photo/page/Home
4. 國立臺灣大學圖書館數位典藏館「日治時期繪葉書」https://dl.lib.ntu.edu.tw/s/postcard/page/Home?fbclid=IwAR12DdeloFKQTZ_BSBiXkhOGHl8XX_8nHG9ZDNG_dZBDQjhxoWnBBPWrwl8
5. 國立臺灣歷史博物館 https://www.nmth.gov.tw/
6. 國家圖書館「臺灣記憶」 https://tm.ncl.edu.tw/index
7. 臺灣圖書館「日治時期期刊影像系統寫真資料庫」 http://stfj.ntl.edu.tw/cgi-bin/gs32/gsweb.cgi/ccd=Mp2qct/main?db=wensan&menuid=wensan
8. 國家攝影文化中心 https://ncpi.ntmofa.gov.tw/index.html
9. 漢珍公司「臺灣百年寫／GIS 資料庫」 https://twoldim.infolinker.com.tw/user/help/manual.html
10. 美國里德學院（Reed College）「Formosa: Nineteenth Century Images」https://rdc.reed.edu/c/formosa/home/
11. 美國拉法葉學院（Lafayette College）「East Asia Image Collection」https://ldr.lafayette.edu/collections/dz010q56p

六、生物圖像與標本中的臺灣史

蔡思薇

乾癟近似褐色的乾燥植物標本，是西方植物學研究的基礎材料之一，它富有實物的價值，不可被輕易取代的物質文化意義。細究其中的構造，亦能體現造物的某些意涵與特殊性，因方便攜帶與寄送，更成為跨越時空距離，彌補夢想、理想與現實的好材料。立基於西方植物學概念所保存的臺灣植物標本，歷史可以追溯至清末來臺的西方人。他們採集、製作標本後，將這些數量不多的標本存放在歐洲的標本館供學者研究。日本統治後，也開始採集臺灣的植物並進行標本製作，而從臺灣植物標本的存放地點來看，更可以明顯看出這些地點與臺灣歷史的發展息息相關。

存放臺灣自然的場所

想要了解一個地方，除了當地的風土民情外，自然環境的資訊也是另一個重要的面向。在一八九五年臺灣進入日本統治後，日人開始記錄臺灣的生物，不論動物、植物、礦物、氣候等都涵蓋在內。當時在總督府任職的官員，透過自身的興趣或出差活動，記錄所到之處的臺灣環境與風俗樣貌，從中蒐集的植物標本中，有時會將特殊構造慎重圖繪表示（圖1）。其中大部分送往東京帝國大學的植物學教室，一部分留在辦公室，也就是臺灣殖產局倉庫。

日治之初的臺灣，一開始沒有專門存放植物標本的地方。如上面所說的，大部分的標本是寄往東京，少部分留在臺灣。直到一九〇八年總督府殖產局博物館成立，臺灣開始有了專門存放自然史標本的棲身之所，植物、動物、礦物等自然史標本有了存放與研究的專門場所。經過乾燥與一定程序處理後的標本，比一般生鮮植物更容易保存，由於標本是實物，具有可見性、教育性、研究性，學生可以透過製作標本習得生物學的基礎知識，而對研究者來說，更是方便教育、比對與細究的好材料。因此，除了如上述大學、博物館這類機構外，臺灣各地學校、師範體系或者林業相關機構，例如日治時期中學校、總督府國語學校及阿里山、太平山、恆春等地，都有製作、蒐集標本的習慣。在一九一一年林業試驗場成立後，這裡也收藏一部分與林業試驗場業務相關的植物標本。一九一九年後，即將成為「林業部」的林試場，接收了大部分原先存放在殖產局博物館內的植物標本，我們現今對日治時期植物標本蒐藏的概略樣貌就是據此而來。一九二八年臺北帝國大學成立之後，設有理農學部，以大學研究及南方為中心的標本蒐藏政策，再次展現出臺灣科學研究的另一個時代。

回到文內所說的臺灣杉發現時代前後。更早一些時候的一八九六年至一八九九年間，東京帝國大學的專家因為帝國議會的經費支持，分批來臺灣調查。這批來臺的東京帝國大學專家，還沒有早田文藏。就如正文所說的，早田在一九〇〇年開始念東京帝國大學，身為大學生的他，就是透過這些飄洋過海至東京的標本，來認識臺灣。後來，臺灣總督府在一九〇五年開始大量採集臺灣植物，此時已經畢業的早田文藏在大學擔任助手，開始負責鑑定寄至東京大學的臺灣植物標本，這也是為何他的研究是以臺灣植物為主，而且大部分都依賴臺灣採集者的原因。

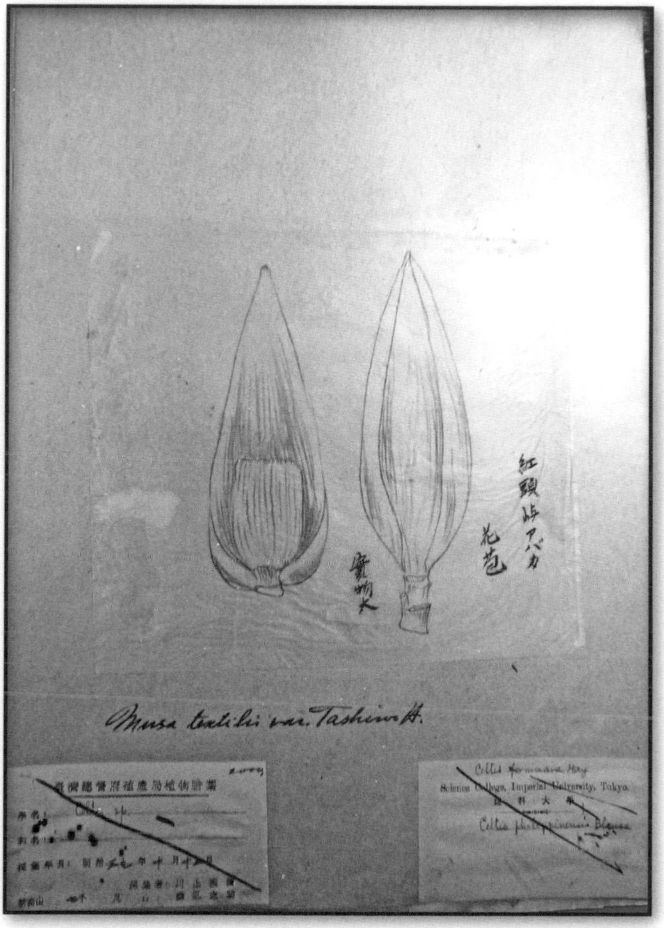

圖 1 田代安定採集標本時所繪的田代氏芭蕉（蘭嶼芭蕉）花苞。標本館將圖繪貼於廢用的台紙上，方便與植物標本共同存放，又可確實保存資訊。

科學中的檔案、標本與圖繪

標本的閱讀與歷史學熟悉的檔案其實有相似之處，也有完全不同的地方。直到現在，日治時期在臺灣採摘的標本，仍存於上述這些場所中。就標本的形式來說，它與歷史檔案都有一定的內在邏輯，有其制式及時代規範。但同時，標本也有著許多個人化的特色，以及其他特定痕跡。從標本台紙上各種圖繪、草圖、筆跡、筆記，乃至植物置放配置及標籤內容，都可以看到過去植物學者的思考軌跡。也就是說，標本上有著各式各樣的資訊，等待人們去細思追尋。

再細細往下追尋，還可以看到歷史時光與個人特色遺留在臺灣杉標本的印記：這份標本與一般熟知的標本表現方式不太一樣。一般的「暫存標本」，是在採集後，先經過初步壓製與乾燥，夾入報紙中，並將採集者、採集地點等相關資訊寫在報紙上，或者暫夾入不一定完全填寫完成的標本標籤、小紙片（若可能為新種，學名此欄將會是推測的或空白的）。然而，臺灣杉的資訊，則是「綁」在枝條上的。這些綁帶可能呈現的是小西成章為了表現不同枝條在不同時間、地點所採集所留下，又或者是小西對此植物特別慎重的處理方法。

印刷術與科學圖繪

對自然萬物進行觀察、製作標本，並透過「輸出」而進行繪圖，是人類歷史上重要的智識行動之一。特別是許多無法以文字、相片表現的狀態，用「圖繪」卻能輕易表達重點，甚至具有各自的藝術表現。科學技術發展後，科學繪圖的功能與要求更顯重要。即使現今顯微鏡及攝影技術已頗為精細，但仍無法取代科學繪圖中，對某些構造的特殊形態加以強化、展現美學的傳達方式，這也是科學圖繪之所以會歷久彌新，不被時代洪流淘汰的原因。

早田是印刷術流傳時代的受惠者。當他無法看到麥斯威爾建議他的密葉杉標本時，是透過印刷術的流傳，從外國的植物誌圖版來判斷其異同的。而早田同時也是以印刷術所印製的論文的發表者，以臺灣杉為例，發表者依照標本之觀察與比較，製作出印在論文後方的圖繪。然而，讀者了解其知識的過程，卻是相反。一般讀者看到的論文中的資訊，是經過發表者「整理」，將其條理清晰化後的產物。也就是說，讀者是先看到一篇新的臺灣杉「論文」與「科學圖繪」，如果是個有興趣或研究相關領域的植物學者，會再進一步嘗試能否前往觀看實物標本（這也就是為何現在的臺灣杉標本有著如此多的標籤，皆是歷來植物學者所留下的觀看痕跡）。

不論如何，科學圖繪藉著印刷品的流傳發送，確實並快速地補足了讀者無法親眼看見實物標本的遺憾。所以標本雖然與植物繪圖的關係緊密，但兩者一定也存在著不同的訴求。科學繪圖與真實標本兩相比較，沒有誰勝誰負，兩者對研究者都同樣重要。比較兩者留存的資訊，標本上的資訊往往遠多於發表文獻及其所附上的科學圖繪；但同時，標本資訊也表示著更為繁瑣複雜。

簡單來說，論文和其科學圖繪是經過「整理」後的產物，必須去蕪存菁地記載，傳達「清楚」的訊息，這也意味著需要將雜訊刪除。現今，不論是標本或科學圖繪，都是人類思辨所歷經的軌跡，是無比珍貴的心智活動紀錄，也是重要的物質文化遺產。時至今日，世界上許多擁有數百年歷史的標本館仍繼續存在，讓人們得以親炙實物標本、重製圖繪，不斷提供研究者新的創見與誘發更多思考。

延伸閱讀

1. 《採集人的野帳》漫話幕後：後臺灣植物大命名時代二三事 https://www.creative-comic.tw/special_topics/121
2. 游旨价，《通往世界的植物：臺灣高山植物的時空旅史》（臺北：春山出版有限公司，2020），頁 172-180。

七、修學旅行、紀念章與《葉盛吉文書》的圖像史料

莊勝全

近代制度化旅遊活動下的修學旅行

日本自十九世紀下半葉展開明治維新以來，在旅遊活動方面最重要的變革，即在於將江戶時代集體徒步至伊勢神宮參拜的集團旅行，與西方的新式旅遊組織兩相結合，成為新式的制度化旅遊——由專司旅遊活動的組織機構（如交通部門、旅行社、商務旅館），規劃特定的旅遊地點與空間（如特定的觀光區、溫泉區或風景名勝），並配合旅遊媒介的宣傳（如報刊媒體的報導、旅遊指南與觀光手冊的印製），使得旅遊不再以宗教祈福為主要目的，而轉變成以團體結伴出遊與購買特產作為回程餽贈他人禮物的形式，並逐漸成為重要的文化習慣。

在甲午戰爭與日俄戰爭接連獲勝後，隨著政治與經濟力量的擴張，日本國內更興起海外旅遊的風潮，透過各式各樣的旅行案內（旅遊指南）前往中國、蘇聯、滿洲、朝鮮、臺灣等地，將旅行範圍擴及整個東亞。[1]

日本統治臺灣以後，為了展示帝國對殖民地的治理，總督府也逐步在交通局鐵道部運輸

課的規劃下，進行鐵公路交通路網的整建（如西部縱貫鐵路通車）、旅館系統的建構（如臺北鐵道飯店）與旅遊手冊的編印（如《臺灣鐵道旅行案內》），打造出適合於制度化旅遊的環境。[2]其中，日本在臺灣實施的殖民地近代教育，也與制度化的旅遊活動結合，將正規的教學活動搭配遊覽或觀光行程，開展出各式各樣的修學旅行，成為具有教育意義的旅遊形態。

及至一九二〇年代，各級學校在學期中的旅行規劃已相當完備，如小學會在學期中舉辦全校一天來回的遠足，暑假則有各年級分別舉行的遠足；中學階段則在各個年級分別實施遠足、環島、半環島（東半部或西半部）、離島澎湖等旅遊行程。而除了各種島內旅行外，更有在進入最後一個學年之前，跨海前往日本進行耗時最長、移動範圍最廣，類似「畢業旅行」意涵的海外修學旅行。

此類前赴日本的修學旅行，通常需要一個月左右的時間，並在旅途中穿插搭配輪船、火車、電車、客運、步行等移動方式，往返於殖民地和母國，及穿梭在東京、京都、大阪、神戶等各大城市間。由於時間與空間的跨度甚廣，整趟旅程所費不貲，參加的學生往往必須自入學起，在每個學期分期繳交一筆費用作為旅行基金。[3]日本修學旅行除了各級學校自行安排之外，另有跨校合辦的模式，如一九四〇年三月，臺北的建成小學校便與市內其他四間小學校，合作舉辦「臺北小學校聯合畢業旅行」，五個學校的畢業生集體前往神戶、大阪、京都、奈良、名古屋、東京、日光等地，進行為期近一個月的修學和賞櫻行程。[4]

本書中〈殖民地少年的朝聖之旅〉一文，便是在上述的歷史脈絡下，以一九三六年至一九四一年葉盛吉就讀臺南第一中學校期間，於一九三八年七月前往澎湖進行臨海教育，及一九三九年七月到日本進行修學旅行之經歷為主軸，述說葉盛吉的旅遊見聞，以及這趟修學旅行對其生命歷程的影響與意義。

紀念章與地景建構

由於修學旅行是日本近代國家教育的重要環節，因此行程安排具有濃厚的教化性質，而不脫以下幾種類型：其一，彰顯日本的名勝古蹟，如京都奈良的金閣寺、東大寺、法隆寺，以及東京的明治神宮、皇居等；其二，與日本史、神道信仰、武士精神相關的景點，如京都的桃山御陵、奈良的橿原神宮、東京的靖國神社、三重縣的伊勢神宮、橫須賀軍港等；其三，與殖民地臺灣相關的史蹟，如博多區東公園的明石元二郎銅像、東京赤坂的乃木神社、新宿御苑的臺灣閣；其四，與殖產興業相關的設施，如大阪市立電氣科學館、造幣局、長崎造船所、東京車站等；其五，現代化設施，如百貨公司、朝日新聞社、日比谷公園等。[5]

包括葉盛吉所參與的修學旅行在內，所有各級學校的旅遊行程均大同小異，皆屬富含國家主義的擬製行程，然而，葉盛吉此行的特別之處有二：其一，葉盛吉透過日記書寫，逐日寫下旅程中的所有細節與遊歷心得，他的書寫提供的是目前所能發現殖民地修學旅行唯一的第一手見聞與最直觀的心境寫照，而非事隔多時的日後追憶；其二，伴隨文字而來的二百三十一個旅行紀念章，是戰前赴日旅遊紀錄中，少數具備首尾相連的完整性，並以豐富多元的樣式最細緻記錄旅途過程的圖像元素。這些紀念章不單單為日記內容增色，更是日本近代國家教育結合制度化旅遊活動的最佳體現。[6]

戰前日本與殖民地臺灣，可以說是世界上最風行旅行紀念章之處。紀念章起源於近代郵政系統所創設的紀念郵戳，一九〇二年日本為了慶祝加入萬國郵政聯盟二十五周年，製作了蓋於郵件上的紀念章，此後紀念郵戳的風氣逐漸普及日本並蔓延至臺灣，如一九一六年「臺灣勸業共進會」，便在兩個主要會場裡設置臨時郵局，提供遞郵信件蓋印紀念戳章。不過，直到一九二〇年代，仍然只有零星提供民眾自由蓋印的紀念章，直到一九三一年四月日本關東廳的郵便局推出特定觀光景點的風景紀念郵戳後，這股風潮才迅速在日本與臺灣擴散，以各個火車站推出旅遊紀念章為首，各類商家、旅館、娛樂設施乃至餐飲店，也陸續推出專屬的紀念章。其中，臺灣更因一九三五年舉辦「始政四十年記念臺灣博覽會」，而達到紀念章蒐集的高峰。當時一名出身新竹關西、在臺北濱町（今漢口街二段一帶）謀生的家具木工楊雲源，便在五十天的會期當中，蒐羅各式各樣博覽會相關的明信片、地圖、廣告小冊，並蓋印了三百個五顏六色的紀念章。這些紀念章除了官方製作的展館紀念章之外，更多的是民間商店自製的博覽會紀念章。[7]

配合始政四十周年記念臺灣博覽會所帶動的展示、消費與旅遊風潮，媒體人宮地硬介也於同年編著發行了《臺灣名所案內》，導覽介紹全臺灣三十二個城鎮地區，除了簡短的文字介紹之外，也附上代表每一個地區當地形象的郵戳紀念章，從而將各地複雜多變的地景，化約成簡單且易於辨識的形象，不僅幫助外地旅客能概略且快速地認識所到之處，這些符號化的地景，在戰後更轉化為某些地方凝聚在地認同的指標。[8]

無論是楊雲源或葉盛吉，都因為他們熱切蒐集紀念章的具體實踐，而讓後人有所憑藉，得以更深入認識與體會那個時代的歷史氛圍。葉盛吉的修學旅行書寫正有賴這些旅行紀念章的搭配，讓呆板的日記瞬間化身為圖文並茂的遊記，帶來大異其趣的風貌和閱讀體驗。

葉盛吉的風景素描與繪畫創作

葉盛吉不僅勤於動筆，也擅長繪畫（他在就讀臺南第一中學校時期，每學年圖畫科的成績均在九十分以上），因而在他的修學旅行日記中的圖像元素，除了旅行紀念章之外，還有親手繪製的史蹟建築圖像輔以記錄旅行點滴的文字。例如，他在奈良參訪文化古蹟時，便以手繪圖示的方式，說明東大寺屋簷的形制和五重塔建築的耐震工法。[9]

正因擅長揮動筆桿寫下、畫下日常周遭的人事物，和自身日復一日的生活經驗、情緒感受與心境轉換，葉盛吉除了日記書寫之外，還留下了珍貴的生活讀書筆記、寫生與漫畫描繪、親友書信、文學創作、畢業論文、履歷證件和獄中手稿（包括等同於遺書的〈自敘傳〉）。[10]

其中，葉盛吉的繪圖創作約集中在兩個時期，其一為仙台二高時期，一九四三年十月六日至十三日，因為前往宮城縣遠田郡南鄉村進行戰爭時期農村勤勞奉仕，而在當時撰寫的〈生活筆記〉中，一方面留下諸多農村生活的寫生圖像，[11]一方面素描當地的旭山和鳴瀨川的自然景色。十月十六日宮城縣護國神社祭時，葉盛吉前往岩手縣南部的毛越寺參訪，並素描了常行堂。十一月十六日，來自滿洲國的同學宛吉斌，向葉盛吉詢問臺灣住宅的形式與格局，因此他也在筆記中手繪了一位鹽水親戚的家屋平面圖，詳細說明內外各處空間的配置與用途。在旭山、鳴瀨川、毛越寺常行堂的素描圖上，均附有葉盛吉所題的日文新詩，家屋平面圖則有長篇的說明文字，目前已集結出版。[12]

另一個留下大量手繪圖像的時期，是一九五〇年二月至三月間，葉盛吉在長形便條紙上畫下大量人物和動物的手繪漫畫，[13]其中某些畫作上更附有劇情與台詞，如「人物」其中有一幅的劇情是在寒冷的冬日，一位婦人特地煮了熱湯要給飼養的雞群飲用，最後失望地說：「笨雞，明明在這樣寒冷的日子，熱湯是很好喝的啊……」；又「動物」中有一幕為一隻母蟹正在教導子蟹走路，母蟹嚴正地說：「你們絕不可橫著走，要筆直而行。」子蟹回答：「媽媽，請您先筆直地走，這樣的話，我們會很高興地仿效媽媽的方式前進。」這些漫畫是葉盛吉在被逮捕之前一、兩個月所創作，畫作背後的意涵或許值得進一步討論與詮釋。

最後值得一提的是，今日我們尚能得見內容豐富的「葉盛吉文書」[14]，要感謝在葉盛吉因涉嫌叛亂而遭槍決離世後，其夫人郭淑姿與岳父郭孟揚於白色恐怖時期，能夠在驚懼與危險的時代氛圍中，毅然決然地保留葉盛吉手稿的吉光片羽，以證明他曾在這個世間留下印記並為時代留下見證的堅持與勇氣。正因為他們的「忍苦」，不僅讓後人得以見識到葉盛吉豐富的人生經歷與精神世界，更為這些成長於日本統治後期的知識菁英的人格養成過程，及他們在面臨戰後政權轉換和連續被殖民情境時曾經有過的掙扎、抉擇與行動，留下一個珍貴的側寫。

注釋

1. 呂紹理，《展示臺灣：權力、空間與殖民統治的形象表述》（臺北：麥田出版，2005），頁 342-347。另可見小牟田哲彥著，陳嫻若譯，《跨越世紀的亞洲觀光：明治．大正．昭和，日本旅遊手冊中的世界》（新北：臺灣商務印書館股份有限公司，2022）。
2. 呂紹理，《展示臺灣：權力、空間與殖民統治的形象表述》，頁 347-356。另可見小牟田哲彥著，李彥樺譯，《大日本帝國時期的海外鐵道：從臺灣、朝鮮、滿洲、樺太到南洋群島》（新北：臺灣商務印書館股份有限公司，2020）。
3. 鄭麗玲，《躍動的青春：日治臺灣的學生生活》（臺北：蔚藍文化出版，2015），頁 286-307。林雅慧，〈「修」台灣「學」日本：日治時期台灣修學旅行之研究〉（臺北：國立政治大學臺灣史研究所碩士論文，2010），頁 45-96。
4. 許雪姬訪談，吳美慧記錄，《圓滿人生：臺北第一高女陳瑳瑳女士訪問紀錄》（臺北：中央研究院臺灣史研究所，2021），頁 42-54。
5. 鄭麗玲，《躍動的青春：日治臺灣的學生生活》，頁 321-324。

6. 以海外修學的紀念章而言，除了葉盛吉之外，另有嘉義農林學校的四年級學生蔡石埤，曾於中日戰爭爆發前的一九三七年五月七日至六月六日間，自基隆出航進行為期一個月的「滿洲（大連、旅順、奉天、新京、哈爾濱、撫順）、朝鮮（平壤、京城）、日本內地（大阪、京都、奈良、伊勢、名古屋、鎌倉、東京、日光、神戶）修學旅行」，而留下了四本戳印小冊與上百個絕大部分附有日期，具有首尾相連的完整性而得以重建旅途順序的紀念章。唯蔡石埤除了在相關的修學旅行照片背面留有少數旅行所感的文字之外，未如葉盛吉般透過日記逐日書寫而將整趟旅途見聞遊記化。詳見蔡錦堂，〈嘉義農林學生的修學旅行─以1937年滿洲、朝鮮、日本內地的旅行論述為中心〉，《師大臺灣史學報》12（2019年12月），頁37-66。蔡石埤即作者蔡錦堂教授令尊。

7. 陳柔縉，《一個木匠和他的台灣博覽會》（臺北：麥田出版，2018），頁9-37。另可參見程佳惠，《台灣史上第一大博覽會：1935年魅力台灣SHOW》（臺北：遠流出版事業股份有限公司，2004），頁136-137。

8. 呂紹理，《展示臺灣：權力、空間與殖民統治的形象表述》，頁381-385。另可參見程佳惠，《台灣史上第一大博覽會：1935年魅力台灣SHOW》，頁159-166。

9. 葉盛吉著，許雪姬、王麗蕉主編，《葉盛吉日記（一）1938-1940》（新北：國家人權博物館籌備處；臺北：中央研究院臺灣史研究所，2017），頁239、245-247。

10. 在中央研究院臺灣史研究所與國家人權博物館合作之下，自二〇一七年至今，已接續出版八冊《葉盛吉日記》（1938-1950 年）與兩冊《郭淑姿日記》（1944-1953 年），並挑選葉盛吉的獄中手稿、親友書信、畢業論文與創作，編輯成《葉盛吉獄中手稿與書信》、《葉盛吉畢業論文與創作集》。此外，也集結岳父郭孟揚在葉盛吉遭槍決後自一九五〇年底至一九五四年十月間，以三冊分別題為「傳記」、「思出」、「幻影」，共計五百八十六則札記，彙編為《郭孟揚思婿札記：葉盛吉傳與家族紀事》。可參閱王麗蕉、謝明如，〈從「隨想」姻緣到忍苦「生活」——白恐受難遺孀郭淑姿十年日記〉，中央研究院臺灣史研究所檔案館「館藏選粹」，網址：https://archives.ith.sinica.edu.tw/collections_list_02.php?no=64；歐怡涵、謝明如，〈思念與記憶的延續：葉盛吉獄中手稿與書信〉，中央研究院臺灣史研究所檔案館「館藏選粹」，網址：https://archives.ith.sinica.edu.tw/collections_list_02.php?no=67。

11. 葉盛吉著，許雪姬、王麗蕉主編，《葉盛吉日記（三）1942-1943》（新北：國家人權博物館；臺北：中央研究院臺灣史研究所，2018），頁 465-599。

12. 〈寫生描繪〉，收於許雪姬、王麗蕉主編，《葉盛吉畢業論文與創作集》（新北：國家人權博物館；臺北：中央研究院臺灣史研究所，2021），頁 79-101。

13. 〈漫畫隨筆〉，收於許雪姬、王麗蕉主編，《葉盛吉畢業論文與創作集》，頁 205-237。

14. 〈葉盛吉文書〉（臺北：中央研究院臺灣史研究所藏），識別號：YSJ。詳見「臺灣史檔案資源系統」，網址：http://tais.ith.sinica.edu.tw/sinicafrsFront/browsingLevel1.jsp?xmlId=0000290486。

八、「啟蒙」農民的讀物——《豐年》雜誌

曾獻緯

創刊歷程

二次大戰結束後，美國新聞處長許伯樂（Robert B. Sheeks），發現臺灣日文報章雜誌一概被禁，市面流通的都是中文報刊，但農民中文程度不佳，僅能憑一些漢字去猜測內容，失去學習新知識的途徑。許伯樂計畫籌措經費，發行民間報紙，以傳播農村新聞，並計畫以對開發行。此構想獲得美國國務院、國會議員及學者專家的支持，美國經濟合作總署中國分署（Economic Cooperation Administration, Mission to China，以下簡稱經合署）、美國新聞處和農復會（今行政院農業委員會）合作籌設豐年社，於一九五一年七月十五日《豐年》雜誌正式出刊，至今仍發行不輟。[1]

《豐年》雜誌由豐年社主辦其事，發行宗旨是「農民之友、生產之道」，以農民為主要閱讀對象。因當時農民識中文字者不多，故以畫刊為目標，且考量農村家庭電燈照明不佳，所以字形較大，屬於小報形態。主要內容包括耕作及作物改良的新知識、婦女與家庭、四健園地及

解答讀者問題的農業信箱，還有照片、歌謠、漫畫、短篇小說等。初期考量農民的中文閱讀能力，文字盡量淺白，插印許多圖畫與照片，並附有日文譯文或摘要。但是，中日對照的編輯策略與當時國語政策相違背，故至一九五七年就轉變為全中文，但出現臺語、客語書寫的文字，便於農民閱讀。[2]

《豐年》雜誌創辦初期的經費大都來自美援，以免費送閱的方式發放到各地農會、農事小組、中小學校及地方政府，再分贈給農民，或是農民寄明信片到豐年社訂閱，就可以按期收到《豐年》雜誌，翌年（一九五二年）開始酌收費用，補貼雜誌社的經營。農政機構考量要讓雜誌社能夠長久經營，因此於一九五三年十一月，《豐年》半月刊由報紙形態改為雜誌形態，經合署及美國新聞處相繼退出，改隸農復會，由農復會新聞處主管，社長則由農復會（今行政院農委會）派人擔任。雜誌內容方向仍以傳播農業技術為主，改良農民生產技術，促進農業增產，進而改善農民生活。[3]豐年社除發行《豐年》雜誌外，還出版《豐年》叢書，如《農村養雞》、《養豬致富記》、《家畜家禽衛生》、《稻田與養魚》、《瓜類栽培》等，內容以農業專門技術解說為主。[4]《豐年》雜誌的流通除臺灣內部外，因為實用性很高，也引起華僑的興趣，像是越南的華僑和華裔越人都想訂購，不斷向中國駐越南大使館詢問。[5]

內容概要

檢視《豐年》雜誌，可以發現其內容有農業新聞、農業生產、四健園地、畫報與漫畫、婦女家庭與農村兒童、讀者園地及農業信箱等專欄，符合農村大大小小的需求。以下簡述不同類型的專欄內容概要：

一、農業新聞：世界動態，包括美國在世界各地的活動、共產黨暴政、各國農業發展；綜合報導，像是農業新技術實施情況、農復會的動向、農業機構執行的任務、闡釋有關農業政策及法規；地方通訊，報導各地農業活動、農民經驗現身說法、各地農會舉辦的活動等。[6]

二、農業生產：報導農業研究機構的研究成果，包括新技術、新方法、新品種、新知識，以利提高農業產值，像是水稻全層施肥的方法、陸稻栽培法、家禽疾病的防治、柑橘修剪方法等。[7]

三、四健園地：一九五二年，農復會由美國引進、成立臺灣四健會，目地為訓練培育農村青少年，強調從做中學、從學中做，透過組織及活動增進農民的新知識、新技術、新方法、採用新品種，是農業推廣的有效管道。[8] 此欄位報導各國四健會活動、臺灣各地學校型四健會、農村型四健會活動概況等。[9]

四、婦女家庭與農村兒童：該欄位是為解答婦女在農村生活中較常遇到的問題，包括家庭教育、食物營養、衛生醫療、家政常識、服裝裁縫等，例如與母親談嬰兒的補充食物、扣洞的做法、簡便夏季服裝、家庭教育等。[10]農村兒童專欄則介紹偉人故事、童話、遊戲、勞作等，旁白解說淺白。[11]

五、漫畫與世界畫報：《豐年》雜誌考量農村教育程度不高，以及中文普及情況不佳，用漫畫、照片、圖解、插畫及很少的文字來解說農業技術、新知識、時事，以及政策規範等，便於識字較少的農民理解內容，不僅帶有娛樂性質，還能教育農民大眾，使農民充分運用新知識。[12]世界畫報是美國新聞處隨報附贈的，介紹東亞美國盟友（泰國、越南、菲律賓、日本、韓國等國）的情況，以照片為主，輔以中英文對照說明。[13]一九六〇年十月後，美國新聞處不再繼續供應照片，改由《豐年》雜誌自行編印，改版名為「豐年畫刊」。[14]

六、讀者園地及農業信箱：《豐年》雜誌自創刊號起，設有讀者園地，供讀者發表農業經驗。農業信箱是農民將耕作時遇到的問題，例如病蟲害防治方法、園藝種植技術、家禽養殖方式等，[15]寫信請教有關的專家。《豐年》雜誌社並設一位編輯，負責答覆這些農民在耕作時發生的實際問題。[16]

圖像運用

豐年社考慮當時農村環境及農民閱讀的習慣，為了讓農民能順利閱讀，引發其興趣，特別開闢漫畫欄位。每期雜誌都有豐富的漫畫，不論是連載或單篇，寫實圖像都會搭配淺顯易懂的白話文圖說，以吸引農民的目光。根據許惠盈的研究，《豐年》雜誌滙聚本土、外省籍兩大派漫畫家，本土畫手有陳炳煌、楊英風與劉興欽等人；外省畫手有牛哥、張尼、劉成鈞、吳廷標、顏彤、朱嘯秋、梁乃予等人。[17]

圖像的史料重要性不亞於文字，例如《豐年》雜誌漫畫圖像可作為重建過去農村社會的證據，與文字史料相參照、比對，更能幫助我們梳理「現代化」知識推廣、國際觀的形塑，分別概述如下：

一、「現代化」知識推廣

戰後臺灣人口不斷增加，臺灣耕地面積有限，可以墾殖的土地幾乎已完全利用，土地使用變得零碎化。在此自然環境限制下，想要增產只有改進耕作技術。然而，改進耕作技術的最好辦法之一，就是實行農業機械化。況且一九五〇年代末的臺灣，農家需要五十萬頭耕牛，但實際僅有四十萬頭，耕牛不足嚴重影響了農業生產，因此政府也鼓勵發展機械化，耕牛問題自可迎刃而解。[18]在此情況下，《豐年》刊登〈犁田著用機器犁〉，鼓吹農業機械化的好處，並比較耕耘機與耕牛的優劣。過去農田耕作都要仰賴耕牛，但隨著牛隻數量有限而人口持續增加，糧食增產的壓力自然愈來愈大。相對來說，使用耕耘機除了省力省時之外，還省去了餵食耕牛的麻煩，耕種時更可達到深耕目的、保護土壤，在工作效力上，耕耘機也比畜力更為好用。以上都是會讓農民心動，而選擇使用機械農機的理由。[19]

二、國際觀的形塑

中華民國遷臺後，為了在臺灣確立其政權正統性，也透過《豐年》來傳播反共抗俄的訊息，形塑農民仇惡及恐懼「共產陣營」的國際觀，從而突顯中華民國守護臺灣、國民安居樂業的地位。例如，一九五〇年六月中國共產黨頒布全國性的土地改革法令，沒收所有的土地、耕畜、農具等財產，實施耕者有其田，貧苦農民分得土地。但是，由於倡導階級革命，在土地改革的過程中充滿了暴力，有些地主被批鬥致死，倖存者則被掃地出門。中共藉此在農村站穩腳跟，吸收貧農加入黨支柱，成為中共農村基層政權的穩定力量。[20]

《豐年》透過此事件，用漫畫〈共匪的土改〉來呈現中共土改的真正目的，在於挑起農民與地主之間的仇恨，慫恿農民無情批鬥富農與地主，過程中，地主遭到群眾公審，施以種種慘無人道的酷刑，甚至公然殺害和監禁。[21]在農民獲得土地後，生產積極、產量大增，但是共產黨卻迫使農民交出終年勞苦所得，並命令他們生產出更多的糧食，於是農民終日辛勞，不得休息。[22]以上就是《豐年》在這則〈共產黨統治下的農民〉漫畫中所畫的內容，一方面強化共產國家的殘暴，人民生活困苦，一方面對比其他版面臺灣農民在政府有為政策下，生活日漸改善。兩相對照，臺灣農民更容易接受宣傳與統治的訊息。

三、閱讀圖像的方法

接下來，我們來看《豐年》雜誌的圖像資料要如何閱讀，亦即如何「看穿」作者的創作手法。首先要考慮這些圖像的正確性，不能將圖像當成純粹歷史事實的反映，要注意虛實交錯。以〈大家要緊說國語〉為例，陳述不願意學國語的本省農民因為語言不通，與外省兵大打出手，這個情節極可能就是建構出來的；而農民學國語後，就能避免彼此發生衝突，這就是作者創作背後的目的——鼓勵農民學國語。作者憑藉著虛構的故事，強化想要達成目的的正當性。換言之，《豐年》雜誌的漫畫圖像和現實之間虛實攙雜，分辨要極小心，不能將圖像呈現的內容當作事實，以此觀察農村社會的真實樣貌，倒不如將之視為一面鏡子，藉以映射農政機構執行政策所面對的難題，欲透過《豐年》雜誌來傳達規範農民行為的意圖。[23]

其次，我們在面對圖像所提供的訊息時，還要注意新舊對比。以〈利用正條密植器〉圖文為例，先敘述保守農民不願意使用正條密植器，導致插秧情況不理想，再強調農民開始使用正條密植器後，農作物收穫大增。[24]我們若將這些圖像放在時間軸上來討論，作者使用的是差異化對比的創作手法，先是反映現階段農村「實況」（亦即統治者欲規範的現象），特意強調這些是「舊」觀念及「舊」行為模式，會妨礙農業的生產及進步，都應該被剷除。再來則是「未來」農政機構所期待農民行為典範，預示理想行為將獲得許多好處，以此吸引農民能朝他們預設的理想方向前進，改變農民的行為模式。

最後，我們在觀看《豐年》雜誌的圖像呈現訊息時，要注意資訊篩選與移除，亦即哪些訊息從圖像中被移除，哪些訊息被彰顯。例如，《豐年》雜誌強調密植、施用肥料、噴灑農藥都能夠增產，改善農家生活。然而，單位面積生產量的確因技術提升而增加，但當土地生產量已達高極限時，農民若還不斷地投入資材與勞動力，卻由於邊際效應遞減之故，而導致生產成本大幅增加及土壤酸化等結果。[25]如此能夠了解圖像製造者能夠塑造「現在化」知識的正面效果，忽略其帶來的負面影響。

日後有機會，再遇到同樣類型的圖像資料時，可以嘗試注意作者的創作手法，即虛實交錯、新舊對比、資訊篩選和移除，幫助我們更深入理解圖像產生的時空背景，以及背後隱含的用意。

注釋

1. 鐘博，〈豐年雜誌命名由來及其發展〉，《傳記文學》，第64卷第5期（1994年5月），頁78-84；許惠盈，〈圖像傳播與農民的再教育——以《豐年》雜誌的漫畫為中心(1951-1964)〉（臺北：國立臺灣師範大學歷史學碩士論文，2016），頁4-6。
2. 鐘博，〈豐年雜誌命名由來及其發展〉，《傳記文學》，頁78-84；王文裕，〈《豐年》雜誌與臺灣戰後初期的農業推廣（1951-1954）〉，《高雄師大學報・人文與藝術類》，30（2011年6月），頁1-22。蔡明諺，〈製作豐年：美國在台灣農村的文化宣傳策略〉在游勝冠編《媒介現代：冷戰中的台港文藝國際學術研討會論文集》（臺北：里仁，2016）。頁1-38。許惠盈，〈圖像傳播與農民的再教育——以《豐年》雜誌的漫畫為中心(1951-1964)〉，頁7-31。

3. 林佳琪，〈塑造好孩子：《豐年》雜誌「兒童版」之兒童形象研究〉（臺南：國立成功大學台灣文學研究所碩士論文，2015），頁 11。
4. 鐘博，〈豐年雜誌命名由來及其發展〉，《傳記文學》，頁 79-80。
5. 〈出版〉，《聯合報》（1961 年 8 月 13 日），版 3。
6. 《豐年》第三卷第五期（1953 年 3 月），頁 3。
7. 《豐年》第三卷第五期（1953 年 3 月），頁 4-7。
8. 曾獻緯，《戰後臺灣農業科學化的推手：以農業推廣體系為中心（1945-1965）》（臺北：國史館，2015），頁 99-125。
9. 《豐年》第三卷第十期（1953 年 5 月），頁 11。
10. 《豐年》第三卷第十期（1953 年 5 月），頁 10；《豐年》第 3 卷第 8 期（1953 年 4 月），頁 10。
11. 《豐年》第四卷第七期（1954 年 4 月），頁 24；《豐年》第 4 卷第 6 期（1954 年 3 月），頁 24。
12. 《豐年》第一卷第一期（1951 年 7 月），頁 11。
13. 王文裕，〈《豐年》雜誌與臺灣戰後初期的農業推廣（1951-1954）〉，頁 15。
14. 許惠盈，〈圖像傳播與農民的再教育——以《豐年》雜誌的漫畫為中心(1951-1964)〉（臺北：國立臺灣師範歷史學研究所碩士論文，2016），頁 12。

15.《豐年》第四卷第五期（1954年3月），頁17-18。

16. 王文裕，〈《豐年》雜誌與臺灣戰後初期的農業推廣（1951-1954）〉，頁15-16。

17. 許惠盈，〈圖像傳播與農民的再教育——以《豐年》雜誌的漫畫為中心(1951-1964)〉，頁32-33。

18.〈立院委會昨通過農業機械化問題應提報院會討論〉，《聯合報》（1958年6月2日），版4。

19.《豐年》第九卷第十三期（1959年7月），頁8-9。

20. 陳永發，《中國共產革命七十年》，下冊（臺北：聯經，2009），頁591-596。

21.〈共產主義與農民〉，《豐年》第二卷第一期（1952年1月），頁11。

22.〈共產黨統治下的農民〉，《豐年》第二卷第二期（1952年1月），頁11。

23. 圖像史料解析構想源自李文良教授研究客家形象的成果啟發，參見李文良，〈清初台灣方志的「客家」書寫與社會相〉，《臺大歷史學報》第三十一期（2003年6月），頁144-150。

24. 聰發、老金，〈利用正條密植器，實在經濟又便利〉，《豐年》，第十卷第二期（1960年1月），頁8-9。

25. 曾獻緯，《戰後臺灣農業科學化的推手：以農業推廣體系為中心（1945-1965）》，頁195-205。

九、何謂漫畫？又該如何看待漫畫研究？

黃悠詩

在進行所謂的漫畫研究之前，應先思考我們指稱的「漫畫」包含了哪些元素，排除了哪些類型。研究者會依自身需求，調整所謂的「漫畫」的邊界，反之，研究者也很難盡善盡美的涵蓋全世界不同文化、不同世代的人對於漫畫的理解。參考不同的研究前輩如何思考這個問題，漫畫研究的入門者將從不同的視角觀察這個研究對象，也可以思考漫畫研究到底在回答什麼問題。

現在比較常見的漫畫定義，應該就是史考特．麥克勞德（Scott McCloud）在《漫畫原來要這樣看》（*Understanding Comics:The Invisible Art*）中提到的：「並置型精心排列之連續性圖片及其他圖像，藉此傳遞資訊及／或使觀者獲得美學上的體驗。」[1]這個定義強調了漫畫的連續性。連續性，其實最早是由美國圖像小說（graphic novel）開創者威爾．艾斯納（Will Eisner）在《漫畫與連環畫藝術》（*Comics and Sequential Art*）中點出來的。繼承了艾斯納的論點，麥克勞德將漫畫作為一個媒介來討論，也就是不討論其所表現的內容，例如少女漫畫、熱血漫畫等等，而是專注討論這個傳遞資訊的載體。他認為這個載體的特色存在於一個頁面或畫面並存多個圖像，並利用圖像之間接續的關係，傳達敘事或美感。換句話說，漫畫不用因為講述什麼樣的故事而被認定是漫畫，但必須是連續性的圖像才可以被視為漫畫。

雖然麥克勞德所下的定義對漫畫研究界來說意義重大，但對於漫畫特性的思考並沒有就此畫上句點。美國的卡通師羅伯特．哈維（Robert Harvey）反而強調圖文結合：「對麥克勞德、格容斯帝恩（Thierry Groensteen）及其他學者來說，『連續性』是漫畫運作的核心，但對我而言，『融合』文字及圖像的內容才是重點。」[2]另外，藝術史家戴維．孔茲（David Kunzle）點出漫畫「（1）必須為連續的個別圖像；（2）圖像的比例必須高於文字；（3）承載漫畫且為漫畫而生的媒體必須可以被再製，即印刷形式的大眾媒體；（4）作品的連續性必須闡述一個有寓意且具主題的故事」[3]。上述兩個定義，都提供了麥克勞德的漫畫定義所沒有注意到的性質，例如圖文融合、圖文比例、刊載媒體等。算是臺灣第一位漫畫家的陳炳煌（筆名雞籠生）雖然沒有正面給予漫畫定義，反而去談漫畫可以產生的影響。他在一九三五年出版的《雞籠生漫畫集》中提到，漫畫因為容易理解而受大眾（尤其是勞動者）歡迎，因此可以號召群眾，促成社會改革。使漫畫擁有這種力量的因素之一，應該是孔茲在定義中所提到的「大眾媒體」。

各種對漫畫的詮釋，也反映了定義者面對什麼樣的資料、要回答什麼樣的課題。關於漫畫的定義不一定會在研究開始就十分穩固，也有可能隨著接觸到越來越多不一樣的史料，而回頭調整研究之初對漫畫的理解。因此，如果能夠熟知收藏、管理相關材料的機構，將對漫畫研究產生許多幫助及啟發。

研究資源

在臺灣進行漫畫研究，可以參考圖書館、美術館、檔案館及博物館等典藏機構的典藏目錄，使用不同的關鍵字、作者名查找，將有機會挖掘出自己不曾想過的有用資料。以下簡單介紹幾個藏有漫畫或漫畫相關史料的機構。

臺北市立圖書館中崙分館（以下簡稱中崙圖書館）於一九九六年開始發展漫畫典藏，第一階段便徵集了兩萬多本的漫畫書，並因應漫畫特色館藏研發相應的編目、分類模式。一九九八年，接收來自國立編譯館轉贈的大量一九六六年至一九八七年的漫畫書，這批漫畫書的來歷與正文中提到的《編印連環圖畫輔導辦法》有關。那時主要負責漫畫審查業務的機關就是國立編譯館，由於當時的漫畫需經審查才得以出版，可想而知國立編譯館一定積累了非常大量的送審漫畫作品。解嚴後，漫畫出版不用再事先送審，國立編譯館也逐漸卸下漫畫審查的任務。於是，在中崙圖書館的爭取下，這批臺灣漫畫史上重要的見證最後就在中崙圖書館落腳。研究者現在只需要在中崙圖書館櫃台換證後，就會拿到一串小鑰匙，即可自行於臺灣早期漫畫特藏區的玻璃櫃拿取這些老漫畫。除了市立及大學圖書館以外，博物館也會蒐藏漫畫書，且往往可以提供更多樣的典藏內容。自創館以來，國立臺灣歷史博物館（以下簡稱臺史博）便自我定位為「大家的博物館」，關注常民的歷史，因此一般人看的漫畫書或相關衍生品一直都是該館網羅的對象。二〇二〇年，臺史博正式承辦國家漫畫博物館籌備業務，接手文化部從二〇一七年開始徵集的漫畫文物，並逐步累積更豐富的漫畫史料。由於臺史博徵集藏品的管道非常多元，包括受贈、購藏、接受其他公務機關轉移相關財產等等，加上有能力保存、修護的物件類型多樣，因此不同於圖書館，臺史博有機會收藏除了老漫畫單行本以外的物件，像是盜版名偵探柯南公仔、諸葛四郎尪仔標等。另外，除了漫畫書及相關的衍生品以外，臺史博也典藏了不少兒童雜誌及相關的報紙，例如《新生兒童》、《中央日報漫畫半週刊》等等，其中可以看到諷刺畫、單格漫畫、四格漫畫等作品的蹤跡，將可以拓展研究者的眼界，促使大家重新思索漫畫定義。

研究方法與呈現

取得漫畫之後，就可以參考各種漫畫研究的前例來進行研究。二〇二一年，英國牛津大學的牛津漫畫網絡（Oxford Comic Network）繪製了《如何研究漫畫與圖像小說：漫畫的圖像導論》（*How to Study Comics & Graphic Novels: A Graphic Introduction to Comics Studies*），[4] 用漫畫方式說明漫畫的基本要素、歷史及研究方法。作者歸類出漫畫研究常用的四種研究取徑：形式／符號學（formal/semiotic analysis）、敘事學（narratology）、漫畫史／作者觀點（history of comics and authorial perspective）以及文化研究（cultural studies）。如果將臺灣幾個漫畫研究者的作品大致分類，也可以看到上述的特性。例如，李衣雲的《漫畫的文化研究：變形、象徵與符號化的系譜》比較偏向符號學或敘事學的分析；陳仲偉的《臺灣漫畫記》及洪德麟的《風城臺灣漫畫五十年》等著作，屬於漫畫史取徑的作品；王佩迪主編的《動漫社會學：本本的誕生》則運用了一些文化研究的方法。其他漫畫研究導論性質的書，經常基於上述的四個主要研究方法，提供更多可能的研究面向，例如性別研究（gender studies）、精神分析（psychoanalysis）等等。《如何研究漫畫與圖像小說》基於前人研究的成果，歸納出上述四種研究漫畫的方法，但是認識、分析漫畫的方法永遠都開放給不同的研究者帶入不同的取徑。

從各國漫畫研究的成果中，我們可以學習到很多有趣的理論及觀點，但是漫畫研究本身有沒有可能造成更巨大的影響呢？《毋甘願的電影史：曾經，臺灣有個好萊塢》的作者蘇致亨，曾經自剖臺灣電影史研究的價值何在，他認為重新書寫臺灣的電影史就是在重構臺灣戰後文化史，這個文化史不再被菁英、知識分子所壟斷，而是由大眾共同構成。藉由觀察大眾娛樂，研究者可以用更細緻的方式觀察威權如何在常民生活中運作，為臺灣戰後歷史增添極為精采豐富的一頁，也將還給臺灣大眾文化它們應得的重視。蘇致亨在書中的序言提到，他曾對美國影星如數家珍，但是對臺語片演員卻一無所知，蘇致亨形容自己是「故鄉的異鄉人」，表示「臺語片擁有過的輝煌歲月，幾乎已被集體遺忘」。[5]

跟臺語電影有著類似的處境，那個曾經風靡的臺灣漫畫，在漫長的發展上所面對的貶抑不只來自政治，階級、經濟方面的因素似乎還有待釐清，臺灣是否曾經也有個常盤莊（トキワ荘）[6]？另外，漫畫也不只是所謂漫畫研究者所獨有的研究對象。蘇致亨點出臺語片從業人員本身就具有「跨域（電影、戲劇、廣播、音樂、文學、漫畫、藝術乃至於技術、市場和政治面向）的互動習慣」[7]，因此他自認，就算是進行電影研究，也應該參酌其他類型的資料。同理，漫畫也可以被應用於非漫畫為主的研究當中，補充該領域未曾被討論過的議題。

除了從臺灣大眾文化的角度切入，可以發現漫畫研究的潛力外，美國史上也曾經出現震撼社會的漫畫研究成果，天翻地覆地改寫了美國漫畫、流行文化，甚至是整體社會的發展軌跡。一九五四年，精神病學家弗雷德里克·魏特漢（Fredric Wertham）發表了《誘惑無辜》（*Seduction of the Innocent*），認為漫畫書正是當時美國青少年墮落的原因之一。他指出漫畫不像其他媒體一樣受到管控，而且漫畫常常描繪暴力、性愛、藥物濫用的畫面，因此極有可能引發青少年讀者的效法。在一位學者提出這麼嚴厲的指控後，美國的漫畫出版商參與一連串的討論及公聽會，最後決定成立漫畫準則管理局（Comics Code Authority），針對漫畫內容進行審查，從此美國漫畫的創作自由受到極大的限制。有趣的是，在許多學者都沒那麼重視漫畫的時候，魏特漢很早就注意到這個媒體的影響力，而且把它當成一個正經的研究對象來分析，某種層面來說，魏特漢也許可以被視為美國最早的漫畫研究者之一吧。但是反過來說，由上述例子就可以感覺到漫畫研究的潛在力量有多龐大，如何閱讀、定位漫畫都可能影響這個社會如何對待這個媒體、這個產業或這個文化圈。

臺灣主流社會雖然對漫畫及其文化圈沒有那麼強烈的反感或誤解，但是從戰後初期連環圖毒害兒童的報導，到大家小時候偷偷看漫畫的日子，我們會發現臺灣社會也為漫畫貼上了許多標籤。我們如何重新找回臺灣漫畫歷史的軌跡及地位、如何創造適合看漫畫、討論漫畫的未來，都有賴於我們現在如何研究、詮釋漫畫。研究的同時會促進社會理解，進一步有可能促使社會願意投注更多資源去保存相關研究資料，而研究資料的保存日後也將回饋於研究本身。只要越多人投入漫畫研究，漫畫就越有可能作為研究材料被重視、被典藏。材料被越完整地保存下來，我們就越有機會用這些漫畫回答更多不一樣的問題。讓我們來做漫畫研究，發掘過去不曾被揭開的故事，一起形塑我們期待的未來。

注釋

1. 史考特・麥克勞德，《漫畫原來要這樣看》，頁 9。
2. Robert Harvey. "Describing and Discarding 'Comics' as an Impotent Act of Philosophical Rigor" in Jeff McLaughlin ed. Comics as Philosophy. Jackson: University Press of Mississippi, 2005. pp. 19.
3. David Kunzle. The Early Comic Strip. Berkeley: University of California Press, 1973.
4. https://issuu.com/oxfordcomicsnetwork/docs/how_to_study_comics___graphic_novels-a_graphic_int
5. 蘇致亨，《毋甘願的電影史：曾經，臺灣有個好萊塢》（臺北：春山出版社，2020 年），頁 17。
6. 位於日本東京的木造公寓，手塚治虫等漫畫家曾居住於此。
7. 蘇致亨，《毋甘願的電影史：曾經，臺灣有個好萊塢》（臺北：春山出版社，2020 年），頁 23。

十、乘隙而入：美術作品作為歷史材料的可能性

楊淳嫻

介於藝術史與歷史之間的書寫

美術作品是否能夠作為歷史材料？這個對於藝術史而言不成問題的問題，放到歷史的領域，或許就成為問題。

兩者之間的落差在於，對藝術史領域來說，作品是藝術史構成的主軸，歷史則經常被視為用來理解創作上的時代背景；對於歷史領域而言，圖像是一種輔助用的「證據」，如同英國史學家彼得．柏克所言，告訴歷史學者他們從文獻資料中已然獲知的事情。以上述角度而言，〈視線的角力〉或許是一個在雙方領域而言都顯得有點小題大作的題目。

由於一海之隔，自日治時期開始，直至一九七〇年代開放觀光之前，蘭嶼一直都不是畫家們能夠輕易前往寫生的地點，以此為主題的畫作並不多；而幾幅描繪蘭嶼的美術作品，也不能夠改變當地被接連兩個不同政權強行治理數十年的歷史事實。然而，這絲毫不影響引發這篇文章的問題意識：何以畫家會被一個離島所吸引？他們如何克服遙遠的交通問題？對於當地文化

的預先知識，是否可能會影響到畫家在創作時對畫面的構成？

透過提問讓我們理解到，乍看與畫面無關的歷史，其實正是支撐作品形成的「現實條件」；也促使我們重新去思考這些作品圖像，不是將其視為用來證明某事的證據，而是它們實際上參與了這段歷史，成為故事中不可或缺的一塊拼圖。彼得．柏克在《歷史的目擊者：以圖像作為歷史證據的運用與誤用》一書中，曾指出圖像文化史寫作的「第三條路」——避免「單一的二擇一選項」。以本文為例，就是避開「文明／原始」、「進步／落後」、「治理／被治理」這些二元對立的立場，盡量貼近圖像本身及環繞著圖像的各種問題，在這些立場中爭取多一些思考的空間。[1]此即在〈視線的角力〉一文中，試圖在藝術史與歷史兩個不同領域的寫作中所做出的新嘗試。

基礎研究與公開展覽的重要性

臺灣美術的基礎研究發軔自一九八〇年代。[2]基礎研究包括對作品、美術家、創作活動、展覽、收藏等相關資料進行田野調查，特別是在日治時期美術史料的整理上更是成就斐然。〈視線的角力〉正文中提到的三件第九屆臺展的作品圖檔，來自「臺灣美術展覽會（1927-1943）作品資料庫」，此資料庫為時任中央研究院歷史語言研究所研究員顏娟英所主持的研究計畫下所建置，最先將日治時期臺灣最重要的美術展覽作品圖錄予以數位化，收錄共二一四四件作品的圖檔，並整理了歷屆臺府展參展創作者、作品名稱、年代、獲獎紀錄等基本資料。藝術家所留下的手稿、日記、照片、書信、文字創作等，也是理解創作時相當重要的一手資料。在〈視線的角力〉正文當中所使用的另一項基礎資料，亦來自由顏娟英所主持的出版計畫《風景心境——臺灣近代美術文獻導讀（上、下）》，將日治時期臺灣美術的相關文獻資料予以翻譯整理，這些文獻多為發表在當時報刊上的文章，包括畫家隨筆、訪談、畫展評論等。第一手資料的整理、翻譯、數位化工作繁瑣耗時，但正因為有了這些基礎資料的建置，才能夠更進一步延伸出更多樣化的主題研究。

藝術家一生創作繁多，透過作品圖錄的整理與出版，了解其生平與繪畫風格的軌跡，有助於進一步深入探討個別主題或單一作品。自一九九二年開始出版的《臺灣美術全集》，與一九九三年開始出版的《家庭美術館——美術家傳記叢書》為其中代表。前者是以介紹出生於戰前的臺灣前輩藝術家作品為主所編纂的大型畫冊叢書；後者由文建會贊助出版，向大眾讀者介紹臺灣藝術家的生平創作，但涵蓋的時期更為廣泛，不僅包含日治時期在臺的重要日籍畫家，也包含二戰後來臺的外省籍藝術家，所介紹的藝術類型也相當多元，涵蓋繪畫、雕塑、書法、攝影、樸素藝術等。相較於《臺灣美術全集》，《家庭美術館》的寫作風格較為平易近人，但內容上也包含了豐富的文獻資料，例如〈視線的角力〉一文中畫家張義雄的畫室照片，便取自該套叢書中的《浪人．秋歌．張義雄》，成為解讀其畫作《蘭嶼紀念》的重要線索。[3]

即便有了數位化的作品圖檔或大型畫冊的出版，對於藝術史研究者而言，觀賞原作依然是無可取代的體驗，特別是畫家所使用的創作媒材、畫面上的肌理、筆觸等細節，均影響到對於作品的解讀。更重要的是，唯有站在原作面前，才會意識到這些美術作品並不只是平面的圖像，也同時是真實的歷史物件。隨著時間流逝，畫布會發黴、蟲蛀，顏料會剝落。對於一般大眾而言，大概會理所當然地認為美術作品就應該保存在美術館，於穩定條件下善加維護。先後於一九八〇年代成立的臺北市立美術館與臺灣省立美術館（國立臺灣美術館前身），確實是收藏最多臺灣美術家作品的公家機構。在此之前，這些美術作品多由藝術家後代家屬勉力保存。[4]到了一九七〇年代，在畫廊產業從臺北市開始蓬勃發展後，不僅讓畫家多了發表創作的空間，也在當時社會上帶起了收藏美術作品的風氣。[5]

〈視線的角力〉文中提到的《蘭嶼紀念》與《蘭嶼少女》兩件作品均來自私人收藏，若非透過學術計畫的田野調查，最有可能欣賞到這些作品的方式，便是透過公開的美術展覽。例如二〇二〇年北師美術館特展「不朽的青春──臺灣美術再發現」，便是將「風華再現──重現臺灣現代美術史研究計畫」的調查研究成果，以展覽方式向社會大眾呈現。文中提到畫家洪瑞麟在一九七〇年代的寫生作品《蘭嶼風光》，也於二〇二二年臺北市立美術館的展覽「掘光而行：洪瑞麟」中展出。文中提到的另一份重要史料──一九三五年顏水龍發表於《週刊朝日》的文章〈原始祕境──紅頭嶼風物誌〉，則收錄在二〇一一年臺北市立美術館的年度大展「走進公眾・美化臺灣──顏水龍」展覽畫冊。[6]

然而，不論是介紹性質的主題展、美術館本身藏品的典藏展，或者以個別藝術家為主的個人展，對於作品的展示可以說是「一期一會」，並沒有定期或常設性質的展覽規畫，就研究或推廣臺灣美術的角度而言，大大減少了大眾與原作接觸的機會，實在是令人遺憾。

以行動參與歷史的美術作品

〈視線的角力〉將文章的尾聲設定在一九七〇年代，是一個策略性的選擇。在此之前，畫家看待被描繪的這個小島，其視角有如臺灣與蘭嶼之間的關係，始終就像是個外來者。然而，在一九八〇年代出現了兩件特別為蘭嶼創作的作品：顏水龍的《蘭嶼所見》（一九八二年）與劉其偉的《憤怒的蘭嶼》（一九八八年）。這兩件作品誕生的原因，則要從文章結尾未寫出，實則改變小島命運的歷史事件說起。

一九七四年由行政院原子能委員會主導的「蘭嶼計畫」中，蘭嶼被選定為核廢料貯存場的地點，一九七八年第一期工程動工，一九八二年完工啟用。蘭嶼人在未被告知、未曾參與決策過程的情況下，被迫接受來自臺灣的核廢料，他們不得不自行蒐集資料，摸索真相。一九八七年首次爆發的「機場抗議事件」，是六名蘭嶼青年以白製的示威海報表達抗議的小型行動。次年發起大規模的「220驅逐蘭嶼惡靈」行動，則是蘭嶼人歷史性的第一場示威抗議遊行。[7]

一九八〇年代也是所謂的「原運世代」，第一本原住民自辦刊物《高山青》創刊、原權會的成立，開啟了原住民追求主體性的社會運動。一九八四年出生，蘭嶼反核自救運動領導人的

Shaman Fengayan（郭建平），當時還是花蓮玉山神學院的學生，他在散文〈請聽聽我們的聲音〉中提到：「當自認受優越教育的觀光客，把頭鑽進我們的低矮房舍，瞪大眼睛好像在尋找動物的衣飾應該是什麼的時候，或者當四、五個人把一個不明就裡的雅美人團團圍住，從頭上到腳趾頭，到他身上穿著的服裝上下研究時，我知道，他們也許在說雅美人……」[8]明確表達出蘭嶼人反對的「文明垃圾」，不只是核能廢料，更是對蘭嶼長久以來被文明治理下所隱忍的不滿，以及「對土地的眷戀、傳統、未來和現在的執著與抗辯」。

蘭嶼一直是顏水龍特別鍾愛的繪畫主題。一九七二年他再度造訪蘭嶼，並在一九七〇年代創作了許多描繪蘭嶼風光的作品，畫面中一再出現的燦爛太陽與優雅船隻，是臺灣美術圖像的重要代表。此外，他也注意到蘭嶼在這幾十年來的改變。[9]《蘭嶼所見》創作的時間點，就在核廢料貯存場完工的同年，顏水龍表示：「當時電力公司把一些廢料放到蘭嶼，我因此畫了一幅作品，以海為背景，有兩個男子頭低低，一位婦女帶著一個瘦瘦的孩子和一條狗……」畫面中的人物滿懷憂思，海面波濤詭譎，表現出沉鬱的氛圍。[10]畫家之眼不再是外來者客觀的注視，他的視角也傳達出蘭嶼人內心的感受。

被稱為「藝壇老頑童」的劉其偉，原為電機工程師，中年後自學習畫，對原始藝術抱著濃厚的興趣，也造訪過臺灣與海外許多原住民部落。一九八〇年代他造訪蘭嶼考察達悟族文化，並將成果整理出版為《蘭嶼部落文化藝術》一書。一九八八年創作的《憤怒的蘭嶼》，畫面中以半抽象的三角幾何造型，與紅、黑、白的達悟族傳統色彩，表達族人憤怒的眼神與伸手阻擋的嚇阻姿態，畫家同時也是以自己的畫筆，聲援當年舉行的「220 驅逐蘭嶼惡靈」抗議示威行動。[11]

缺席於正文當中的這兩件作品，說明「視角」不見得一直處於角力的狀態，在時機成熟時，也可以合而為一，為共同的目標而努力。時至今日，蘭嶼繼續吸引著不同類型的藝術工作者到來，為現代化、原住民等議題帶來更加多元豐富的視角。與此同時，核廢料也依然繼續存放在蘭嶼，意味著這個產生於歷史當中的問題，並不會輕易獲得解決。然而，或許我們可以期待轉變的可能性，在歷史的時間長河中，在藝術的表達中，只要我們給予足夠的注視。

注釋

1. 彼得．柏克（Peter Burke）著，〈圖像的文化史〉，《歷史的目擊者：以圖像作為歷史證據的運用與誤用》，郭書瑄譯（臺北：馬可孛羅文化，2022），299-316 頁。
2. 對於臺灣美術的概念、基礎資料的建置、歷年來學界與各大美術館於該領域的研究發展，請參考邱函妮，〈美術史、展示與認同——在時代中載浮載沉的「臺灣美術」〉，《藝術學研究》第 29 期（2021.12），71-118 頁。在該篇論文中，有更為清晰完整的介紹。
3. 黃小燕，《浪人．秋歌．張義雄》（臺北：雄獅，2004），86 頁。
4. 藝術家的後代家屬在保存作品上的用心與艱難，請參考藝術很有事，第八十二集「傳家寶的未知路（一）楊三郎美術館 x 李梅樹紀念館」（2022 年 7 月 23 日）、第八十三集「傳家寶的未知路（二）李澤藩美術館 x 陳進美術館」（2022 年 7 月 29 日），財團法人公共電視文化事業基金會，https://insidethearts.pts.org.tw/。

5. 顏娟英，〈私人收藏家與重建台灣美術史〉，Bí-sut Taiwan 美術台灣，2020 年 7 月 9 日，https://bisuttaiwan.art/2020/07/09/ 私人收藏家與重建台灣美術史 /。另參考藝術很有事，第 71 集「探尋未竟的山水—臺灣美術史系列之二」（2020 年 11 月 13 日），財團法人公共電視文化事業基金會，https://insidethearts.pts.org.tw/。

6. 顏水龍圖、文，〈原始境——紅頭嶼の風物〉，《週刊朝日》，1935 年 9 月 8 日，28 : 11（東京，頁 24-25。中文翻譯〈原始祕境——紅頭嶼風物誌〉，劉子倩譯，收錄於雷逸婷編輯，《走進公眾 • 美化臺灣》（臺北：臺北市立美術館，2012），374-381 頁。關於該展覽的介紹，可參考盧育嫺，〈【走進公眾．美化台灣】 顏水龍展覽介紹與原住民主題畫作欣賞〉，2012 年 1 月 16 日，臺灣原住民族圖書資訊中心部落格，https://tiprc.cip.gov.tw/blog_wp/?p=654。

7. 參考〈蘭嶼反核紀事〉，收錄於關曉榮，《蘭嶼報告：1987-2007》（臺北：人間出版社，2007）。

8. 波爾尼特，〈請聽聽我們的聲音〉，收錄於吳錦發編，《願嫁山地郎：臺灣山地散文選》（臺中：晨星出版社，1989），13-29 頁。波爾尼特為 Shaman Fengayan（郭建平）的筆名。

9. 顏娟英，〈臺灣風景的人文精神——顏水龍油畫創作〉，《走進公眾 • 美化臺灣：顏水龍》

（臺北：臺北市立美術館，2012），286-299 頁。顏水龍的蘭嶼系列畫作，請參考《顏水龍畫作與文書》（GAN），中研院臺史所檔案館數位典藏。顏水龍曾撰文兩度造訪蘭嶼的心得，參考顏水龍，〈期待一塊永久的樂土〉，《雄獅美術》第 75 期（1977.05），66-68 頁。

10. 饒祖賢，〈顏水龍，《蘭嶼所見》〉，《臺灣美術兩百年（下）》（臺北：春山，2022），200-201 頁。

11. 饒祖賢，〈劉其偉，《憤怒的蘭嶼》〉，《臺灣美術兩百年（下）》，202-203 頁。

參考書目

第一章

Berghaus, Heinrich. *Die Völker Des Erdballs*. 2 vols.Brussels and Leipzig: Carl Muquardt, 1845.

Dally, Nicolas. *Usi E Costumi Sociali, Politici E Religiosi Di Tutti I Popoli Del Mondo Da Documenti Autentici E Dai Viaggi Migliori E Più Recenti: Asia.* Vol. 1,Torino: Stabilimento tipografico Fontana, 1844.

Ferrario, Giulio. *Il Costume Antico E Moderno Di Tutti I Popoli L'asia.* Vol. 1,Milano: Tipografìa dell' Editore, 1817.

Gelo, Daniel J., Christopher J. Wickham, and Heide Castañeda. *Comanches and Germans on the Texas Frontier: The Ethnology of Heinrich Berghaus*. College Station: Texas A & M University Press, 2018.

Klaproth, Julius. "Sur La Langue Des Indigènes De L'île De Formose." *Journal Asiatique* 2 (1822): 193-202.

———. "Description De L'ile De Formose, Extraite De Livres Chinois." *Mémoires relatifs a l'Asie* 1 (1824): 321-374.

van der Marck, Jan Henri Marie. *Romantische Boekillustratie in België.* Roermond: J. J. Romen & Zonen, 1956.

Wahlen, Auguste, ed. *Moeurs, Usages Et Costumes De Tous Les Peuples Du Monde*: Asie. Bruxelles:

Librairie Historique-Artistique, 1843.

Walravens, Hartmut, ed. Julius *Klaproth (1783-1835) Briefwechsel Mit Gelehrten: Grossenteils Aus Dem Akademiearchiv in St. Petersburg*. Wiesbaden: Harrassowitz, 2002.

杜赫德（Jean-Baptiste Du Halde）編，鄭德弟譯編，《耶穌會士中國書簡集（二）》（鄭州：大象出版社，2005）。

費賴之（Louis Pfister）著、馮承鈞譯，《在華耶穌會士列傳及書目》（北京：中華書局，1995）。

清・黃叔璥，《臺海使槎錄》，收入《臺灣文獻叢刊》，第 4 種（臺北：臺灣銀行經濟研究室，1957[ca. 1724]）。

鄭景雯，〈魏德聖的大航海夢：一張肖像畫啟動《臺灣三部曲》〉，《中央社》，2018 年。

第二章

馬雅珍，《刻畫戰勛：清朝帝國舞功的文化建構》（北京：社會科學文獻出版社，2016）。

李泰翰，〈清乾隆年間臺灣戰圖製作經緯〉，頁 139-178；高宜君，〈毫芒之測：乾隆平定準噶爾回部得勝圖銅版畫探微〉，《故宮文物月刊》392（2015 年 11 月），頁 70-82。

詹鎮鵬，〈帝國紀勳與地方貢品：乾隆朝《平定臺灣得勝圖》雕漆掛屏考〉，《國立臺灣大學美術史研究集刊》（臺北）45（2018 年 9 月），頁 189-243。

宋冠美，〈圖像、知識與帝國統治：清代臺灣原住民形象的比較分析〉（臺北：國立臺灣師範大學臺灣史研究所碩士論文，2015）。

慶桂等奉敕修，《清高宗實錄》（北京：中華書局，1986）。

臺灣銀行經濟研究室編，《欽定平定臺灣紀略》（臺北：臺灣銀行經濟研究室，《臺灣文獻叢刊》，第 102 種，1961）。

國立故宮博物院編，《宮中檔乾隆朝奏摺》（臺北：國立故宮博物院，1982）。

第三章

正文

潘薏卉，〈圖像生命史考察：以臺博館藏潘敦畫像為中心〉（國立臺北藝術大學碩士論文，2013）。

鄭螢憶，〈王朝體制與熟番身分：清代臺灣的番人分類與地方社會〉（國立政治大學臺灣史研究所博論，2017）。

張本政主編，《清實錄臺灣史資料專輯》（福州：福建人民出版社，1993），頁 207-208。

中國第一歷史檔案館、海峽兩岸出版交流中心，《明清宮藏臺灣檔案匯編 (v.52)》（北京：九州出版社，2009），頁 166-174。

國立臺灣大學，《岸裡大社文書》《台灣歷史數位圖書館》，檔名：〈cca110001-od-al00954_060_01-u.txt〉、〈cca110001-od-al00955_120_01-u.txt〉、〈cca110001-od-al00955_109_01-u.txt〉、〈cca110001-od-al00980_061_01-u.txt〉。

附錄

潘薏卉，〈圖像生命史考察：以臺博館藏潘敦畫像為中心〉（國立臺北藝術大學碩士論文，2013）。

鄭螢憶，〈王朝體制與熟番身分：清代臺灣的番人分類與地方社會〉（國立政治大學臺灣史研究所博論，2017）。

洪麗完，《台灣中部平埔族：沙轆社與岸裡大社之研究》（臺北：稻鄉出版，1997）。

蘇碩斌，〈從神格化到人格化：攝影術與臺灣祖先肖像畫的變化〉，《媒介宗教：音樂、影像與新媒體》（臺北：臺大出版中心，2018年11月），頁151-196。

吳衛鳴編，《明清祖先像圖式研究》（北京：社會科學文獻，2020）。

國立臺灣博物館岸裡大社文書數位典藏沿革，2021年12月27日引用 http://formosa.ntm.gov.tw/dasir/intro_b.htm

第四章

正文

Bettany, G. T. *Dictionary of National Biography,* Vol. VIII, Glover - Harriot. ed. Leslie Stephen and Sidney Lee. New York: Macmillan / London: Smith, Elder, 1908: 287-288. Internet Archive, contributed by the University of California Libraries. Web. 3 April 2019.

Britannica, The Editors of Encyclopaedia. "John Gould." *Encyclopedia Britannica*, 30 January 2021, https://www.britannica.com/biography/John-Gould. Accessed 25 August 2021.

Hall, Philip B. "Robert Swinhoe (1836-1877), FRS, FZS, FRGS: A Victorian Naturalist in Treaty Port China," *The Geographical Journal* 153, no. 1 (March 1987): 37-47.

John Gould, "Description of Sixteen New Species of Birds from the Island of Formosa collected by Robert

Swinhoe, Esq., Her Majesty's Vice-Consul at Formosa," *Proceedings of the Zoological Society of London* III (1862): 280-286.

Stephenson, Samuel. "Biography of Swinhoe, Robert," ed. Douglas Fix. *Formosa: Nineteenth Century Images*, https://rdc.reed.edu/i/ef8bf744-9444-43c1-8690-7ef165abe5d9. Accessed 21 April 2021.

Swinhoe, Robert. "A Trip to Hongsan, on the Formosan Coast," *Supplement to the Overland China Mail* (Hong Kong) No. 130 (13 September 1856).

Swinhoe, Robert. "General Description of the Island of Formosa," *China and Japan Report* (November 1864): 159-166; (December 1864): 191-198; (April 1865): 161-176; (May 1865): 217-223.

Swinhoe, Robert. "Letters, Extracts from Correspondence, Notices, &c." *Ibis* n.s. 1 (1865): 346-359.

Swinhoe, Robert. "Letters." *Proceedings of the Scientific Meetings of the Zoological Society of London* (1865): 677-678.

Swinhoe, Robert. "Narrative of a Visit to the Island of Formosa," *Journal of North China Branch of the Royal Asiatic Society* 1 (1859): 145-164.

Swinhoe, Robert. "On a new Bird from Formosa," *Ibis* n.s. 13 (1877): 473-474.

Swinhoe, Robert. "On the Mammals of the Island of Formosa (China)," *Proceedings of the Scientific Meetings of the Zoological Society of London* (1862): 347-365.

Swinhoe, Robert. "The Ornithology of Formosa, or Taiwan," *Ibis* 5 (1863): 198-219, 250-311, 377-435.

朱蒂絲・瑪吉（Judith Magee）著，張錦惠譯，《大自然的藝術：圖說世界博物學三百年》（新北：暖暖書屋，2017）。

林文宏，《臺灣鳥類發現史》（臺北：玉山社，1997）。

胡哲明、王錦堯、向麗容、郭昭翎，《繪自然：博物畫裡的臺灣》（臺北：國立臺灣博物館，2019）。

劉克襄，《臺灣鳥類研究開拓史（1840-1912）》（臺北：聯經出版，1989）。

附錄

"鳥獸 *Neau-show*. Birds and Beasts (of Formosa)." From the 18th chapter of the revised edition of the 臺灣府志 *Tai-wan foo-che, Statistics of Taiwan.* Translated by Robert Swinhoe, Esq., H.B.M. Consul at Taiwan: with critical notes and observations. *Journal of the North China Branch of the Royal Asiatic Society* n.s. I, ii (December 1865): 39-52.

Fan, Fa-ti. *British Naturalists in Qing China: Science, Empire, and Cultural Encounter*. Cambridge, Massachusetts: Harvard University Press, 2004.

Swinhoe, Robert. "On the Mammals of the Island of Formosa (China)," *Proceedings of the Scientific Meetings of the Zoological Society of London* (1862): 347-365.

Swinhoe, Robert. "The Ornithology of Formosa, or Taiwan," *Ibis* 5 (1863): 198-219, 250-311, 377-435.

朱蒂絲・瑪吉（Judith Magee）著，張錦惠譯，《大自然的藝術：圖說世界博物學三百年》（新北：暖暖書屋，2017）。

何晉勳，〈六十七兩種《采風圖》及《圖考》之關係考察〉，《臺灣學研究》6（2008.12），頁53-70。

余文儀主修，臺灣史料集成編輯委員會編，《續修臺灣府志》（臺北市：文建會，[1774] 2007）。

胡哲明、王錦堯、向麗容、郭昭翎，《繪自然：博物畫裡的臺灣》（臺北：國立臺灣博物館，2019）。

瑪麗亞・西碧拉・梅里安（Maria Sibylla Merian）著，杜子倩譯，《蘇利南昆蟲之變態》（新北：暖暖書屋，2020）。

蕭木吉、李政霖，《臺灣野鳥手繪圖鑑》（臺北：農委會林務局、北市野鳥學會，2015）。

第五章

人類學原住民影像集

鳥居龍藏，《人類學寫真集：臺灣紅頭嶼之部》（東京：東京帝國大學理科大學，1899）。

鳥居龍藏寫真資料研究會編，《東京大學總合研究資料館藏鳥居龍藏博士攝影寫真資料カタログI-V》（東京：東京大學總合研究資料館，1990）。

宋文薰等，《跨越世紀的影像：鳥居龍藏眼中的台灣原住民》（臺北：順益臺灣原住民博物館，1994）。

清水純，《画像が語る：台湾原住民の歴史と文化：鳥居龍蔵・浅井恵倫撮影写真の探究》（東京：風響社，2014）。

連照美主編，《人類學玻璃版影像選輯》（臺北：國立臺灣大學出版中心，1998）。

笠原政治編，楊南郡譯，《台灣原住民族映像：淺井惠倫教授攝影集》（臺北：南天書局，1995）。

湯淺浩史，《瀨川孝吉台灣原住民族影像誌 ‧ 布農族篇》（臺北：南天書局，2009）。
湯淺浩史，《瀨川孝吉台灣原住民族影像誌 ‧ 鄒族篇》（臺北：南天書局，2000）。
Kano Tadao and Segawa Kokichi, An Illustrated Ethnography of Formosan Aborigines: Yami（臺灣原住民圖誌〔雅美族〕）.（Tokyo : Maruzen, 1956）。

影像使用與自我認同

樂信 ‧ 瓦旦等撰，《泰雅先知：樂信 ‧ 瓦旦》（桃園：桃園縣政府文化局，2005）。

臺灣攝影史、原住民被攝影史

大谷正，〈遠藤写真館と台湾〉，《専修大学人文科学研究所月報》，300 : 49-82，2019。
日本写真家協会編，《日本写真史 1840-1945》（東京：平凡社，1971）。
王雅倫，《臺灣攝影史的黎明》（臺南：國立成功大學出版社，2021）。
台灣攝影年鑑編輯委員會編，《台灣攝影年鑑綜覽：台灣百年攝影～1997》（臺北：原亦藝術空間，1998）。
吳嘉寶，〈臺灣攝影簡史〉，1993，香港藝術中心舉辦「香港、中港台兩岸三地攝影研討會」。視丘攝影藝術學院，https://www.fotosoft.com.tw/view/articles/57-essay-05.html。（檢索日期：2022.7.15）。
李威儀編，《攝影之聲 VOP Issue 12：太陽旗下的凝視—日本時代台灣寫真帖特輯》，2014。
李威儀編，《攝影之聲 VOP Issue 29：被攝影史—成為影像的臺灣》，2020。

林宏璋，《舉起鏡子迎上他的凝視：臺灣攝影首篇，1869-1949》（臺中：國立臺灣美術館，2021）。

保羅・D・巴克萊（Paul D. Barclay）著，堯嘉寧譯，《帝國棄民：日本在臺灣「蕃界」內的統治（1874-1945）》（臺北：國立臺灣大學出版中心，2020）。

徐佑驊，〈臺灣寫真帖中的臺灣視覺論述〉，《攝影之聲》，12（2014.5），頁16-29。

泰瑞・貝內特（Terry Bennet），徐婷婷譯，《中國攝影史：中國攝影師，1844-1879》（北京：中國攝影出版社，2014）。

張世倫，《現實的探求：台灣攝影史形構考》（臺北：影言社，2021）。

梶田明宏，〈書陵部所蔵明治大正期台湾関係写真帖について〉，《書陵部紀要》62：53-75，2011。

許進發、魏德文，〈日治時代台灣原住民影像（寫真）記錄概述〉，《台灣史料研究》7（1996.2），頁19-44。

陳偉智，〈攝影作為民族誌方法：日治臺灣殖民地人類學的寫真檔案〉，《現代美術》33（2017.5），頁7-37。

雄獅美術編輯部編，《攝影臺灣：1887年-1945年的臺灣》（臺北：雄獅圖書，1979）。

黃明川，〈一段模糊的曝光：臺灣攝影史簡論〉，《雄師美術》175（1985.9），頁158-168。

黃明川，〈臺灣攝影史簡論〉，《台灣史料研究》7（1996.2），頁3-18。

鍾淑敏、貴志俊彥編，《視覺臺灣：視覺臺灣：日本朝日新聞社報導影像選輯》（臺北：中央研究院臺灣史研究所，2020）。

簡永彬，《凝望的時代：日治時期寫真館的影像追尋》（臺北：夏綠原國際，2010）。
簡永彬等著，《凝視時代：日治時期臺灣的寫真館》（新北：左岸文化出版，2019）。
羅秀枝，〈寫真史料之利用—以國立中央圖書館臺灣分館館藏之日據時代的寫真帖為例〉，收於國立中央圖書館臺灣分館推廣組編，《館藏與臺灣史研究論文發表研討會彙編》（臺北：國立中央圖書館臺灣分館，1994），頁277-308。

第六章

1. 大場秀章著，汪佳琳譯，《早田文藏》（臺北：林業試驗所，2017）。
2. 吳永華，《早田文藏：臺灣植物大命名時代》（臺北：國立臺灣大學出版中心，2016）。
3. 蔡思薇，〈治理殖民地自然：臺灣有用植物調查之展開〉，《臺灣史研究》，第29卷第2期（2022.6），頁117-174。

第七章

楊威理著、陳映真譯，《雙鄉記 葉盛吉傳：一臺灣知識份子之青春・徬徨・探索・實踐與悲劇》（臺北：人間出版社，1995）。
葉盛吉著，許雪姬、王麗蕉主編，《葉盛吉日記（一）1938-1940》（新北：國家人權博物館籌備處；臺北：中央研究院臺灣史研究所，2017）。
鄭麗玲，《躍動的青春：日治臺灣的學生生活》（臺北：蔚藍文化出版，2015）。
顏世鴻，《青島東路三號：我的百年之憶及臺灣的荒謬年代》（臺北：啟動文化，2012）。

吳叡人，〈三個祖國：戰後初期台灣的國家認同競爭，1945-1950〉，收於蕭阿勤、汪宏倫主編，《族群、民族與現代國家：經驗與理論的反思》（臺北：中央研究院社會學研究所，2016），頁23-82。

吳叡人，〈朝聖與求道：葉盛吉戰前日記(1938-45)初探一個研究架構的陳述〉，發表於「第八屆日記研討會：日記中的歷史事件」（國立彰化師範大學進德校區國際會議廳：中央研究院臺灣史研究所、國立彰化師範大學歷史學研究所主辦，2020年11月27-28日）。

林雅慧，〈「修」台灣「學」日本：日治時期台灣修學旅行之研究〉（臺北：國立政治大學臺灣史研究所碩士論文，2010）。

許佩賢，〈導論〉，收於許佩賢，《殖民地臺灣近代教育的鏡像：一九三〇年代臺灣的教育與社會》（新北：衛城出版：遠足文化發行，2015），頁1-17。

許雪姬，〈記主郭淑姿的一生與其日記（1925-2004）〉，收於郭淑姿著，許雪姬、王麗蕉主編，《郭淑姿日記（一）1944-1950》（新北：國家人權博物館；臺北：中央研究院臺灣史研究所，2020），頁44-105。

許雪姬、王麗蕉，〈葉盛吉日記的整理、翻譯與解讀〉，收於葉盛吉著，許雪姬、王麗蕉主編，《葉盛吉日記（三）1942-1943》（新北：國家人權博物館；臺北：中央研究院臺灣史研究所，2018），頁26-53。

陳翠蓮，〈戰爭、世代與認同：以林獻堂、吳新榮與葉盛吉為例〉，收於陳翠蓮，《臺灣人的抵抗與認同：一九二〇—一九五〇》（臺北：財團法人曹永和文教基金會、遠流出版事業股份有限公司，2008），頁223-279。

歐怡涵，〈旅行記憶—館藏中的修學旅行〉，中央研究院臺灣史研究所檔案館「館藏選粹」，網址：https://archives.ith.sinica.edu.tw/collections_list_02.php?no=49

第八章

《中央日報》

《聯合報》

《豐年》

曾獻緯，《戰後臺灣農業科學化的推手：以農業推廣體系為中心（1945–1965）》（臺北：國史館，2015）。

曾獻緯，〈戰後臺灣糧食體制運作的困境與對策（1950–1953 年）〉，《臺灣史研究》，27：3（2020.9），頁 111–166。

王文裕，〈《豐年》雜誌與臺灣戰後初期的農業推廣（1951-1954）〉，《高雄師大學報．人文與藝術類》，30（2011.6），頁 1-22。

蔡明諺，〈製作豐年：美國在台灣農村的文化宣傳策略〉在游勝冠編《媒介現代：冷戰中的台港文藝國際學術研討會論文集》（臺北：里仁，2016），頁 1-38。

林佳琪，〈塑造好孩子：《豐年》雜誌「兒童版」之兒童形象研究〉（臺南：國立成功大學台灣文學研究所碩士論文，2015）。

許惠盈，〈圖像傳播與農民的再教育——以《豐年》雜誌的漫畫為中心(1951-1964)〉（臺北：國立臺灣師範大學歷史學碩士論文，2016）。

第九章

Frederik L. Schodt, The Astro Boy Essays: Osamu Tezuka, Might Atom, Manga/Anime Revolution, NY: Stone Bridge Press, 2007

手塚治虫，《原子小金剛》（臺北：時報出版，1994）。

手塚治虫，《我是漫畫家》（臺北：麥田，2018）。

竹內オサム，《手塚治虫：不要做藝術家》（臺北：東販出版，2009）。

李衣雲，《變形、象徵與符號化的系譜：漫畫的文化研究》（新北：稻鄉，2012）。

洪德麟，《風城臺灣漫畫五十年》（新竹：竹市文化，1999）。

陳仲偉，《台灣漫畫記》（臺北：杜威廣告，2014）。

陳柔縉，《人人身上都是一個時代》（臺北：時報出版，2009）。

劉興欽、張夢瑞，《吃點子的人：劉興欽傳》（臺北：聯經出版，2005）。

蔡焜霖、薛化元及游淑如，《逆風行走的人生：蔡焜霖的口述生命史》（臺北：玉山社，2017）。

蔡焜霖口述、蔡秀菊記錄撰文，《我們只能歌唱：蔡焜霖的生命故事》（臺北：玉山社，2019）。

第十章

田騏嘉，《日治時期國家對蘭嶼土地的控制及影響》（臺北：國立臺灣師範大學臺灣史研究所碩士論文，2016）。

彼得．柏克（Peter Burke）著，《歷史的目擊者：以圖像作為歷史證據的運用與誤用》，郭書瑄譯（臺北：馬可孛羅文化，2022）。

明石哲三，〈談幸福——紅頭嶼觀察〉，《ネ・ス・パ》第 6 號（1935.11），25-27 頁。中譯見顏娟英等譯著，《風景心境：台灣近代美術文獻導讀（上）》，100-101 頁。
林嘉男、夏曼藍波安、黃英珍、施信緋，〈「戰後蘭嶼地區發展：蘭嶼指揮部等機構沿革與影響調查計畫」採購案成果報告書〉，促進轉型正義委員會委託研究（採購標號：TJC11080208），2020 年 5 月，https://www.tjc.gov.tw/public/tjc-uploads/research/2020/07/305cc5b70abcce85509514dad238bb2f.pdf。
邱函妮，〈創造福爾摩沙藝術——近代臺灣美術中「地方色」與鄉土藝術的重層論述〉，《國立臺灣大學美術史研究集刊》第 37 期（2014），123-236 頁。
夏曼・藍波安，《大海之眼》（新北：印刻，2018）。
夏曼・藍波安，《航海家的臉》（新北：印刻，2007）。
鳥居龍藏，《紅頭嶼土俗調查報告》（臺北：唐山出版社，2016）。
彭慧媛，《日治前期「殖民台灣」的再現與擴張——以「台灣勸業共進會」（1916）為中心之研究》，（臺南：國立成功大學歷史學研究所碩士論文，2006）。
黃小燕，《浪人・秋歌・張義雄》（臺北：雄獅，2004）。
黃琪惠，〈林玉山，《蘭嶼少女》〉，《不朽的青春：臺灣美術再發現》（臺北：臺北教育大學北師美術館，2020），88-89 頁。
達西烏拉彎・畢馬（田哲益），《台灣的原住民：達悟族》（臺北：臺原，2002）。
雷逸婷編輯，《走進公眾・美化臺灣：顏水龍》（臺北：臺北市立美術館，2012）。
顏水龍等，〈畫家眼中的蘭嶼〉，《雄獅美術》第 75 期（1977.05），56-71 頁。

顏水龍圖、文，〈原始境——紅頭嶼の風物〉，《週刊朝日》，1935年9月8日，28：11（東京，頁24-25。中文翻譯〈原始秘境——紅頭嶼風物誌〉，劉子倩譯，收錄於雷逸婷編輯，《走進公眾・美化臺灣》（臺北：臺北市立美術館，2012），374-381頁。

顏娟英等譯著，《風景心境：台灣近代美術文獻導讀（上）》（臺北：雄獅美術，2001）。

圖片來源

導讀

圖1　圖片授權：國立臺灣歷史博物館

第一章

正文

圖1、2　資料來源：《第二、三次荷蘭東印度公司使節出使大清帝國記》。圖片授權：國立臺灣歷史博物館

圖3　圖片授權：國立臺灣歷史博物館

附錄

圖1　資料來源：《古代與現代服裝》。圖片授權：國立臺灣歷史博物館

第二章

正文

圖1～3　圖片授權：國立臺灣博物館

圖4　圖片來源：作者自攝

附錄

圖1　圖片授權：國立臺灣博物館

第三章

圖1～41　資料來源：《平定臺灣得勝圖進呈副本》。圖片授權：哈佛燕京圖書館

第四章

正文

圖1　圖片來源：WIKIMEDIA COMMONS。

圖2　繪圖者：Joseph Wolf（德國畫家，1820~1899）；雕版者：M & N Hanhart（石版印刷商，活躍於1839~1882）；原素描者：斯文豪。出處：Swinhoe, Robert. "On the mammals of the island of Formosa (China)." *Proceedings of the Scientific Meetings of the Zoological Society of London* (1862): 347-365, Plate XLII。圖片來源：Reed Digital Collections

圖3　繪圖者：Joseph Wolf（德國畫家，1820~1899）；雕版者：M & N Hanhart（石版印刷商，活躍於1839~1882）。原素描者：斯文豪。資料來源：Swinhoe, Robert. "The Ornithology of Formosa, or Taiwan." *Ibis* 5 (1863): 198-219, 250-311, 377-435, Plates VI。圖片來源：Reed Digital Collections

圖4　繪圖者：John Gerrard Keulemans（荷蘭畫家，1842~1912）；雕版者：M & N Hanhart（石版印刷商，活躍於1839~1882）；原素描者：斯文豪。資料來源：Swinhoe, Robert. "On a

New Bird from Formosa." *Ibis* (1877): 473-474. Plate XIV。圖片來源：Reed Digital Collections

圖5 繪圖者：Gould, John（英國畫家、鳥類學家，1804~1881）。出處：Gould, John. *Birds of Asia*. Taylor and Francis, 1850~1883. Vol. 7 Pl. 16。圖片來源：Reed Digital Collections

圖6 繪圖者：J or T. W. Wood。資料來源：*Illustrated London News* (23 September 1865/9/23): 289。圖片來源：Reed Digital Collections

附錄

圖1 圖片來源：WIKIMEDIA COMMONS。

圖2 資料來源：約翰・里夫斯收藏。圖片授權：倫敦自然史博物館

圖3 圖片授權：國立臺灣圖書館

圖4 圖片來源：WIKIART

圖5 圖片授權：李政霖

第五章

圖1、2 資料來源：遠藤誠，《征臺軍凱旋紀念帖》，1896。圖片授權：國立臺灣圖書館

圖3 伊能嘉矩，〈臺灣島蕃族分布假定圖〉，《蕃情研究會誌》1，附圖，1898。圖片來源：國立臺灣圖書館

圖4 資料來源：〈臺灣島蕃族〉，《蕃情研究會誌》1，1898。圖片來源：國立臺灣圖書館

圖5 資料來源：森丑之助，《臺灣蕃族志 第一卷》。圖片來源：作者提供

圖6 資料來源：「卑南阿眉 圖版 53」。鳥居龍藏寫真資料研究會編，《東京大學總合研究資

料館藏鳥居龍藏博士攝影寫真資料カタログI-V》，（東京：東京大學總合研究資料館，1990）。圖片來源：作者提供

圖7　資料來源：田代安定，《臺灣雲林高山蕃支族語》，臺大圖書館田代安定文庫，N108，1896。圖片授權：國立臺灣大學圖書館

圖8、9　資料來源：鳥居龍藏寫真資料研究會編，《東京大學總合研究資料館藏鳥居龍藏博士攝影寫真資料カタログI-V》，（東京：東京大學總合研究資料館，1990）。圖片來源：作者提供、編輯翻拍

圖10　資料來源：臺大人類學系影像收藏。圖片授權：國立臺灣大學人類學系

第六章

正文

圖1　圖片來源：WIKIMEDIA COMMONS

圖2　資料出處：Bunzo Hayata, "On Taiwania, a New Genus of Coniferæ from the Island of Formosa," Botanical Journal of the Linnean Society 37:260 (July 1906): 330–331.

圖3　資料出處：東京大學標本館。圖片來源：作者拍攝

圖4、5　圖片來源：https://www.biodiversitylibrary.org

附錄

圖3　資料出處：東京大學標本館。圖片來源：作者拍攝

第七章

圖1、2、紀念章　資料出處：葉盛吉獄中手稿與書信。圖片來源：中央研究院臺灣史研究所檔案館

第八章

圖1、7　資料來源：〈青蛙白鷺是朋友勸你千萬勿捕食〉，《豐年》，第一卷第三期（1951年8月），頁2。圖片授權：財團法人豐年社

圖2　資料來源：聰發、老金，〈利用正條密植器，實在經濟又便利〉，《豐年》，第十卷第二期（1960年1月），頁8-9。圖片授權：財團法人豐年社

圖3、4　資料來源：慶章、壬西，〈有毒農藥要注意〉，《豐年》第七卷第十一期（1957年6月），頁8-9。圖片授權：財團法人豐年社

圖5　資料來源：大森、壬西，〈糞間嘸通做房間〉，《豐年》第九卷第十一期（1959年6月），頁8-9。圖片授權：財團法人豐年社

圖6　資料來源：阿粒、壬西，〈稗子嘸通當米賣〉，《豐年》第九卷第二十一期（1959年11月），頁8-9。圖片授權：財團法人豐年社

圖8　資料來源：思田、壬西，〈大家要緊學國語〉，《豐年》第七卷第七期（1957年4月），頁8-9。圖片授權：財團法人豐年社

第九章

圖1　資料來源：《太空飛鼠大戰牛角金剛》第四集，文昌出版有限公司，1965年。圖片來源：貓頭鷹出版社提供

圖2　資料來源：《原子小金剛》第八卷，時報文化出版企業有限公司，1994年，頁151。圖片來源：貓頭鷹出版社提供

圖3　資料來源：《太空飛鼠大戰牛角金剛》第六集，文昌出版有限公司，1965年。圖片來源：貓頭鷹出版社提供

圖4、5　資料來源：《金剛王子》，義明出版有限公司，1970年。圖片來源：貓頭鷹出版社提供

圖6　資料來源：《怪童小精靈》，虹光出版股份有限公司，1981年。圖片來源：貓頭鷹出版社提供

第十章

圖1　圖片來源：財團法人福祿文化基金會。圖片授權：張六紘

圖2～7　資料來源：1935年9月8日《週刊朝日》，28：11（東京，頁24-25）。圖片來源：臺北市立美術館。圖片授權：顏美里

圖8　圖片來源：臺灣美術展覽會（1927-1943）作品資料庫。圖片授權：顏美里

圖9　圖片來源：臺灣美術展覽會（1927-1943）作品資料庫。圖片授權：顏美里

圖10　圖片來源：臺灣美術展覽會（1927-1943）作品資料庫

圖11　圖片授權：財團法人楊英風藝術教育基金會

圖12 圖片來源：財團法人福祿文化基金會。圖片授權：林柏亭
圖13 圖片授權：國立臺灣歷史博物館
圖14 圖片來源：作者提供
圖15 圖片來源：臺北市立美術館。圖片授權：洪鈞雄
圖16 圖片來源：黃小燕，《浪人・秋歌・張義雄》（臺北市：雄獅，2004），86頁。圖片授權：張六絃
圖17 圖片授權：國立臺灣博物館

索引

人名

三至四畫

大衛・萊特 David Wright 34-36
小西成章 187, 196, 198, 334
山本由松 277
川上浩二郎 186
川上瀧彌 186-187, 196, 198
干治士 Georgius Candidius 34, 294
井出季和太 160
內田勣 205
六伊四老雄 57
手塚治虫 250-263
水野遵 159
片山重一 210
王信 284, 290
王郡 59

五至七畫

北白川宮能久親王 222
卡爾・慕夸特 Carl Muquardt 300
古爾德 John Gould 142, 152-154, 317-318, 320
史考特・麥克勞德 Scott McCloud 356
史蒂瑞 J. B. Steere 150
弗雷德里克・魏特漢 Fredric Wertham 361
田代安定 169-170, 172-173, 175
任承恩 71, 139
伊能嘉矩 162-163, 165-166, 168, 173, 175
多明尼克・德・科洛尼亞 Dominique de Colonia 44, 296
安德利克 Henri Hendrickx 299
早田文藏 181,184-191, 333
朱一貴 70
朱利歐・費拉里歐 Giulio Ferrario 299
西田忠國 209-210
西狗 53
佐久間左馬太 160, 166
吳子光 50
吳思漢 202
呂瑞麟 58

孝賢皇后　72
李水井　202
李仙得　Charles Le Gendre　44
李生財　202
杜朗　110
杜赫德　Jean-Baptiste Du Halde　44, 296
杜敷　110
角田秀松　159

八至十畫

亞歷山大・馮・洪保德　Alexander von Humboldt　300
兒玉太郎　209
坪井正五郎　173
彼得・柏克　Peter Burke　267, 364
拉圖雪　J. D. D. La Touche　150
明石哲三　271, 274-276, 289-290
林玉山　280-282
林奈　Carl von Linné　144
林武力　58
林振老　172
林爽文　70-72, 74-75, 78-79, 110, 114, 118-119, 122-123, 126
林棟　86
林鳳儀　172
武葛　53
河合新藏　267, 269
金關丈夫　277
阿媽孝里希　57
保羅・泰瑞　251
前野光雄　210
威廉・埃利斯　William Ellis　144
威爾・艾斯納　Will Eisner　357
威爾福　Charles Wilford　147
恒瑞　90
施世驃　71
施琅　71, 74
柯恆儒　Julius Klaproth　46, 300
洪瑞麟　280-281, 284-285, 365
約瑟夫・沃爾夫　Joseph Wolf　318
約翰・里夫斯　John Reeves　318, 320
約翰・韋伯　John Webber　144
約翰・葛林　John Green　45
夏曼・藍波安　284, 286
宮布利希　E. H. Gombrich　267

宮本延人　173-175
庫克船長　James Cook　144
格魯賢　Jean-Baptiste Grosier　45-46
浦澤直樹　250
海因里希・貝格豪斯　Heinrich Berghaus　300-302
海蘭察　70, 72, 90, 98, 313
袁國璜　90
郡乃大由士　63, 305
馬廷英　277
馬雅各　64

十一至十三畫

國分直一　277
張所受　53-55, 306
張添丁　202
張超英　256
張義雄　266, 268, 285, 287-288, 291, 364
張達京　59-60, 62, 305
淺井惠倫　329
移川子之藏　175, 177
章京　91
莊大田　74, 130, 134
許伯樂　Robert B. Sheeks　346
許瑞後　210
郭孟揚　342, 345
郭淑姿　203, 226-227, 342
郭朝三　224-226
陳定國　258
陳炳煌　357
鳥居龍藏　168-173, 175-176, 269-270, 282, 329
鹿野忠雄　270, 329
麥斯威爾　188-189
傅恒　72
喬治・薩瑪納札　George Psalmanazar　45
斯文豪　Robert Swinhoe　142, 145-155, 319, 322
普吉保　90
森丑之助　161, 163, 166, 168, 174-175, 179, 270, 329
湯瑪斯・艾斯特里　Thomas Astley　45
鄂輝　90
馮秉正　Joseph de Mailla　38-47, 295-300, 302
黃孔　86
黃仕簡　70-72, 139
黃叔璥　295

奧古斯特・瓦倫　Auguste Wahlen　38, 46 - 47, 295, 298 - 302
楊三郎　280
楊英風　276-277, 349
楊應琚　57
葉光毅　203
葉盛吉／葉山達雄　202-214, 216-225, 339, 341-342
葉錦文　203
葉聰　203, 224
達利　Nicolas Dally　299-300
雷孝思　Jean Baptiste Régis　39

十四畫以上

廖文木　260
瑪麗亞・西碧拉・梅里安　Maria Sibylla Merian　322
福康安　70, 72 - 75, 78 - 79, 82, 86, 90, 94 - 95, 98, 102-103, 106, 110-111, 114, 118-119, 123, 126, 139, 312-314
遠藤誠　158
劉吉藏　53
劉其偉　367-368
劉沼光　226
劉興欽　258, 261, 350
德瑪諾　Romain Hinderer　39
潘士萬　50, 63, 306
潘士興　50, 57, 63, 306
潘永安　66, 307
潘茅臘干鬧里　65
潘敦仔、敦仔、敦仔阿打歪　50, 51, 53-66, 305-306
潘開山武干　64
蔡焜霖　260
蔡福　94
鄭成功　74
鄭其仁　134
歐福特・達波　Olfert Dapper　38
樺山資紀　158-161
賴達　122
戴維・孔茲　David Kunzle　358
謝震隆　284, 290
藍元枚　71-74
藍廷珍　71, 74
藍柏　Lambert van der Aalsvoort　38

藍理　71
顏水龍　267, 271-274, 276, 284, 289, 292, 365-367
瀨川孝吉　329
羅伯特・哈維　Robert Harvey　357
蘇致亨　360
饒廣育　53

文獻

《PLUTO～冥王～》　250

一至五畫

《一個老學徒的手記》　168
《人類學玻璃版影像選輯》　329
《人類學寫真集——臺灣紅頭嶼之部》　270
《三眼神童》　262
《大英百科全書》　*Encyclopædia Britannica*　46
《大海之眼》　290
〈小金剛大使〉　アトム大使　257
〈小馬日記〉　マアチャンの日記帳　253
《小學生》雜誌　258
《中國通史》　*Histoire générale de la Chine*　45, 297
〈太平洋進行曲〉　207
《太空飛鼠大戰牛角金剛》　250-253, 255-256, 259, 261-263
《太空飛鼠宇宙人》　251
《少年》雜誌　251, 257
《少年俱樂部》　204
《少國民新聞》　253
《毋甘願的電影史：曾經，臺灣有個好萊塢》　360
《世界各國人民的禮儀、習俗和服飾》　*Moeurs, usages et costumes de tous les peuples du monde*　38, 46, 295, 298
《世界通史現代部》　*The Modern Part of An Universal History*　45
《古代與現代服裝》　*Il Costume Antico e Moderno*　298, 300
〈台灣的蕃界〉　267
《外方傳教會書信集》　*Lettres edifiantes et curieuse*　44, 297
《平定臺灣得勝圖》　70, 74, 309, 311-312, 314
《平定臺灣得勝圖進呈副本》　74, 312, 315

六至十畫

《吃點子的人：劉興欽傳》 261
《地球上的民族》 *Die Völker des Erdballs* 300
《地理誌》 *A Complete System of Geography* 45
《如何研究漫畫與圖像小說：漫畫的圖像導論》 *How to Study Comics & Graphic Novels: A Graphic Introduction to Comics Studies* 360-361
《有趣書》 おもしろブック 258-259
《朱鷺》 *Ibis* 142
《汐波》 271, 273-274
〈自敘傳〉 *Autobiography* 202-203, 227
《我的臺灣時代》 173
《我是漫畫家》 254
《我們從哪裡來？我們是誰？我們往哪裡去？》 273
《亞洲鳥類》 *Birds of Asia* 141, 152
《征臺軍凱旋紀念帖》 158, 329
《怪童小精靈》 262-263
《東方少年》雜誌 258-259, 263
《東京植物學雜誌》 188-189
《東臺灣展望》 270
《林奈學會植物學雜誌》 *Botanical Journal of the Linnean Society* 182, 192, 199
《金剛王子》 260-263
《冒險王》 258
《皇輿全覽圖》 34, 296
《紅頭嶼少女》 紅頭嶼の娘 271, 273-274
〈紅頭嶼婦女之結髮〉 283
《風中之葉：福爾摩沙見聞錄》 *Leaves in the Wind: Seen and Heard in Formosa* 38
《風城臺灣漫畫五十年》 361
《原子小金剛》 249-253, 255-256, 260
〈原始祕境——紅頭嶼風物誌〉 272, 367
《逆風行走的人生：蔡焜霖的口述生命史》 260
《針葉樹物種歷史的貢獻》 *Contributions To The History Of Certain Species Of Conifers*,1886 189

十一至十五畫

《動漫社會學：本本的誕生》 361
《控制福爾摩沙原住民報告書》 *Report on the*

Control of the Aborigines in Formosa　161
《理蕃概要》　161, 165
《荷使第二、三次出使大清帝國記》　*Gedenkwaerdig Bedryf der Nederlandsche Oost-Indische Maetschappye, op de Kuste en het Keizerrijk van Taising of Sina*　34
《敦仔行樂圖》　308
《敦仔衣冠盛粧圖》　56, 66, 306, 308
《普通地理與民族學》　*Allgemeine Länder- und Völkerkunde*　299
《週刊朝日》　272
《雅美族的母子》　ヤミの母子　271, 274-276
《新寶島》　253-255
〈達悟族吃魚的文化〉　286
《鼠國雙雄》　251
《漫畫的文化研究：變形、象徵與符號化的系譜》　359
《漫畫原來要這樣看》　*Understanding Comics: The Invisible Art*　356
《漫畫與連環畫藝術》　*Comics and Sequential* Art　356
《福爾摩沙人》　*Inboorling Van Formosa*　37, 295, 298
《臺海采風圖》　321-322, 324
《臺湾史と樺山大将》　160
〈臺灣各蕃族開化之程度〉　162
《臺灣西拉雅語基督教信仰要項與註釋》　*'t Formulier des Christendom met de verklaringen van dien inde Sideis-Formosaansche tale*　46, 301
《臺灣治績志》　160
《臺灣風俗寫真一括》　163
《臺灣島蕃族分布假定圖》　162
〈臺灣鳥類學〉　*The Ornithology of Formosa, or Taiwan*　142, 149
《臺灣漫畫記》　359
《臺灣蕃人事情》　162
《臺灣蕃界展望》　161
《臺灣蕃族志第一卷》　166-167
《臺灣蕃族圖譜》　161, 163, 165
《誘惑無辜》　*Seduction of the Innocent*　361
《寫真帳》　163
《憤怒的蘭嶼》　367-368
《編印連環圖畫輔導辦法》　261, 358
〈談幸福——紅頭嶼觀察〉　275

十六畫以上

《歷史的目擊者：以圖像作為歷史證據的運用與誤用》 *Eyewitnessing: The Uses of Images As Historical Evidence* 267, 364
《豐年》雜誌 230, 346-347
《雞籠生漫畫集》 357
《藝術的故事》 *The Story of Art* 267
〈關於臺灣蕃族調查〉 166
《續修臺灣府志》 320-321
《蘭嶼之歌》 282, 284
《蘭嶼少女》 281, 366
《蘭嶼即景》 285
《蘭嶼所見》 367-368
《蘭嶼紀念》 266-268, 285, 287, 365-366
《蘭嶼風光》 366
《蘭嶼部落文化藝術》 368
《蘭嶼獨木舟》 281
《蘭嶼頭髮舞》 276

其他

乃木希典故居 220
大甲西社 58, 305
小彎嘴 *Pomatorhinus musicus* 149
文昌出版社 259-260
牛罵社 58-59
四健會 348
打拉 57
伊藤高殉職事件 224
光文社 250, 257
合歡社 122
朱一貴事件 70-71
舌納箏社 158
呂家社 170
攸武乃社 51, 53
沙轆社 58-60
角板山社 158
岸裡社 50-51, 53-55, 57-60, 62-64, 67, 305-307
枋寮之戰 138
林爽文事件／林爽文之亂 70, 72
阿里史社 58-62, 305
阿眉社 170
保安司令部蘭嶼指揮部 278
屋鏊社 53-54
美新處 230

虹光出版社 262
埔裡社 118
蚊率社 138
國語運動 246
莊大田事件 70
番地無主論 44
割地換水 62
博物學 *natural history* 143-145, 320-324
猶太問題研究會 225
黃胸藪眉 *Liocichla steeri* 151-152
獅子社 53
獅子頭社 118
經合署 230, 346-347
義明出版有限公司 260
臺南州立臺南第一中學校 201
農復會 230, 234, 239, 347-348
臺灣杉 *Taiwania cryptomerioides* 183, 185, 187-195
臺灣省工作委員會學委會李水井等叛亂案 202
臺灣省工委會鐵路部份組織李生財等叛亂案 202
臺灣省警備總司令部軍法處看守所 202
臺灣閣 220
臺灣獼猴 *Macaca cyclopis* 148
領角鴞 *Otus lettia* 149
蓬萊丸 207-208, 223
蕃薯社 306
蝦骨社 122
樸子籬社 59, 305
貓裡社 118
藍腹鷴 *Lophura swinhoii* 142
釁殼莊事件 51

跨越世紀的信號 3：圖像裡的臺灣史（18-20 世紀）

主　　編　張隆志
作　　者　簡宏逸、鄭螢憶、盧正恒、林紋沛、陳偉智、蔡思薇、莊勝全、曾獻緯、黃悠詩、楊淳嫻
責任編輯　張瑞芳
協力編輯　莊雪珠
專業校對　童霈文
版面構成　簡曼如
封面設計　徐睿紳
行銷統籌　張瑞芳
行銷專員　段人涵
出版協力　劉衿妤
總 編 輯　謝宜英
出 版 者　貓頭鷹出版

發 行 人　涂玉雲
發　　行　英屬蓋曼群島商家庭傳媒股份有限公司城邦分公司
104 臺北市中山區民生東路二段 141 號 11 樓
劃撥帳號　19863813 ／戶名：書虫股份有限公司
城邦讀書花園　www.cite.com.tw ／購書服務信箱：service@readingclub.com.tw
購書服務專線：02-2500-7718 ～ 9（週一至週五 09:30-12:30；13:30-18:00）
24 小時傳真專線：02-25001990 ～ 1
香港發行所　城邦（香港）出版集團／電話：852-2877-8606 ／傳真：852-2578-9337
馬新發行所　城邦（馬新）出版集團／電話：603-9056-3833 ／傳真：603-9057-6622
印 製 廠　中原造像股份有限公司
初　　版　2023 年 1 月
定　　價　新台幣 630 元／港幣 210 元（紙本書）／新台幣 441 元（電子書）
ISBN　978-986-262-596-5（紙本平裝）／ 978-986-262-600-9（電子書 EPUB）

讀者意見信箱　owl@cph.com.tw
投稿信箱　owl.book@gmail.com
貓頭鷹臉書　facebook.com/owlpublishing/
【大量採購，請洽專線】(02)2500-1919

城邦讀書花園
www.cite.com.tw

國家圖書館出版品預行編目 (CIP) 資料

跨越世紀的信號 . 3 : 圖像裡的臺灣史 / 簡宏逸, 盧正恒, 鄭螢憶, 林紋沛, 莊勝全, 蔡思薇, 曾獻緯, 黃悠詩, 楊淳嫻, 陳偉智著 ; 張隆志主編 . -- 初版 . -- 臺北市 : 貓頭鷹出版 : 英屬蓋曼群島商家庭傳媒股份有限公司城邦分公司發行, 2023.01
面；　公分
ISBN 978-986-262-596-5(平裝)

1.CST: 臺灣史 2.CST: 史料 3.CST: 圖錄

733.71　　111018132

本書採用品質穩定的紙張與無毒環保油墨印刷，以利讀者閱讀與典藏。

ジャパン・ツーリスト・ビューロー御指定
クーポン取扱
西大和屋旅館
道頓堀新橋北詰
14.7.17

大阪城
観覧記念

清水寺

桃山御陵

二條離宮

三十三間堂

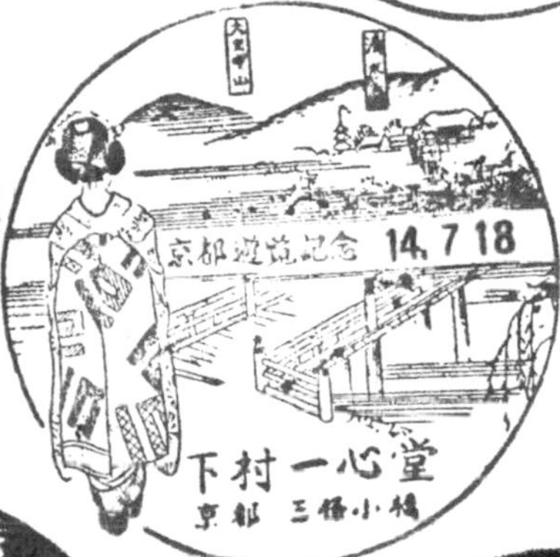
京都遊覧記念 14.7.18
下村一心堂
京都 三條小橋

金閣寺

乃木神社

伊豆熱海温泉
常盤館

平安神宮

ATAMI
TOKIWA HOTEL

嵐山
14.7.18
京阪電車
嵐山
14.7.19
猿澤池より望む南都興福寺の美觀
嵐山遊覽記念
14.7.24
熱海驛
ATAMI
14 7. 21
七重塔
春日神社

自行蒐集